Ramana Maharshi
Die Gesammelten Werke

Ramana Maharshi

Die Gesammelten Werke

übersetzt von
Gabriele Ebert

Bibliografische Informationen der Deutschen Bibliothek
Die Deutsche Bibliothek verzeichnet diese Publikation in der Deutschen Nationalbibliografie; detaillierte bibliografische Daten sind im Internet über http://dnb.ddb.de abrufbar.

Ramana Maharshi
Die Gesammelten Werke
2., leicht korrigierte Auflage 2019
Titel der Originalausgabe:
The Collected Works of Sri Ramana Maharshi
Tiruvannamalai, 13th ed. 2015
Herstellung und Verlag: BoD – Books on Demand, Norderstedt
ISBN: 978-3-7412-6187-9

Umschlaggestaltung: BoD
Fotos mit freundlicher Genehmigung des Sri Ramanashram
Printed in India

Sri Ramana Maharshi

Inhaltsverzeichnis

Vorwort der Übersetzerin 9
Vorwort von Arthur Osborne 10
Teil 1: Originalwerke 19
  Prosa 19
    1. Selbstergründung 19
    2. Wer bin ich? 51
    3. Spirituelle Unterweisung 62
  Gedichte 86
    4. Die Fünf Hymnen für Arunachala 86
    5. Die Quintessenz der spirituellen Unterweisung (Upadesa Saram) 128
    6. Die Wirklichkeit in Vierzig Versen (Ulladu Narpadu) 134
    7. Fünf Verse über das Selbst (Ekatma Panchakam) 152
    8. Verschiedene Verse 154
    9. Gelegentliche Verse 164
Teil 2: Übersetzungen 172
  10. Das göttliche Lied (Die Essenz der Bhagavad Gita) 172
  11. Übersetzungen aus den Agamas 177
  12. Übersetzungen von Shankara 203
  13. Andere Übersetzungen 292
Anhang 312
Glossar 316
Literaturverzeichnis 324

Vorwort der Übersetzerin

Die Gesammelten Werke von Sri Ramana Maharshi, in Tamil ‚Sri Ramana Nool Thirattu' enthalten alle Prosatexte, Gedichte und Übersetzungen, die er jemals geschrieben hat. Meist schrieb Ramana seine Verse und Werke, weil ihn Devotees darum baten und nicht aus eigenem Antrieb. Die Entstehungsgeschichte ist ihnen jeweils vorangestellt.

Die erste Übersetzung der ‚Collected Works' in Englisch stammt von Arthur Osborne. Sie wurde 1959 veröffentlicht. In den späteren Ausgaben wurden einige weitere Werke Ramanas aufgenommen und einige Übersetzungen von Arthur Osborne gegen die anderer Übersetzer wie etwa Prof. K. Swaminathan und T.M.P. Mahadevan ausgetauscht. Die Texte in [eckigen Klammern] sind meine erklärenden Hinzufügungen.

Ich danke dem Ramanashram für die Genehmigung für diese Übersetzung und Miles Wright, der mir mit seinen Erläuterungen zum besseren Verständnis so mancher Textstelle verholfen hat.

Gabriele Ebert

Vorwort von Arthur Osborne

Als der Maharshi, Bhagavan Sri Ramana, das Selbst verwirklichte, war er ein Junge von siebzehn. Er gehörte einer südindischen Brahmanenfamilie der Mittelschicht an. Er ging noch in die High School, besaß keine spirituelle Ausbildung und wusste nichts über Philosophie. Normalerweise ist etwas Studium nötig, auf das ein langes, mühsames Training folgt, das meist ein Leben lang dauert und am Lebensende oft immer noch unvollständig ist. Wie die Weisen sagen, hängt das von der spirituellen Reife eines Menschen ab. Es kann mit einer Pilgerreise verglichen werden, wobei eine Tagesreise einem Leben entspricht. Wann der Mensch das Ziel erreichen wird oder wie nahe er ihm kommt, hängt teilweise von der Energie ab, mit der er nach vorne drängt, und teilweise von der Entfernung, die er noch vor sich hat, wenn er zu seiner Tagesetappe aufbricht. Nur sehr selten ist es wie beim Maharshi möglich, nach einem einzigen Schritt das Ziel zu erreichen.

Wenn man sagt, dass der Maharshi das Selbst verwirklicht hat, ist damit nicht gemeint, dass er eine neue Lehre oder Theorie aufgestellt oder durch eine wundersame Kraft einen höheren Zustand erreicht hat, sondern dass das „Ich", das die Lehre versteht oder auch nicht versteht und Kräfte besitzt oder auch nicht besitzt, bewusst mit dem Atman, dem universalen Selbst oder Geist (spirit) identisch wird. Der Maharshi selbst hat in einfacher, bildhafter Sprache beschrieben, wie das geschehen ist.

„Es war etwa sechs Wochen bevor ich Madurai für immer verließ, als sich die große Wandlung in meinem Leben ereignete. Das geschah ganz plötzlich. Eines Tages saß ich allein im ersten Stock des Hauses meines Onkels. Ich war wie immer gesund. Ich war selten krank. Ich schlief aber ungewöhnlich tief. ... So war also an diesem Tag, als ich alleine im Zimmer war, mit meiner Gesundheit alles in Ordnung. Dennoch überkam mich eine plötzliche und unmissverständliche Todesfurcht. Ich spürte, dass ich sterben musste. Kein körperliches

Empfinden war dafür die Ursache. Ich konnte es mir damals selbst nicht erklären, warum ich so fühlte. Ich bemühte mich jedoch erst gar nicht herauszufinden, ob die Angst überhaupt begründet war. Ich spürte einfach: ‚Ich sterbe jetzt'. Sofort fing ich an, darüber nachzudenken, was ich nun tun sollte. Weder Ärzte noch Erwachsene, ja nicht einmal Freunde wollte ich um Rat fragen. Ich spürte, dass ich das Problem selbst lösen musste, hier und jetzt.

Der Schock der Todesangst bewirkte, dass sich meine Aufmerksamkeit sofort nach innen wandte. Ich sagte zu mir im Geist: ‚Jetzt ist der Tod gekommen. Was bedeutet das? Was ist es, das stirbt? Dieser Körper stirbt.' Sofort spielte ich die Todesszene. Ich streckte meine Glieder aus und hielt sie steif, als hätte die Totenstarre eingesetzt. Um meine weitere Untersuchung möglichst realistisch zu machen, spielte ich eine Leiche. Ich hielt den Atem an und presste die Lippen fest zusammen, sodass ihnen kein Laut entweichen konnte. Weder das Wort ‚ich' noch irgendein anderes Wort sollte gesagt werden! ‚Nun gut', sagte ich zu mir, ‚dieser Körper ist tot. Er wird steif zum Verbrennungsplatz getragen. Dort wird er verbrannt, und von ihm bleibt nur Asche übrig. Aber bin auch „ich" mit dem Tod des Körpers gestorben? Ist dieser Körper „ich"? Dieser Körper ist still und unbeweglich, aber unabhängig von ihm spüre ich die ganze Kraft meiner Person und sogar den Klang „ich" in mir. Also bin „ich" Geist, etwas, das den Körper transzendiert. Der materielle Körper stirbt, aber der ihn transzendierende Geist kann vom Tod nicht berührt werden. Deshalb bin ich unsterblicher Geist.'

All dies war kein rein intellektueller Prozess, sondern traf mich wie ein Blitz als lebendige Wahrheit und war etwas, das ich sofort und fast ohne eine Begründung erkannte. ‚Ich' war etwas Wirkliches, in dem Zustand das einzig Wirkliche überhaupt, und die gesamte bewusste Aktivität, die mit meinem Körper verbunden war, war jetzt daraufhin konzentriert. Von diesem Zeitpunkt an hielt eine machtvolle Faszination meine gesammelte Aufmerksamkeit am ‚Ich' oder meinem ‚Selbst' fest. Die Todesangst war ein für alle Mal verschwunden. Das Verschmolzen-sein im Selbst hat von diesem Moment an bis heute fortbestanden. Andere Gedanken mögen kommen und gehen wie die verschiedenen Noten bei einem Musiker, aber das ‚Ich' besteht fort wie die Grundnote, die alle anderen Noten begleitet und sich mit ihnen vermischt.[1] Mochte der Körper mit Sprechen, Lesen oder etwas anderem beschäftigt sein, ich war immer auf das ‚Ich' konzentriert.

Vor dieser Krise hatte ich keine klare Wahrnehmung von meinem wahren Selbst und wurde nicht bewusst zu ihm hingezogen. Ich hatte auch kein spürbares Interesse daran, noch weniger irgendeine dauerhafte Neigung, in ihm zu verweilen."[2]

Eine solche Erfahrung der Einheit führt nicht immer und üblicherweise zur Befreiung. Die inneren Neigungen des Egos verhüllen es erneut. Fortan hat der Sucher die Erinnerung, die unzweifelhafte Gewissheit des wahren Zustands, aber er lebt nicht beständig in ihm. Er muss sich bemühen, um den Geist zu reinigen und die völlige Unterwerfung zu erlangen, sodass es keine Neigungen mehr gibt, die ihn zur Illusion des begrenzten, getrennten Seins zurückziehen. Trotzdem wird das Selbst-vergessene Ego, auch wenn es sich einmal des Selbst bewusst geworden ist, nicht befreit, d.h. es erlangt keine Selbstverwirklichung wegen der Behinderung durch die angehäuften mentalen Neigungen. Es verwechselt häufig den Körper mit dem Selbst und vergisst, dass es in Wahrheit das Selbst ist. Das Wunder im Fall des Maharshi bestand darin, dass es keine Verhüllung, kein Zurückfallen in die Unwissenheit mehr gab. Er blieb von diesem Zeitpunkt an in beständigem Gewahrsein der Identität mit dem einen Selbst.

Er blieb noch einige Wochen nach seiner Erweckung bei seiner Familie und führte äußerlich das Leben eines Schuljungen, obwohl alle äußeren Werte für ihn an Bedeutung verloren hatten. Er achtete nicht länger darauf, was er aß, und nahm alles gleichmütig an, was ihm hingestellt wurde. Er verteidigte sich nicht länger und interessierte sich nicht mehr für seine jungenhaften Tätigkeiten. Soweit es ihm

---

[1] Die Grundnote, die sich durch die indische Musik zieht wie ein Faden, auf den die Perlen aufgereiht sind, steht für das Selbst, das in allen Formen des Seins fortbesteht.
[2] s. Narasimha Swami: Self Realization, S. 16-18

möglich war, passte er sich an die Lebensumstände an und verheimlichte seinen neuen Bewusstseinszustand, aber die Älteren bemerkten sein fehlendes Interesse am Lernen und an weltlichen Aktivitäten und nahmen es ihm übel.

In Indien gibt es viele heilige Orte, die verschiedene Arten von Spiritualität und verschiedene Wege repräsentieren. Der heilige Berg Arunachala mit der Stadt Tiruvannamalai zu seinen Füßen ist der höchste von allen, da er das Zentrum des direkten Wegs der Selbstergründung ist, der vom stillen Einfluss des Gurus auf das Herz des Devotees geleitet wird. Arunachala ist das geheime und heilige Herzzentrum Shivas, in dem Er immer als ein *siddha* (ein Großer) wohnt. Er ist die Wohnstatt Shivas, der als Dakshinamurti im Schweigen lehrt, wie das Leben Bhagavans es veranschaulicht. Er ist das Zentrum und der Weg, bei dem kein physischer Kontakt mit dem Guru nötig ist, denn die schweigende Lehre spricht direkt zum Herzen. Selbst bevor der Maharshi verwirklicht war, hat dieser Berg ihn begeistert und ihn wie ein Magnet angezogen.

„Sieh, hier steht er [Arunachala] als sei er empfindungslos[3]. Geheimnisvoll ist sein Wirken, jenseits des menschlichen Verstehens. Bereits in Kindertagen ist die Unermesslichkeit des Arunachala in meinem Bewusstsein erstrahlt.[4] Aber selbst als ich von jemandem erfuhr, er sei dasselbe wie Tiruvannamalai, habe ich seine Bedeutung noch nicht verstanden. Als er meinen Geist still machte, mich an sich zog und ich ihm nahe kam, sah ich, das er völlig unbewegt dastand."[5]

Ramana bemerkte, dass die Älteren es ihm übel nahmen, dass er wie ein *sadhu* lebte, aber die Vorteile eines häuslichen Lebens genoss. Heimlich verließ er sein Zuhause und ging als *sadhu* nach Tiruvannamalai. Er ging nie wieder von dort fort. Über fünfzig Jahre lang

---

[3] Das Adjektiv bedeutet auch: objektives Wissen beseitigen
[4] Folgender Vers ist besonders in Südindien bekannt: „Chidambaram zu sehen, in Tiruvarur geboren zu werden, in Varanasi zu sterben und nur an Arunachala zu denken bringt gewiss die Erlösung."
[5] Alternativ: ... bemerkte ich, dass er völlige Stille bedeutet (Acht Verse für Arunachala, Vers. 1)

blieb er als Dakshinamurti dort und lehrte allen, die zu ihm kamen, aus Indien und aus dem Ausland, aus Ost und West, den Weg der Selbstergründung. Um ihn herum entstand ein Ashram. Sein Name Venkataraman wurde zu Ramana verkürzt, und man nannte ihn auch „den Maharshi", das bedeutet „großer Weiser" (*Maha rishi*), ein Titel, den man traditionellerweise jemandem gibt, der einen neuen spirituellen Weg eröffnet hat. Doch seine Devotees nannten ihn meist „Bhagavan". Sie sprachen ihn auch in der dritten Person als „Bhagavan" an. Selbstverwirklichung bedeutet ein beständiges, bewusstes Gewahrsein der Identität mit dem Atman, dem Absoluten, dem Geist (spirit), dem Selbst von allem. Es ist derselbe Zustand, den Christus ausdrückte, als er sagte: „Ich und mein Vater sind eins." Das ist etwas sehr Seltenes. Solch einer wird gewöhnlich als „Bhagavan" angesprochen, was „Gott" bedeutet.

Als Bhagavan in Tiruvannamalai ankam, stellte sich ihm noch nicht die Frage nach Schülern oder nach dem Lehren. Er verwarf selbst ein scheinbares Interesse an der manifesten Welt und saß in dieser Erfahrung des Seins versunken da, die wesentliche Erkenntnis und unaussprechliche Seligkeit ist, jenseits von Leben und Tod. Es war ihm völlig gleichgültig, ob sein Körper weiterleben würde, und er tat nichts dafür, ihn zu erhalten. Andere erhielten ihn, indem sie ihm täglich die Tasse Essen brachten, die für seine Ernährung nötig war. Als er allmählich begann, wieder am tätigen Leben teilzunehmen, geschah es für das spirituelle Wohl jener, die sich um ihn versammelt hatten.

Dasselbe trifft auch auf seine philosophischen Studien zu. Er brauchte nicht die Bestätigung des Geistes für die strahlende Wirklichkeit, in der er gegründet war. Nur seine Jünger brauchten sie. Es begann mit Palaniswami, seinem malayalischen Helfer, der Zugang zu tamilischen Büchern über Philosophie hatte. Er hatte Schwierigkeiten mit dem Tamil. Also las der Maharshi die Bücher für ihn und erklärte ihm ihren wesentlichen Inhalt. So las er auch für andere Devotees Bücher und wurde belesen, ohne dass er danach gestrebt und es geschätzt hätte.

Seine Philosophie veränderte oder entwickelte sich während eines halben Jahrhunderts nicht. Es konnte keine Veränderung geben, da er keine andere Philosophie studiert hatte, sondern sich nur an die Ausführungen über die transzendente Wahrheit in Theorie, Mythos und Symbolik erinnerte, die er gelesen hatte. Er lehrte die endgültige Lehre der Nicht-Zweiheit oder Advaita, in die alle anderen Lehren letztlich münden: Dieses Sein ist eines und manifestiert sich im Weltall und in allen Geschöpfen, ohne dass es sich jemals vom ewigen, unmanifesten Selbst wegbewegen würde. Es ist wie im Traum. Der Geist erschafft alle Menschen und Ereignisse, die der Träumer sieht, ohne dass er durch diese Schöpfung etwas verlieren oder durch ihre Resorption etwas gewinnen würde. Er hört nicht auf, er selbst zu sein.

Für einige war das schwer verständlich. Sie glaubten, damit sei gemeint, dass die Welt unwirklich ist, aber der Maharshi erklärte ihnen, dass die Welt nur als Welt unwirklich ist, d.h. als getrenntes, auf sich selbst beruhendes Ding, aber dass sie als Manifestation des Selbst wirklich ist. Es ist wie im Kino. Die Ereignisse, die man auf der Leinwand sieht, sind nicht als das tatsächliche Leben wirklich, aber als eine Schatten-Show. Einige fürchteten, dass damit die Existenz eines persönlichen Gottes, zu dem sie beten konnten, bestritten wurde, aber diese Lehre wird überschritten, ohne sie zu bestreiten, denn letztendlich wird der Verehrende in die Einheit mit dem Verehrten wieder aufgenommen. Der Betende, das Gebet und Gott, zu dem man betet, sind nur als Manifestationen des Selbst wirklich.

Wie der Maharshi das Selbst ohne vorausgegangene theoretische Unterweisung verwirklicht hat, so hielt er auch das theoretische Training seiner Schüler für weniger wichtig. Die Theorie, die in folgenden Werken dargelegt wird, hat den praktischen Zweck, dem Leser zur Selbsterkenntnis zu verhelfen, womit kein psychologisches Studium gemeint ist, sondern das Selbst, das hinter dem Ego oder Geist existiert, zu erkennen und zu sein. Fragen, die nur zur Befriedigung der Neugier gestellt wurden, fegte er beiseite. Wenn er über den Zustand nach dem Tod gefragt wurde, antwortete er: „Warum willst du wissen, was du sein wirst, wenn du gestorben bist, bevor du weißt, was du jetzt bist? Finde zuerst heraus, was du jetzt bist." Damit führte er den Frager von der Neugier zur spirituellen Frage. Ebenso wehrte er Fragen über *samadhi* oder über den Zustand des *jnani* (des Selbstverwirklichten) ab. „Warum willst du über den *jnani* Bescheid wissen, bevor du über dich selbst Bescheid weißt? Finde zuerst heraus, wer du bist." Aber wenn es um Fragen über die Aufgabe der Selbst-Entdeckung ging, erklärte er sie mit unendlicher Geduld.

Die Methode der Ergründung, die er lehrte, überschreitet die Philosophie und die Psychologie, denn es werden dabei nicht die Eigenschaften des Egos gesucht, sondern das Selbst, das ohne Eigenschaften erstrahlt, wenn das Ego zu wirken aufhört. Was der Geist zu tun hat, ist nicht, eine Antwort vorzuschlagen, sondern still zu sein, damit die wahre Antwort auftauchen kann. „Man soll aus der Frage ‚Wer bin ich?' keine beständige Anrufung machen. Stell dir die Frage nur einmal, und konzentriere dich dann darauf, die Quelle des Egos zu finden und zu verhindern, dass Gedanken kommen." Die Quelle des Egos zu finden beinhaltet die Konzentration auf das spirituelle Zentrum im Körper, das Herz auf der rechten Seite, wie der Maharshi es erklärt hat. Deshalb bedeutet Konzentration, das Entstehen von Gedanken zu verhindern. „Suggestive Antworten auf diese Frage wie etwa ‚Ich bin Shiva' sollte der Geist während der Meditation nicht hegen. Die wahre Antwort kommt von selbst. Keine Antwort, die der Geist geben kann, kann richtig sein. Diese Affirmationen oder Autosuggestionen können zwar denen helfen, die anderen Methoden folgen, sind aber bei der Methode der Selbstergründung nicht hilfreich. Wenn du weiter fragst, wird sich die Antwort einstellen." Die Antwort kommt als ein Strom des Gewahrseins im Herzen, zunächst unbeständig und nur durch intensive Anstrengung, aber allmählich machtvoller und beständiger. Sie wird immer spontaner und wirkt als Kontrolle der Gedanken und Handlungen, indem sie das Ego untergräbt, bis es schließlich verschwindet und die Gewissheit des reinen Bewusstseins übrig bleibt.

Wie der Maharshi gelehrt hat, umfasst Selbstergründung sowohl den Karma- als auch den *jnana*-Weg, sowohl den Weg des Handelns als auch den der Erkenntnis, denn sie wird nicht nur als Meditation gebraucht, sondern in den Ereignissen des Lebens, indem sie gegen die

Erscheinungsformen des Egoismus anstürmt, indem man fragt, wer dieses Glück oder Unglück erfährt, diesen Erfolg oder dieses Desaster. Auf diese Weise werden die Lebensumstände, die überhaupt kein Hindernis fürs *sadhana* sind, ein Werkzeug fürs *sadhana*. Deshalb wurde allen, die fragten, ob sie dem weltlichen Leben entsagen sollten, immer davon abgeraten. Vielmehr wurden sie ermahnt, ihre Pflichten im Leben ohne Selbstinteresse zu erfüllen.

Die Selbstergründung umfasst auch den Weg der Liebe und Hingabe. Der Maharshi sagte: „Es gibt zwei Wege. Entweder du fragst dich ,Wer bin ich?' oder du unterwirfst dich." Bei einer anderen Gelegenheit sagte er: „Unterwirf dich mir, und ich schlage den Geist nieder." Es gab viele, die dem Weg der Liebe durch Hingabe an ihn folgten. Er führt zum selben Ziel. Er sagte: „Gott, Guru und das Selbst sind nicht wirklich voneinander verschieden, sondern sind dasselbe." Jene, die dem Weg der Selbstergründung folgen, suchen das Selbst innen, während jene, die sich auf dem Weg der Liebe mühen, sich dem Guru unterwerfen, der sich außen manifestiert. Aber beides ist dasselbe. Das ist seinen Devotees jetzt, nachdem der Maharshi seinen Körper verlassen hat und zum inneren Guru im Herzen eines jeden von ihnen geworden ist, noch klarer geworden.

Es ist deshalb ein neuer und ganzheitlicher Weg, den der Maharshi jenen eröffnet hat, die sich ihm zuwenden. Der alte Weg der Selbstergründung ist ein reiner Weg der Erkenntnis (*jnana marga*), dem man in stiller Meditation als Einsiedler folgt. Die Weisen haben ihn für das *kaliyuga*, dieses spirituell dunkle Zeitalter, in dem wir leben, für ungeeignet gehalten. Bhagavan hat nicht so sehr den alten Weg wiederhergestellt, sondern vielmehr einen neuen geschaffen, der den Bedingungen unserer Zeit angepasst ist, einen Weg, dem man in einer Stadt oder in der Familie nicht weniger folgen kann als im Wald und in einer Einsiedelei, mit einer täglichen Meditationszeit und der beständigen Erinnerung während der täglichen Arbeit, wobei man äußere Bräuche beobachten kann oder auch nicht.

Der Maharshi hat sehr wenig geschrieben. Er lehrte hauptsächlich durch seine gewaltige Kraft der spirituellen Stille. Das bedeutet nicht, dass er keine Fragen beantworten wollte. Solange er spürte, dass sie aus einem ernsten Grund gestellt wurden und nicht aus eitler Neugier, gab er eine ausführliche mündliche oder schriftliche Antwort. Doch seine eigentliche Lehre war der stille Einfluss aufs Herz.

Er schrieb fast alles auf Bitten oder als Antwort auf die Fragen von Devotees, um ihr besonderes Bedürfnis zu erfüllen. Deshalb steht vor jedem Werk seine kurze Entstehungsgeschichte. Das ist zur Information des Lesers gedacht, beeinträchtigt aber nicht die Universalität der Gültigkeit der Lehre.

Die verschiedenen Gedichte erscheinen nicht in chronologischer Reihenfolge. Bhagavan selbst hat sie auf Bitten eines Devotees (A.W. Chadwick), der sie sammelte, geordnet, und diese Reihenfolge wurde hier beibehalten.

Die ‚Spirituellen Unterweisungen', die zwar zu Bhagavans Zeit veröffentlicht, aber nicht in den ersten beiden Auflagen enthalten waren, wurden jetzt hinzugefügt. Auch sind kleine Zusätze bei einigen Werken enthalten, die in den originalen Tamil-Versionen, die zu Lebzeiten Bhagavans veröffentlicht worden waren, enthalten sind. Sie verändern den Sinn dieser Werke nicht.

Teil 1: Originalwerke

Prosa

1. Selbstergründung

Selbstergründung ist das erste Werk, das der Maharshi geschrieben hat. Es entstand etwa 1901, als er ein junger Mann von etwa zweiundzwanzig war. Er war bereits ein Weiser (jnani), hatte das Selbst vollkommen verwirklicht und war selig im göttlichen Wissen. Damals lebte er in der Virupaksha-Höhle auf dem Berg Arunachala. Es hatten sich bereits einige Schüler um ihn versammelt. Obwohl er kein Schweigegelübde abgelegt hatte, sprach er nur selten und schrieb seine Antworten auf bestimmte Fragen auf, die Gambhiram Seshayya, einer seiner frühesten Anhänger, ihm stellte. Letzterer schrieb sie in sein Tagebuch ab. Nach Gambhirams Tod gab sein Bruder es dem Ashram. Die Fragen und Antworten wurden von Natanananda mit Bhagavans Zustimmung unter dem Titel ‚Vichara Sangraham' oder ‚Selbstergründung' veröffentlicht. Schließlich erschienen sie auch in Essay-Form. Dieses Buch enthält die Originalfassung.

Dieses Werk hat nichts von jugendlicher Unreife. Der Meister schrieb mit der Autorität völliger spiritueller Erkenntnis wie in seinen späteren Jahren. Wie bei allen seinen verbalen und schriftlichen Ausführungen geht es um praktische Fragen für den Weg der Selbstverwirklichung und nicht um reine Theorie. Doch in einem wichtigen Punkt unterscheidet sich diese Schrift von seinen späteren Ausführungen: Er beschreibt hier nicht nur den Weg der Selbstergründung, sondern auch andere Wege wie die Meditation über die eigene Identität mit dem Selbst und einen Yoga-Weg, der auf der Atemkontrolle beruht. Er selbst riet nur zur Selbstergründung oder zur Unterwerfung unter den Guru. Er pflegte zu sagen: „Es gibt zwei Wege: Entweder du fragst dich: ‚Wer bin ich?' oder du unterwirfst dich."

Warum erwähnte er in seiner ersten Ausführung weniger direkte und kompliziertere Methoden? Der wahrscheinlichste Grund ist, dass der Schüler, für den er sie schrieb, Bücher über verschiedene Methoden gelesen hatte und entsprechende Fragen stellte. In einem weiteren Sinn ist es vielleicht auch zweckdienlich, der lebenslangen Unterweisung, die er empfahl, eine allgemeine Erklärung verschiedener Methoden voranzustellen. Obwohl auch andere Methoden beschrieben werden, so werden sie doch kaum empfohlen.

Die Atemkontrolle, die er beschreibt, ist natürlich keine rein physische Übung. Die spirituelle Bedeutung dieser Übung macht sie zu einer durchdachten Wissenschaft. Wissenschaft ist tatsächlich das richtige Wort dafür, denn es handelt sich dabei um eine traditionelle indische Lehre der Selbstreinigung. Das macht es für den westlichen Leser schwer verständlich, der darin keine Grundkenntnis besitzt, denn wie bei allen Wissenschaften besitzt sie ihre Fachbegriffe, die nicht ohne lange Erklärungen adäquat übersetzt werden können. Man muss bedenken, dass der Maharshi wusste, dass er bei der Person, für die er das schrieb, in diesem Punkt auf Fachwissen zählen konnte. Der westliche Leser kann sich damit trösten, dass der Maharshi weder Atemkontrolle empfahl noch vorschrieb und sie in seinen späteren Werken selten erwähnte. Es ist nicht nötig, diese Techniken zu lernen.

<u>Einleitung</u>

Gibt es einen anderen Weg, um das Höchste, das alles ist, zu verehren, außer entschieden als Es zu verbleiben?

1.

Schüler: „Meister, mit welchem Mittel kann man den Zustand ewiger Seligkeit erlangen, der stets ohne Leid ist?"

Meister: „Abgesehen von der Aussage der Veden, dass dort, wo es einen Körper gibt, es auch Leid gibt, ist das auch die direkte Erfahrung aller Menschen. Deshalb sollte man sein eigenes wahres Wesen, das immer körperlos ist, erforschen und als es verbleiben. Das ist das Mittel, um diesen Zustand zu erlangen."

2.

Schüler: „Was ist damit gemeint: Man sollte sein wahres Wesen erforschen und verstehen?"

Meister: „Jeder macht solche Erfahrungen wie ‚ich ging, ich kam, ich war, ich habe getan'. Wird daraus nicht ersichtlich, dass das bewusste ‚Ich' das Subjekt dieser verschiedenen Handlungen ist? Das wahre Wesen dieses Bewusstseins zu ergründen und das eigene Selbst zu bleiben ist der Weg, durch Ergründung sein eigenes Wesen zu verstehen."

3.

Schüler: „Wie erforscht man 'Wer bin ich?'"

Meister: „Handlungen wie Gehen, Kommen usw. gehören nur dem Körper an. Wenn man also sagt: ‚Ich bin gegangen, ich bin gekommen', will man damit sagen, dass der Körper ‚ich' ist. Aber kann man vom Körper sagen, dass er das bewusste ‚Ich' ist, da er vor seiner Geburt nicht existiert hat, aus den fünf Elementen besteht, im Tiefschlaf nicht existiert und zur Leiche wird, wenn er stirbt? Kann man von diesem Körper, der träge ist wie ein Holzscheit, sagen, dass er als ‚Ich-Ich' erstrahlt? Deshalb wird das ‚Ich-Bewusstsein', das zuerst in Bezug auf den Körper auftaucht, verschieden bezeichnet: als Selbstverblendung (*tarbodham*), Egoismus (*ahankara*), Nichtwissen (*avidya*), *maya*, Unreinheit (*mala*) und als individuelle Seele (*jiva*). Müssen wir das nicht untersuchen? Sagen nicht alle Schriften, dass die Vernichtung der Verblendung Freiheit (*mukti*) bedeutet und wir durch die Ergründung die Erlösung finden? Deshalb sollte man den leichenähnlichen Körper als Leiche bestehen lassen und nicht einmal das Wort ‚Ich' aussprechen, sondern aufmerksam fragen: ‚Was taucht jetzt als „Ich" auf?' Dann wird im Herzen eine Art wortloser Erleuchtung in Form von ‚Ich-Ich' erstrahlen. Das heißt, reines Bewusstsein erstrahlt von selbst. Es ist unbegrenzt und eines. Das begrenzte Bewusstsein und die vielen Gedanken sind verschwunden. Wenn man still bleibt, ohne dies (dieses Erlebnis) aufzugeben, wird der Egoismus, das individuelle Empfinden in der Gestalt von ‚Ich bin der Körper' völlig vernichtet, und am Ende wird auch der letzte Gedanke, d.h. die ‚Ich-Gestalt', ausgelöscht wie das Feuer, das Kampfer verbrennt, ohne einen Rückstand zu hinterlassen. Die großen Weisen und Schriften erklären, dass das allein Befreiung ist."

4.

Schüler: „Wenn man die Wurzel der ‚Selbstverblendung' in Form des ‚Ichs' untersucht, scheinen unendlich viele verschiedene Gedanken aufzutauchen, aber kein getrennter ‚Ich'-Gedanke."

Meister: „Ob nun der erste Fall, der Nominativ, auftaucht oder nicht, so haben doch die Sätze, die in den anderen Fällen auftauchen, den ersten Fall als Grundlage. Ähnlich haben alle Gedanken, die im Herzen auftauchen, die Ichheit als Grundlage, die die erste geistige Regung ‚Ich' ist, die Wahrnehmung in Gestalt von ‚Ich bin der Körper'. Deshalb ist das Auftauchen der Ichheit die Ursache und Quelle, aus der alle anderen Gedanken entstehen. Wenn die Verblendung in Gestalt der Ichheit, die die Wurzel des illusorischen Baumes des *samsara* (Bindung, die in der Seelenwanderung besteht) ist, vernichtet wird, gehen damit auch alle anderen Gedanken zugrunde wie ein entwurzelter Baum. Welche Gedanken auch immer als Hindernisse während des *sadhanas* (der spirituellen Übung) auftauchen, es sollte dem Geist nicht erlaubt werden, ihnen nachzugehen, sondern er sollte im eigenen Selbst ruhen, das der Atman ist. Man sollte als Zeuge verbleiben, was immer auch geschieht, und die Haltung einnehmen: ‚Was immer auch Seltsames geschehen mag, lass es geschehen! Wir werden sehen.' Das sollte die Übung sein. In anderen Worten sollte man sich nicht mit dem identifizieren, was auftaucht, und nie das Selbst aufgeben. Das ist das richtige Mittel, um den Geist zu vernichten (*manonasa*), das darin besteht, den Körper als das Selbst zu betrachten, der die Ursache für alle zuvor genannten Hindernisse ist. Diese Methode, die leicht die Ichheit zerstört, verdient, Hingabe (*bhakti*), Meditation (*dhyana*), Konzentration (*Yoga*) und Erkenntnis (*jnana*) genannt zu werden. Weil Gott dem Wesen nach das Selbst ist, das als ‚Ich' im Herzen erstrahlt, weil die Schriften erklären, dass das Denken selbst die Bindung ist, besteht die beste Übung darin, still zu sein, ohne Ihn (Gott, das Selbst) jemals zu vergessen, nachdem man, egal auf welche Weise, in Ihm den Geist aufgelöst hat, der die Gestalt des ‚Ich'-Gedankens hat. Das ist die schlüssige Lehre der Schriften."

5.

Schüler: „Ist Selbstergründung nur ein Mittel, um den falschen Glauben an die Ichheit im grobstofflichen Körper zu beseitigen, oder auch, um ihn im subtilen und kausalen Körper zu beseitigen?"[6]

Meister: „Die anderen Körper existieren aufgrund des grobstofflichen Körpers. Im falschen Glauben 'Ich bin der Körper' sind alle drei Körper enthalten, die aus den fünf Hüllen bestehen. Wenn der falsche Glaube an die Ichheit im grobstofflichen Körper beseitigt wird, dann wird er auch in den beiden anderen Körpern beseitigt. Deshalb ist die Selbstergründung das Mittel, den falschen Glauben an die Ichheit in allen drei Körpern zu beseitigen."

6.

Schüler: „Es gibt verschiedene Modifikationen des inneren Organs[7], nämlich *manas* (Reflexion), *buddhi* (Intellekt), *chitta* (Erinnerung) und *ahankara* (Ichheit). Wie kann man sagen, dass allein die Vernichtung des Geistes die Erlösung bedeutet?"

Meister: „In den Büchern, die das Wesen des Geistes erklären, heißt es: 'Der Geist wird aus der Verdichtung der subtilen Teile der Nahrung, die wir essen, gebildet. Er wächst mit den Leidenschaften wie Anhaftung und Abneigung, Verlangen und Ärger, ist die Gesamtheit

---

[6] [Die hinduistische Lehre spricht vom grobstofflichen, subtilen und kausalen Körper des Menschen, von denen jeder nachfolgende auf eine feinere Weise funktioniert. Die fünf Hüllen sind in den drei menschlichen Körpern, dem mentalen, subtilen und kausalen, enthalten und bestehen aus der physischen, vitalen, mentalen und intellektuellen Hülle sowie aus der Hülle der Seligkeit.]

[7] [Das innere Organ ist die Gesamtheit des Geistes (mind).]

aus Geist, Intellekt, Erinnerung und Ichheit und erhält den kollektiven Namen „Geist". Seine Merkmale sind Denken, Bestimmen usw. Da er ein Objekt des Bewusstseins (des Selbst) ist, ist er das, was gesehen wird, ist aber träge. Obwohl er träge (untätig) ist, sieht es so aus, als sei er bewusst, weil er mit dem Bewusstsein verbunden ist (wie ein glühendes Stück Eisen mit dem Feuer). Er ist begrenzt, nicht ewig, nur ein Teil und verändert sich wie Gummilack, Gold, Wachs usw. Er besteht aus allen Elementen (der phänomenalen Existenz). Seine Wohnstatt ist der Herzenslotus, so wie die Wohnstatt des Sehsinns die Augen sind. Er ist ein Anhängsel der individuellen Seele. Wenn er an ein Objekt denkt, verändert er sich und fließt zusammen mit dem Wissen, das im Gehirn ist, durch die Kanäle der fünf Sinne, verbindet sich durch das Gehirn (das mit dem Wissen verbunden ist) mit den Objekten, erkennt und erlebt auf diese Weise die Objekte und erlangt Befriedigung. Diese Substanz ist der Geist.'

Obwohl derselbe Mensch je nach der Funktion, die er ausführt, verschieden gerufen wird [als Ehefrau, Mutter, Tochter usw.], so hat auch der Geist aufgrund seiner verschiedenen Funktionen, nicht aber aufgrund eines wirklichen Unterschieds, verschiedene Namen wie Geist, Intellekt, Erinnerung und Ichheit. Der Geist selbst ist die Gestalt von allem, d.h. von Seele, Gott und Welt. Wird er durch Erkenntnis zur Gestalt des Selbst, geschieht Erlösung, die dem Wesen nach Brahman ist. Das ist die Lehre."

7.

Schüler: „Wenn diese Vier – Geist, Intellekt, Erinnerung und Ichheit – ein und dasselbe sind, warum werden sie dann an verschiedenen Orten lokalisiert?"

Meister: „Es stimmt, dass der Hals als der Ort des Geistes gilt, das Gesicht oder Herz als der Ort des Intellekts, der Nabel als der Ort der Erinnerung und das Herz oder *sarvanga* (der ganze Körper) als der Ort der Ichheit. Wenn sie auch verschieden genannt werden, so ist der Sitz der Gesamtheit des Geistes oder des inneren Organs allein das Herz. Das wird in den Schriften schlüssig erklärt."

8.

Schüler: „Warum heißt es, dass nur der Geist, der das innere Organ ist, als die Gestalt von allem, d.h. der Seele, Gottes und der Welt, erstrahlt?"

Meister: „Die Werkzeuge, um Objekte zu erkennen, nämlich die Sinnesorgane, sind außen. Deshalb nennt man sie die äußeren Sinne. Den Geist nennt man den inneren Sinn, weil er innen ist. Aber der Unterschied zwischen innen und außen bezieht sich nur auf den Körper. In Wahrheit gibt es weder innen noch außen. Das Wesen des Geistes ist, rein wie der Äther zu bleiben. Was man als Herz oder Geist bezeichnet, ist die Zusammenstellung der Elemente (der phänomenalen Existenz), die als innen oder außen erscheinen. Somit besteht darüber kein Zweifel, dass alle Phänomene, die aus Namen und Formen bestehen, dem Wesen nach nur dem Geist angehören. Alles, was außen erscheint, ist in Wirklichkeit innen und nicht außen. Um das auszudrücken, beschreiben die Veden alles dem Wesen des Herzens zugehörig. Was man das ‚Herz' nennt, ist nichts anderes als Brahman."

9.

Schüler: „Wie kann man sagen, dass das Herz nichts anderes als Brahman ist?"

Meister: „Obwohl das Selbst seine Erfahrungen in den Zuständen von Wachen, Traum und Tiefschlaf genießt, wobei es jeweils in den Augen, im Hals und im Herzen wohnt, verlässt es doch in Wirklichkeit nie seinen Hauptsitz, das Herz. Im Herzenslotus, der dem Wesen nach alles ist, in anderen Worten im Geist-Äther, erstrahlt das Licht dieses Selbst in Gestalt des ‚Ichs'. Da das Selbst auf diese Weise in jedem erstrahlt, wird es als der Zeuge (*sakshi*) und das Transzendente (*turiya*, wörtl.: das Vierte) bezeichnet. Dieses ‚ich-lose' höchste Brahman, das inwendig in allen Körpern als ‚Ich' erstrahlt, ist der Selbst-Äther (oder Erkenntnis-Äther). Das allein ist die höchste Wirklichkeit. Das ist die höchste Transzendenz (*turiyatita*). Deshalb heißt es, dass das Herz nichts anderes als Brahman ist. Zudem heißt Brahman das Herz, weil es in den Herzen aller Seelen als das Selbst erstrahlt.[8] Die Bedeutung des Wortes ‚hridayam', wenn man es in *hritayam* trennt, bedeutet tatsächlich Brahman. Der Beweis dafür, dass Brahman, das als das Selbst erstrahlt, im Herzen aller erstrahlt, ist, dass die Menschen auf die Brust zeigen, um auf sich zu weisen, wenn sie ‚ich' sagen."

10.

Schüler: „Wenn das ganze Universum die Gestalt des Geistes ist, folgt dann nicht daraus, dass es eine Illusion ist? Wenn das aber so ist, warum wird dann die Schöpfung des Universums in den Veden erwähnt?"

Meister: „Es besteht überhaupt kein Zweifel darüber, dass das Universum eine reine Illusion ist. Die hauptsächliche Intention der Veden besteht darin, das wahre Brahman bekannt zu machen, nachdem aufgezeigt wurde, dass das wahrnehmbare Universum falsch ist. Nur aus diesem Grund anerkennen die Veden die Schöpfung der Welt. Zudem wird den weniger kompetenten Menschen die Schöpfung gelehrt, also dass in einer stufenweisen Evolution von *prakriti* (der Ur-Natur), *mahat tattva* (des kosmischen Verstandes), *tanmatras* (der subtilen Essenzen), *bhutas* (der grobstofflichen Elemente) die Welt, die Körper usw. aus Brahman hervorgebracht wurden, während den Fortgeschrittenen die gleichzeitige Schöpfung gelehrt wird. Diese Lehre besagt, dass diese Welt aufgrund der eigenen Gedanken wie ein Traum auftaucht, verursacht durch den Fehler, dass man sich selbst nicht als das Selbst erkennt. Die Tatsache, dass die Schöpfung der Welt in den Veden verschieden beschrieben wird, macht deutlich, dass die Intention der Veden nur in der Lehre des wahren Wesens von Brahman besteht, nachdem sie auf die eine oder andere Weise die illusorische Natur des Universums aufgezeigt haben. Dass die Welt illusorisch ist, kann jeder direkt im Zustand der Verwirklichung erkennen, indem man die eigene Glücks-Natur erfährt."

---

[8] „Im Herzen aller individuellen Seelen erstrahlt Brahman. Man nennt es deshalb das Herz." (Brahma Gita)

11.

Schüler: „Ist die Erfahrung des Selbst für den Geist möglich, der sich ständig verändert?"

Meister: „Da *sattva guna* (der Bestandteil von *prakriti*, der Reinheit, Intelligenz usw. ermöglicht) das Wesen des Geistes ist und da der Geist rein und unbefleckt wie der Äther ist, ist das, was man den ‚Geist' nennt, in Wahrheit dem Wesen nach Erkenntnis. Wenn der Geist in seinem natürlichen (reinen) Zustand bleibt, kann er nicht einmal als Geist bezeichnet werden. Es ist nur das falsche Wissen, das Dinge verwechselt, das man den Geist nennt. Was ursprünglich der reine (*sattva*) Geist war, der dem Wesen nach reine Erkenntnis ist, vergisst durch seine Unwissenheit sein erkennendes Wesen, wird unter dem Einfluss von *tamas* (dem Bestandteil von *prakriti*, der zu Trägheit, Schlaffheit usw. führt) zur Welt verwandelt, gerät unter den Einfluss von *rajas* (dem Bestandteil von *prakriti*, der zu Aktivität und Leidenschaft führt) und denkt: ‚Ich bin der Körper', ‚Die Welt ist wirklich' usf. Durch seine Anhaftung, Vorliebe und Abneigung usw. erwirbt er Verdienst und Verlust, und durch die somit zurückbleibenden Eindrücke (*vasanas*) erlangt er Geburten und Tode. Aber der Geist, der seine Verunreinigung (Sünde) losgeworden ist, indem er in vielen vergangenen Leben selbstlos gehandelt hat, hört von einem wahren Guru die Lehren der Schriften, denkt über ihre Bedeutung nach und meditiert. Dadurch erlangt er den natürlichen Zustand der geistigen Form in Gestalt des Selbst, d.h. in Gestalt von ‚Ich bin Brahman', die das Ergebnis der kontinuierlichen Kontemplation über Brahman ist. Auf diese Weise wird die Transformation des Geistes in die Welt durch *tamas* und sein Umherstreifen in ihr durch *rajas* beseitigt. Dann wird der Geist fein und unbeweglich. Nur der unreine Geist, der unter dem Einfluss von *rajas* und *tamas* steht, kann die Wirklichkeit (das Selbst), die sehr subtil und unveränderlich ist, nicht erfahren. Ebenso wenig kann feiner Seidenstoff mit einem schweren Brecheisen genäht werden und können die Einzelheiten subtiler Objekte mit einer Lampe, deren Licht im Wind flackert, unterschieden werden. Aber im reinen Geist, der durch Meditation, wie oben beschrieben, subtil und unbeweglich geworden ist, wird die Seligkeit des Selbst (Brahman) manifest. So wie es ohne den Geist keine Erfahrungen geben kann, ist es für den reinen Geist, der äußerst subtil ist, möglich, die Seligkeit des Selbst zu erfahren, indem er in dieser Gestalt (d.h. in der Gestalt Brahmans) bleibt. Dann wird deutlich erfahren, dass das eigene Selbst das Wesen Brahmans ist."

12.

Schüler: „Ist die zuvor erwähnte Selbsterfahrung auch in der empirischen Existenz möglich, wenn der Geist seinem jetzigen *prarabdha* (dem vergangenen Karma, das jetzt Früchte trägt) entsprechend Tätigkeiten ausführen muss?"

Meister: „Ein Brahmane kann verschiedene Rollen in einem Drama spielen, doch er denkt beständig daran, dass er ein Brahmane ist. Ähnlich sollte auch die feste Überzeugung ‚Ich bin das Selbst' vorhanden sein, wenn man in verschiedenen Bereichen aktiv ist, ohne dass man der falschen Vorstellung ‚Ich bin der Körper' usw. erlaubt, sich zu erheben. Wenn der Geist sich von seinem Zustand entfernt, dann sollte man sofort fragen: ‚Oh, oh! Wir sind nicht der Körper usw. Wer sind wir?' und damit den Geist in diesen (reinen) Zustand zurückführen. Die Ergründung: ‚Wer bin ich?' ist das wichtigste Mittel, um alles Elend zu beseitigen und die höchste Seligkeit zu erlangen. Wenn der Geist auf diese Weise in seinem wahren Zustand still wird, stellt sich die Erfahrung des Selbst von alleine und ohne Hindernis ein. Danach beeinflussen sinnliche Freude und Leid den Geist nicht mehr. Alles (alle Phänomene) erscheinen dann wie in einem Traum, ohne dass man an ihnen haftet. Wenn man seine vollkommene Selbst-Erfahrung nie vergisst, ist das wahres *bhakti* (Hingabe), Yoga (Geisteskontrolle), *jnana* (Erkenntnis) und alle anderen Entbehrungen. Das sagen die Weisen."

13.

Schüler: „Wenn es um das Handeln bei der Arbeit geht, sind wir weder die Handelnden noch die Genießenden. Es sind die drei Instrumente, die diese Handlungen ausführen (der Geist, die Sprache und der Körper). Können wir ohne Anhaftung bleiben, indem wir so denken?"

Meister: „Wie kann der Geist so denken, nachdem er dazu gebracht wurde, im Selbst zu bleiben, das seine Gottheit ist, und dazu, alle Erfahrungen gleichmütig zu betrachten, da er nicht vom Selbst abirrt? Erzeugen nicht solche Gedanken Bindung? Wenn solche Gedanken aufgrund von zurückbleibenden Eindrücken (*vasanas*) entstehen, sollte man den Geist daran hindern, in diese Richtung zu gehen, und sich bemühen, ihn im Zustand des Selbst zurückzuhalten, und ihn dazu veranlassen, sich allen empirischen Dingen gegenüber indifferent zu verhalten. Man sollte dem Geist keinen Raum geben zu denken: ‚Ist dies oder jenes gut? Soll ich dies oder jenes tun?' Man sollte wachsam sein, bevor solche Gedanken auftauchen, und den Geist dazu bringen, in seinem ursprünglichen Zustand zu bleiben. Wenn man ihm auch nur etwas Raum gibt, schadet solch ein (beunruhigter) Geist uns, während er sich als unser Freund ausgibt, und bringt uns zu Fall wie der Gegner, der sich als Kamerad ausgibt. Entstehen solche Gedanken nicht und richten immer mehr Unheil an, weil wir unser Selbst vergessen? Es ist wahr, dass man unterscheidend denken soll: ‚Ich tue nichts. Alle Handlungen werden von den Instrumenten ausgeführt.' Das hindert den Geist daran, sich den *vasanas* hinzugeben. Aber folgt daraus nicht auch, dass wenn der Geist mit den Gedanken-*vasanas* weiterfließt, er durch Unterscheidung zurückgehalten werden muss, wie zuvor erwähnt? Kann der Geist, der im Zustand des Selbst bleibt, ‚ich' denken und dass ‚ich' mich so und so verhalte? Man sollte auf jeden Fall zunehmend bestrebt sein, das eigene (wahre) Selbst, das Gott ist, nicht zu vergessen. Wenn man das erreicht hat, hat man alles erreicht. Der Geist sollte sich auf nichts anderes richten. Selbst wenn man wie ein Irrer die Handlungen, die aus dem *prarabdha* Karma resultieren, verrichtet, sollte man den Geist im Zustand des Selbst zurückhalten, ohne den Gedanken ‚ich tue' aufkommen zu lassen. Haben nicht unzählige *bhaktas* (Devotees) ihre zahlreichen Tätigkeiten ohne Anhaftung ausgeführt?"

14.

Schüler: „Was ist die wahre Bedeutung von *sannyasa* (Entsagung)?"

Meister: „*Sannyasa* ist nur die Entsagung vom ‚Ich-Gedanken' und nicht die Zurückweisung äußerer Objekte. Wer auf diese Weise (dem ‚Ich-Gedanken') entsagt hat, bleibt derselbe, ob er alleine oder inmitten von *samsara* (der empirischen Welt) ist. Wenn der Geist sich auf ein Objekt konzentriert, bemerkt er keine anderen Dinge, auch wenn sie ganz in seiner Nähe sind. Der Weise kann völlig mit Tun beschäftigt sein, in Wirklichkeit tut er nichts, weil er den Geist im Selbst ruhen lässt, ohne dem ‚Ich-Gedanken' zu erlauben, sich zu erheben. Wie in einem Traum, in dem man kopfüber nach unten fällt, während man in Wirklichkeit unbeweglich ist, so ist der unwissende Mensch, d.h. der Mensch, dessen ‚Ich-Gedanke' nicht aufgehört hat, beständig beschäftigt, obwohl er alleine ist und ununterbrochen meditiert.[9] Das haben die Weisen gesagt."

15.

Schüler: „Der Geist, die Sinnesorgane usw. besitzen die Fähigkeit der Wahrnehmung. Warum aber werden sie als wahrnehmbare Objekte betrachtet?"

Meister: „Der Wahrnehmende (*drik*) und das wahrgenommene Objekt (*drisya*) verhalten sich zueinander wie:

1. der Sehende – der Topf (das gesehene Objekt)
2. das Auge – der Körper, der Topf usw.
3. der Sehsinn – das Auge
4. der Geist – der Sehsinn
5. die individuelle Seele – der Geist
6. das Bewusstsein (das Selbst) – die individuelle Seele

---

[9] Wie einer, dem man eine Geschichte erzählt, während er mit den Gedanken ganz woanders ist, nicht zuhört, so ist der Geist, der frei von Anhaftung ist, nicht aktiv während er handelt. Doch der anhaftende Geist ist aktiv, auch wenn er nicht handelt, wie ein Schläfer, der bewegungslos daliegt und träumt, dass er einen Berg erklimmt und in den Abgrund stürzt. (Vierzig Verse, Anhang, Vers 30)

Der Vergleich oben zeigt, dass wir als Bewusstsein alle Objekte erkennen und deshalb der Wahrnehmende (*drik*) sind. Die Kategorien wie der Topf usw. sind die gesehenen Objekte, das, was erkannt wird. In diesem Vergleich von Wahrnehmendem und den wahrgenommenen Objekten sieht man, dass der Erkennende in einem Verhältnis zum Erkannten steht. Da das Objekt zum Subjekt von etwas anderem wird, ist keines in diesen beiden Kategorien in Wirklichkeit der Wahrnehmende. Obwohl wir von uns als dem Wahrnehmenden sprechen, da wir alles erkennen, und nicht vom wahrgenommenen Objekt, da wir von nichts anderem wahrgenommen werden, sind wir doch nur in Beziehung zum wahrgenommenen Objekt der Wahrnehmende. In Wirklichkeit ist das Wahrgenommene nicht von uns getrennt. Deshalb sind wir die Wirklichkeit, die sowohl den Wahrnehmenden als auch das Wahrgenommene überschreitet. Alles andere fällt in diese Kategorie von Wahrnehmendem und Wahrgenommenem."

16.

Schüler: „Wie werden Ichheit, Seele, Selbst und Brahman bestimmt?"

Meister: „Sie verhalten sich zueinander wie

1. die Eisenkugel – die Ichheit

2. die heiße Eisenkugel – die Seele, die als Überlagerung des Selbst erscheint

3. das Feuer, das in der heißen Eisenkugel ist – das Licht des Bewusstseins, das unveränderliche Brahman, das in der Seele eines jeden erstrahlt

4. die Flamme des Feuers, die nur eine ist – das alldurchdringende Brahman, das nur eines ist

Dieses Beispiel macht deutlich, wie die Ichheit, die Seele, der Zeuge und der Zeuge von allem bestimmt werden.

Wie in der Wachskugel des Schmieds unzählige verschiedene Metallpartikel enthalten sind und alle als die eine Wachskugel in Erscheinung treten, so sind auch im Tiefschlaf die grobstofflichen und subtilen Körper aller individuellen Seelen im kosmischen *maya* enthalten, das aus Nichtwissen besteht und reine Dunkelheit ist. Da die Seelen sich im Selbst auflösen, indem sie eins mit ihm werden, sehen sie überall nur Dunkelheit. Aus der Dunkelheit des Tiefschlafs entsteht der subtile Körper, nämlich die Ichheit, und aus der Ichheit der grobstoffliche Körper. Auch wenn die Ichheit auftaucht, scheint sie das Wesen des Selbst zu überlagern wie die erhitzte Eisenkugel das Feuer. Demnach gibt es ohne die Seele (*jiva*), die der Geist oder die Ichheit ist und die mit dem Licht des Bewusstseins verbunden ist, keinen Zeugen der Seele, nämlich des Selbst, und ohne das Selbst gibt es kein Brahman, das der Zeuge von allem ist. Wenn der Schmied die Eisenkugel in verschiedene Formen schlägt, verändert sich das Feuer im Eisen dadurch nicht. Ebenso kann die Seele mit noch so vielen Erfahrungen befasst sein und Freuden und Leiden erleben, trotzdem verändert sich dadurch das Licht des Selbst in ihr nicht im Geringsten. Wie der Äther ist es die alldurchdringende, reine Erkenntnis, die nur eine ist, und sie erstrahlt im Herzen als Brahman."

17.

Schüler: „Wie weiß man, dass das Selbst im Herzen als Brahman erstrahlt?"

Meister: „Wie das Element Äther in der Flamme einer Lampe ohne Unterschied und ohne Begrenzung sowohl das Innere als auch das Äußere der Flamme erfüllt, so erfüllt auch der Äther der Erkenntnis, der im Licht des Selbst im Herzen wohnt, ohne Unterschied und ohne Begrenzung sowohl das Innere als auch das Äußere dieses Lichts des Selbst. Das nennt man Brahman."

18.

Schüler: „Wie tauchen die drei Zustände [Wachen, Traum und Tiefschlaf], die drei Körper [kausal, subtil und grobstofflich] usw., die Vorstellungen sind, im Licht des Selbst auf, das ein einziges ist und aus sich selbst erstrahlt? Und wenn sie auftauchen, woher weiß man dann, dass das Selbst immer unbeweglich bleibt?"

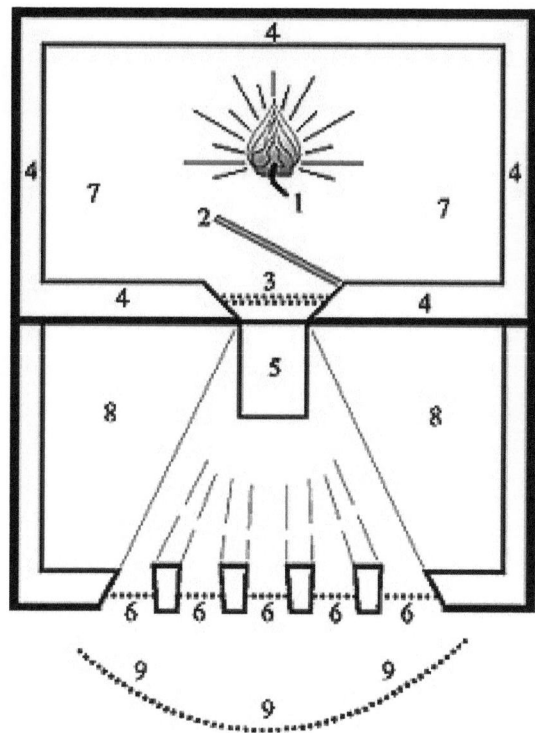

Meister:

1. die Lampe = das Selbst
2. die Tür = der Schlaf
3. die Türschwelle = *mahat tattva* (der kosmische Verstand)
4. die innere Wand = Nichtwissen oder der kausale Körper
5. der Spiegel = die Ichheit
6. die Fenster = die fünf Sinnesorgane
7. die innere Kammer = Tiefschlaf, in dem der kausale Körper manifest ist
8. die mittlere Kammer = Traum, in dem der subtile Körper manifest ist
9. der äußere Hof = Wachzustand, in dem der grobstoffliche Körper manifest ist

„Das Selbst ist die Lampe (1) und scheint von selbst in der inneren Kammer, d.h. im kausalen Körper (7), der als innere Wand (4) mit Nichtwissen ausgestattet ist, und mit dem Schlaf als Tür (2). Wenn durch das vitale Prinzip, das von der Zeit, vom Karma usw. bewirkt wird, sich die Tür des Schlafs öffnet, reflektiert sich das Selbst im Spiegel der Ichheit (5), welcher der Türschwelle (*mahat tattva*) (3) am nächsten steht. Der Spiegel der Ichheit erleuchtet die mittlere Kammer, d.h. den Traumzustand (8), und durch die Fenster, welche die fünf Sinnesorgane sind (6), den äußeren Hof, d.h. den Wachzustand (9). Wenn sich durch das vitale Prinzip, das von der Zeit, vom Karma usw. bewirkt wird, die Tür zum Schlaf wieder schließt, hört die Ichheit zusammen mit dem Wachen und Träumen auf, und nur das Selbst erstrahlt. Das Beispiel veranschaulicht, wie das Selbst unbeweglich ist, wie es sich von der Ichheit unterscheidet und wie die drei Zustände, die drei Körper usw. auftauchen."

19.

Schüler: „Obwohl ich deinen ausführlichen Erklärungen über die Merkmale der Ergründung zugehört habe, kann ich nicht den geringsten Geistesfrieden finden. Warum ist das so?"

Meister: „Der Grund ist, dass es dem Geist an Stärke oder Auf-eins-gerichtet-sein fehlt."

20.

Schüler: „Warum fehlt es an Geistesstärke?"

Meister: „Die Mittel, die einen zur Ergründung befähigen, sind Meditation, Yoga usw. Man sollte darin mit zunehmender Übung Fertigkeit erlangen und sich geistige Methoden aneignen, die natürlich und hilfreich sind. Wenn der Geist auf diese Weise reif geworden ist und von der Ergründung hört, wird er sofort sein wahres Wesen, das das Selbst ist, erkennen und in vollkommenem Frieden bleiben, ohne noch von diesem Zustand abzuweichen. Für einen Geist, der noch nicht reif ist, sind sofortige Verwirklichung und Friede schwer zu erreichen, wenn er von der Ergründung hört. Doch wenn man einige

Zeit lang diese Übungen der Geisteskontrolle macht, kann sich schließlich Geistesfrieden einstellen."

21.

Schüler: „Welches Mittel zur Geisteskontrolle ist das wichtigste?"

Meister: „Mit Atemkontrolle wird der Geist kontrolliert."

22.

Schüler: „Wie kontrolliert man den Atem?"

Meister: „Entweder indem man den Atem völlig zurückhält (*kevala kumbhaka*) oder ihn reguliert (*pranayama*)."

23.

Schüler: „Wie hält man den Atem zurück?"

Meister: „Man hält den Atem fest im Herzen zurück ohne aus- und einzuatmen. Diese Fertigkeit wird durch Meditation über das vitale Prinzip usw. erlangt."

24.

Schüler: „Wie reguliert man den Atem?"

Meister: „Man hält den Atem fest im Herzen zurück, indem man ausatmet, einatmet und den Atem anhält, wie es in den Yoga-Schriften beschrieben wird."

25.

Schüler: „Wie kann Atemkontrolle zur Geisteskontrolle verhelfen?"

Maharshi: „Es besteht kein Zweifel darüber, dass Atemkontrolle das Mittel ist, um den Geist zu kontrollieren, weil der Geist, wie der Atem, ein Teil der Luft ist. Beide bewegen sich, weil beide denselben Ursprung haben. Wenn eines von ihnen kontrolliert wird, so wird auch das andere kontrolliert."

26.

Schüler: „Da Atemkontrolle nur zu einem stillen Geist führt (*manolaya*) und nicht zu seiner Zerstörung (*manonasa*), wie kann man dann behaupten, dass die Atemkontrolle das Mittel für die Ergründung sei, deren Ziel die Vernichtung des Geistes ist?"

Meister: „Die Schriften lehren zwei Weisen, wie man Selbstverwirklichung erlangen kann: den achtgliedrigen Yoga (*Ashtanga Yoga*) und die achtgliedrige Erkenntnis (*Ashtanga Jnana*). Durch die Regulierung des Atems (*pranayama*) oder durch sein völliges Zurückhalten (*kevala kumbhaka*), das ein Glied des Yoga ist, wird der Geist kontrolliert. Wenn man es nicht dabei belässt und die weiteren Übungen (des Yoga) praktiziert, wie etwa den Rückzug des Geistes von äußeren Objekten (*pratyahara*), dann wird man am Ende mit Gewissheit die Selbstverwirklichung, die das Ergebnis der Ergründung ist, erlangen."

27.

Schüler: „Was sind die acht Glieder des Yoga?"

Meister: „*Yama, niyama, asana, pranayama, pratyahara, dharana, dhyana* und *samadhi*.

(1.) *Yama* steht für die Kultivierung guten Betragens wie Gewaltlosigkeit (*ahimsa*), Wahrheit (*satya*), nicht zu stehlen (*asteya*), Zölibat (*brahmacharya*) und Besitzlosigkeit (*aparigraha*).

(2.) *Niyama* steht für die Befolgung von Regeln guten Betragens wie Reinheit (*saucha*), Zufriedenheit (*santosha*), Enthaltsamkeit (*tapas*), das Studium der heiligen Schriften (*svadhyaya*) und die Hingabe an Gott (*Isvarapranidhana*).[10]

(3.) *Asana*: Von den vielen Haltungen gelten 84 als die wichtigsten. Davon sind wiederum vier besonders wichtig, nämlich *simha, bhad*-

---

[10] Das Ziel von *yama* und *niyama* ist, dass jenen, die für *moksha* reif sind, alle guten Wege offen stehen. Näheres dazu siehe im Yoga Sutra und im Hathayoga Dipika.

ra, *padma* und *siddha*. *Siddha* ist davon wiederum die bedeutendste.[11] So erklären es die Yoga-Schriften.

(4.) *Pranayama*: Nach den heiligen Schriften bedeutet Ausatmen *rechaka*, Einatmen *puraka* und das Halten des Atems im Herzen *kumbhaka*. Manche Schriften geben an, dass *rechaka* und *puraka* gleich lang sein sollten, *kumbhaka* aber doppelt so lang, während andere Schriften sagen, dass *rechaka*, *puraka* und *kumbhaka* im Verhältnis 1:2:4 stehen sollten. Mit einer Länge ist die Zeit gemeint, die man braucht, um einmal das Gayatri Mantra aufzusagen. *Pranayama*, das aus *rechaka*, *puraka* und *kumbhaka* besteht, sollte, je nach Fähigkeit, täglich langsam und schrittweise geübt werden. Dann steigt im Geist der Wunsch auf, bewegungslos im Glück zu verharren. Danach sollte man *pratyahara* üben.

(5.) *Pratyahara* ist die Regulierung des Geistes, indem man ihn daran hindert, sich äußeren Namen und Formen zuzuwenden. Der Geist, der bis jetzt abgelenkt war, wird jetzt kontrolliert. Die Mittel dazu sind 1. Meditation über *pranava* (OM), 2. die Aufmerksamkeit zwischen den Augenbrauen zu fixieren, 3. auf die Nasenspitze zu sehen und 4. über *nada* [den Klang] zu reflektieren. Der Geist, der auf diese Weise auf eins gerichtet wird, ist nun in der Lage, an einem Ort zu verweilen. Danach sollte man *dharana* üben.

(6.) *Dharana* bedeutet, den Geist auf einen Ort zu fixieren, der für die Meditation geeignet ist. Die besten Orte dafür sind das Herz und *Brahmarandhara* (die Öffnung am Scheitelpunkt des Kopfes). Man soll sich vorstellen, dass inmitten des achtblättrigen Lotus[12] dieses Ortes die Gottheit, die das Selbst, d.h. Brahman ist, wie eine Flamme erstrahlt, und sich darauf konzentrieren. Hiernach sollte man meditieren.

---

[11] *Siddhasana*: Die linke Verse wird über den Unterleib gelegt und der rechte Fuß darüber. Der Blick richtet sich auf den Punkt zwischen den Augenbrauen. Der Körper sollte bewegungslos und aufrecht wie ein Stab sein.

[12] Obwohl es stimmt, wenn man sagt, dass der Lotus oben am Kopf tausend Blütenblätter hat, kann er auch als achtblättrig beschrieben werden, wobei jedes dieser Blätter aus 125 kleinen Blättern besteht.

(7.) *Dhyana* ist die Meditation über den Gedanken: ‚Ich bin Er', die beinhaltet, dass man sich nicht vom Wesen der besagten Flamme unterscheidet. Wenn man ergründet: ‚Wer bin ich?', dann, ‚erstrahlt Brahman, das überall ist, im Herzen als das Selbst, das der Zeuge des Intellekts ist', so erklären es die Schriften. Man erkennt dann, dass es das göttliche Selbst ist, das im Herzen als ‚Ich-Ich' erstrahlt. Diese Art der Reflexion ist die beste Meditation.

(8.) *Samadhi*: Als Ergebnis dieser Meditation löst sich der Geist im Objekt der Meditation auf, ohne die Vorstellung ‚Ich bin so und so. Ich tu dies oder das' zu unterhalten. Dieser subtile Zustand, in dem selbst der Gedanke ‚Ich-Ich' verschwindet, ist *samadhi*. Wenn man das täglich übt und darauf achtet, dass einen nicht der Schlaf überkommt, wird Gott einem bald den höchsten Zustand der Geistesstille verleihen."

28.

Schüler: „Es wird gelehrt, dass man in *pratyahara* über *pranava* (OM) meditieren muss? Was bedeutet das?"

Meister: „Die vorgeschriebene Meditation über *pranava* bedeutet folgendes: *Pranava* ist *Omkara* (OM), das aus dreieinhalb Silben (*matras*) besteht, nämlich a, u, m und das *ardha matra*. A steht für den Wachzustand, *visva jiva,* und den grobstofflichen Körper, u steht für den Traumzustand, *taijasa jiva,* und den subtilen Körper, m steht für den Tiefschlaf, *prajna jiva,* und den kausalen Körper, und das *ardha matra* steht für *turiya* (den vierten Zustand), das das Selbst oder das Wesen des ‚Ichs' ist. Jenseits von *turiya* befindet sich der Zustand von *turiyatita*, die reine Seligkeit. Der vierte Zustand, das Wesen des ‚Ichs', wurde im Abschnitt über die Meditation (*dhyana*) bereits erwähnt. Er wurde verschieden beschrieben: als das Wesen von *amatra*, das die drei *matras* a, u. und m beinhaltet, als *maunakshara* (die Silbe des Schweigens), als *ajapa* (Aufsagen eines Mantras ohne es aufzusagen) und als Advaita *mantra*, das die Essenz aller

Mantren ist wie das *panchakshara*[13]. Um die wahre Bedeutung zu erfassen, sollte man über *pranava* (OM) meditieren. Diese Meditation ist Hingabe, die in der Reflexion über die Wahrheit des Selbst besteht. Das Ergebnis dieses Prozesses ist *samadhi*, das die Befreiung bringt, die im Zustand des unübertroffenen Glücks besteht. Die verehrten Gurus haben auch gesagt, dass man nur durch Hingabe, die in der Reflexion über die Wahrheit des Selbst besteht, Befreiung erlangen kann."

29.

Schüler: „Was ist damit gemeint, dass man über ‚Ich bin Er' meditieren soll, über die Wahrheit, dass man sich nicht von der selbstleuchtenden Wirklichkeit, die wie eine Flamme erstrahlt, unterscheidet?"

Meister: „a) Man sollte deshalb die Vorstellung kultivieren, dass man sich nicht von der selbststrahlenden Wirklichkeit unterscheidet, weil die Schriften Meditation folgendermaßen erklären: ‚In der Mitte des achtblättrigen Herzenslotus, der das Wesen aller ist und der als *Kailash*, *Vaikunta* und als *paramapada* beschrieben wird, wohnt die Wirklichkeit, die daumengroß ist. Sie besteht aus einem blendend hellen Blitz und strahlt wie eine Flamme. Wenn man darüber meditiert, erlangt man Unsterblichkeit.' Daher wissen wir, dass man bei dieser Meditation folgende Fehler vermeiden muss: 1. den Gedanken an einen Unterschied, indem man denkt: ‚Ich bin anders und das ist anders', 2. die Meditation über etwas Begrenztes, 3. die Vorstellung, dass das Wirkliche begrenzt ist und 4. dass es auf einen Ort begrenzt ist.

b) Dass man bei der Meditation ‚Ich bin Er' (*sahaham*, *soham*) denken soll, hat folgende Bedeutung: ‚*Sah*' meint das höchste Selbst und ‚*aham*' das Selbst, das sich als ‚Ich' manifestiert. Der *jiva*, der das *Shivalinga* ist, wohnt ihm Herzenslotus, dessen Sitz im Körper ist und der ‚die Stadt Brahmans' genannt wird. Der Geist, der seinem Wesen nach Ichheit ist, strebt nach außen und identifiziert sich mit dem Kör-

---

[13] [i.e. das fünfsilbige Mantra „Namah Shivaya", das die fünf Elemente repräsentiert]

per usw. Der Geist soll sich im Herzen auflösen, d.h. man soll den Ich-Sinn, der im Körper wohnt, loswerden. Wenn man ergründet: ‚Wer bin ich?' und ungestört in diesem Zustand verweilt, manifestiert sich das Wesen des Selbst auf subtile Art als ‚Ich-Ich'. Dieses Wesen des Selbst ist alles und doch nichts. Es manifestiert sich überall als das höchste Selbst ohne eine Unterscheidung von innen und außen. Es erstrahlt wie eine Flamme, wie oben erwähnt, und bedeutet die Wahrheit: ‚Ich bin Brahman'. Wenn man nicht darüber meditiert, dass Brahman identisch mit einem selbst ist, glaubt man, es sei von einem verschieden, und die Unwissenheit vergeht nicht. Deshalb wird diese Identitäts-Meditation vorgeschrieben.

Wenn man für lange Zeit ungestört und beständig mit dem ‚Ich bin Er'-Gedanken über das Selbst meditiert, was der Technik der Reflexion über das Selbst entspricht, werden die Dunkelheit der Unwissenheit, die im Herzen wohnt, und alle Hindernisse, die von der Unwissenheit herrühren, beseitigt, und man erlangt die vollkommene Weisheit.[14]

Deshalb ist die Erkenntnis der Wirklichkeit in der Herzenshöhle, die in der Stadt Brahmans, d.h. im Körper ist, dasselbe wie die Erkenntnis des vollkommenen Gottes. In der Stadt mit den neun Toren, die der Körper ist, wohnt der Weise ganz entspannt.[15]

Der Körper ist der Tempel. Der *jiva* ist Gott (Shiva). Wenn man ihn mit dem Gedanken ‚Ich bin Er' verehrt, wird man Befreiung erlangen.

Der Körper, der aus fünf Hüllen[16] besteht, ist die Höhle. Das Höchste, das dort wohnt, ist der Herr der Höhle. So erklären es die Schriften.

---

[14] „Wenn man beständig über ‚Ich bin Shiva' meditiert (*Shivoham bhavana*), was die Gedanken daran hindert, nach außen zu streben, stellt sich *samadhi* ein." (Vallalar)

[15] „In der Stadt, die neun trügerische Tore hat [zwei Augen, zwei Ohren, zwei Nasenlöcher, Mund, Genital und After], wohnt Er in Gestalt der Seligkeit." (Bhagavad Gita)

[16] [Fünf Hüllen: s. Fußnote 6]

Da das Selbst die Wirklichkeit aller Götter ist, ist die Meditation über das Selbst, das man selber ist, die größte von allen. Alle anderen Meditationen sind darin enthalten. Sie werden nur vorgeschrieben, um diese Meditation zu erlangen. Danach sind sie nicht mehr nötig. Sein eigenes Selbst zu erkennen heißt, Gott zu erkennen. Wenn man sein Selbst, das meditiert, nicht erkennt und sich vorstellt, dass es eine Gottheit gibt, die von einem getrennt ist, und über sie meditiert, ist das so, als würde man mit seinem Fuß seinen eigenen Schatten ausmessen oder als würde man eine einfache Muschelschale suchen, nachdem man einen wertvollen Edelstein, den man bereits besessen hat, fortgeworfen hat."[17]

30.

Schüler: „Obwohl nur das Herz und das *Brahmarandhara* geeignete Orte für die Meditation sind, kann man nicht auch über die sechs Yoga-Chakren (*adharas*) meditieren?"

Meister: „Die sechs Yoga-Chakren, die als Orte für die Meditation bezeichnet werden, existieren nur in unserer Vorstellung. Sie sind nur für Yoga-Anfänger gedacht. Die Shiva-Yogis sagen darüber: ‚Gott, der seinem Wesen nach nicht-zwei, vollkommen und das bewusste Selbst ist, manifestiert sich in uns allen, erhält uns und löst uns wieder auf. Es ist eine große Sünde, diese Wirklichkeit zu beschädigen, indem man ihm verschiedene Namen und Formen wie Ganapati, Brahma, Vishnu, Rudra, Maheswara und Sadasiva überstülpt.' Und die Vedantins erklären: ‚Das sind alles nur Vorstellungen.' Wenn man sein Selbst kennt, das dem Wesen nach alles erkennendes Bewusstsein ist, dann erkennt man alles. Die Großen haben auch gesagt: ‚Wenn dieses Eine erkannt wird, wie es ist, dann wird alles Unbekannte erkannt.' Wenn wir, die wir verschiedene Gedanken haben,

---

[17] „Wir sollen darüber meditieren, was in Gestalt des Selbst als *atma tattva* existiert. Es strahlt [aus sich selbst], wohnt in allen Lebewesen und sagt immer ‚Ich', ‚Ich'. Wenn man Gott außen sucht und den Gott, der im Innern in der Höhle des Herzens wohnt, nicht beachtet, dann ist das so, als würde man einen wertvollen Edelstein wegwerfen, um eine Glasperle zu suchen." (Yoga Vasishta)

über Gott meditieren, der das Selbst ist, so werden wir durch diesen einen Gedanken die vielfältigen Gedanken los. Dann wird auch dieser eine Gedanke verschwinden. Das ist damit gemeint, wenn es heißt, dass man sich selbst erkennt, wenn man Gott erkennt. Diese Erkenntnis ist Befreiung."

31.

Schüler: „Wie soll man an das Selbst denken?"

Meister: „Das Selbst erstrahlt aus sich selbst und ist ohne Dunkelheit und Licht. Es ist die Wirklichkeit, die sich aus sich selbst manifestiert. Deshalb soll man es sich nicht so oder so vorstellen. Das Denken führt nur zur Bindung. Der Sinn der Meditation über das Selbst ist, den Geist die Gestalt des Selbst annehmen zu lassen. Inmitten der Herzenshöhle ist das reine Brahman direkt als das Selbst in Gestalt des ‚Ich-Ich' manifest. Kann es größere Unwissenheit geben, als es sich auf vielfältige Weise vorzustellen, ohne es zu kennen, wie zuvor erwähnt?"

32.

Schüler: „Du hast gesagt, dass Brahman als das Selbst in Gestalt des ‚Ich-Ich' im Herzen manifest ist. Kannst du das näher erläutern, damit ich es besser verstehen kann?"

Meister: „Ist es nicht die Erfahrung eines jeden, dass man während des Tiefschlafs, einer Ohnmacht usw. nichts weiß, weder von sich selbst noch von den anderen? Später sagt man: ‚Ich bin aufgewacht' oder ‚Ich habe mich von meiner Ohnmacht erholt'. Ist das nicht ein besonderes Wissen, das sich aus dem unterscheidungslosen Zustand zuvor erhoben hat? Dieses besondere Wissen nennt man *vijnana*. Dieses *vijnana* zeigt sich nur in Bezug auf das Selbst oder Nicht-Selbst, aber nicht von sich aus. Wenn es zum Selbst gehört, spricht man von wahrer Erkenntnis, Erkenntnis in der Gestalt eines mentalen Zustandes, dessen Objekt das Selbst ist, oder Erkenntnis, die die Einheit (das Selbst) zum Inhalt hat. Wenn es sich auf das Nicht-Selbst bezieht, nennt man es Unwissenheit. Der Zustand dieses *vijnana* nennt man ‚Ich'-Manifestation, wenn es zum Selbst gehört und sich in Gestalt des Selbst manifestiert. Diese Manifestation kann nicht unabhängig vom Wirklichen (dem Selbst) geschehen. Es ist diese Manifestation, die die direkte Erfahrung des Wirklichen kennzeichnet. Doch kann das an sich nicht den Zustand des Seins des Wirklichen erzeugen. Das, wovon abhängt, dass sich diese Manifestation ereignet, ist die grundlegende Wirklichkeit, die auch *prajnana* heißt. Der vedantische Text ‚*prajnanam brahma*' lehrt dieselbe Wahrheit.

Das ist auch der Inhalt der Schriften. Das Selbst, das aus sich selbst erstrahlt und der Zeuge von allem ist, manifestiert sich in der Hülle des Intellekts (*vjjnanakosa*). Durch den geistigen Zustand, der unteilbar ist, ergreife dieses Selbst als dein Ziel und genieße es als das Selbst."

33.

Meister: „Was bedeutet innere Verehrung oder Verehrung des Eigenschaftslosen?"

Schüler: „In Texten wie der Ribhu Gita wird die Verehrung des Eigenschaftslosen ausführlich (als eine eigene Disziplin) beschrieben. Trotzdem sind alle Disziplinen wie Opfer, Wohltätigkeit, Enthaltsamkeit, Befolgung von Gelübden, *japa*, Yoga und *puja* Meditationsarten in Gestalt von ‚Ich bin Brahman'. Deshalb sollte man bei allen Arten von Disziplinen darauf achten, dass man nicht vom Gedanken ‚Ich bin Brahman' abirrt. Das ist der Zweck der Verehrung des Eigenschaftslosen."

34.

Schüler: „Was sind die acht Glieder der Erkenntnis (*jnana ashtanga*)?"

Meister: „Die acht Glieder wurden bereits erwähnt, nämlich *yama*, *niyama* usw. Aber sie werden unterschiedlich definiert:

(1.) *Yama* ist die Kontrolle aller Sinnesorgane, indem man die Schwächen erkennt, die in der Welt aus Körpern usw. bestehen.

(2.) *Niyama* ist die Aufrechterhaltung einer Geisteshaltung, die sich auf das Selbst bezieht, und die Zurückweisung der gegenteiligen

Geisteshaltung. In anderen Worten ist damit Liebe für das höchste Selbst gemeint, die ununterbrochen hervorströmt.

(3.) *Asana* ist das, was die beständige Meditation über Brahman leicht macht.

(4.) *Pranayama*: *Rechaka* (Ausatmung) bedeutet, die beiden unwirklichen Aspekte von Name und Form von den Objekten zu beseitigen, welche die Welt, den Körper usw. ausmachen. *Puraka* (Einatmung) bedeutet, die drei wahren Aspekte von Sein, Bewusstsein und Seligkeit zu ergreifen, die in diesen Objekten beständig vorhanden sind, und *kumbhaka* (Anhalten der Atmung) bedeutet, diese Aspekte im Griff zu behalten.

(5.) *Pratyahara* bedeutet, Name und Form, die man beseitigt hat, daran zu hindern, wieder in den Geist einzudringen.

(6.) *Dharana* bedeutet, den Geist im Herzen ruhen zu lassen, ohne dass er außen umherirrt, und zu erkennen, dass man das Selbst, Sein-Bewusstsein-Seligkeit ist.

(7.) *Dhyana* ist die Meditation von ‚Ich bin nur reines Bewusstsein.' Wenn man den Körper, der aus den fünf Hüllen besteht, beiseitegelassen hat, fragt man: ‚Wer bin ich?' Das führt dazu, dass man als ‚Ich' verbleibt, das als das Selbst erstrahlt.

(8.) *Samadhi* ist, wenn auch die Manifestation des ‚Ichs' aufhört und sich eine subtile, direkte Erfahrung einstellt. Das ist *samadhi*.

Um *pranayama* und die folgenden Stufen zu üben, sind die Übungen von *asana* usw., die mit Yoga in Zusammenhang stehen, nicht nötig. Der achtfache Pfad der Erkenntnis kann überall und immer geübt werden. Man kann dem Yoga-Weg oder dem Weg der Erkenntnis folgen, je nachdem, welcher einem zusagt, oder auch beiden, je nach den Umständen. Die großen Lehrer sagen, dass das Vergessen die Wurzel allen Übels ist und für jene, die Befreiung suchen, den Tod bedeutet.[18] Deshalb sollte man den Geist in seinem Selbst ruhen lassen und nie das Selbst vergessen. Das ist das Ziel. Wenn der Geist kontrolliert ist, kann auch alles andere kontrolliert werden. Der Unterschied zwischen dem achtfachen Yoga und der achtfachen Erkenntnis wurde in den heiligen Schriften ausführlich dargelegt. Deshalb gebe ich hier nur den Kern dieser Lehre wieder."

35.

Schüler: „Ist es möglich, gleichzeitig den *pranayama* (die Atemkontrolle) des Yoga und den *pranayama* der Erkenntnis zu üben?"

Meister: „Solange der Geist nicht im Herzen zur Ruhe gebracht worden ist, sei es durch *kevala kumbhaka* (Anhalten des Atems) oder durch Ergründung, sind *rechaka*, *puraka* usw. nötig. Deshalb muss die Atemkontrolle des Yoga in Übungszeiten praktiziert werden, während das andere *pranayama* immer geübt werden kann. Auf diese Weise können beide geübt werden. Es genügt, wenn man die Atemkontrolle des Yoga solange übt, bis man die Fähigkeit erlangt hat, den Atem völlig zurückzuhalten."

36.

Schüler: „Warum wird der Weg zur Befreiung verschieden gelehrt? Verwirrt das nicht die Übenden?"

Meister: „In den Veden werden unterschiedliche Wege gelehrt, um dem jeweils unterschiedlichen Vermögen der Übenden zu entsprechen. Doch da die Befreiung nichts anderes als die Vernichtung des Geistes ist, ist es das Ziel aller Bemühungen, Geisteskontrolle zu erlangen. Obwohl die Arten der Meditation sich voneinander unterscheiden, werden sie zum Schluss doch alle zur selben Meditation. Es gibt keinen Grund, das zu bezweifeln. Man kann den Weg aufnehmen, welcher der eigenen Geistesreife entspricht.

---

[18] „Tod oder *Kala* bedeutet, auf dieser Welt die Kontemplation des Selbst aufzugeben. Sie sollte nie auch nur im Geringsten aufgegeben werden." (Vivekachudamani)

Die Atemkontrolle ist Yoga, und die Geisteskontrolle ist *jnana*[19]. Das sind die beiden Hauptmittel, um den Geist zu vernichten. Für den einen ist der erste Weg leicht und für den anderen der letzte. *Jnana* ist wie wenn man einen stürmischen Bullen zähmt, indem man ihm mit grünem Gras gut zuredet. Yoga ist dagegen, wie wenn man ihn mit Gewalt zähmt. Deshalb sagen die Weisen, dass von den drei Arten kompetenter Sucher die Besten das Ziel erreichen, indem sie den Geist fest im Selbst gründen, indem sie das Wesen des Wirklichen durch die vedantische Ergründung bestimmen und ihr eigenes Selbst und alle Dinge als das Wesen des Wirklichen betrachten. Die mittelmäßigen Sucher lassen den Geist im Herzen verweilen, indem sie *kevala kumbhaka* üben und lange über das Wirkliche meditieren, und die weniger qualifizierten Sucher erlangen allmählich diesen Zustand, indem sie Atemkontrolle usw. üben.

Der Geist sollte im Herzen ruhen, bis der ‚Ich'-Gedanke, der als Nichtwissen im Herzen wohnt, vernichtet worden ist. Das allein ist *jnana* und auch *dhyana*. Alles andere sind umschweifende mündliche und schriftliche Ausführungen. So erklären es die Schriften. Wenn man also die Fähigkeit erlangt hat, auf die eine oder andere Weise den Geist im eigenen Selbst zurückzuhalten, braucht man sich um nichts weiter zu kümmern.

Die großen Lehrer haben auch gesagt, dass der Verehrer größer als der Yogi sei.[20] Das bedeutet, dass das Mittel zur Befreiung Hingabe ist, die Reflexion über das eigene Selbst bedeutet.[21]

Demnach wird der Weg, Brahman zu verwirklichen, verschieden benannt: *Dahara vidya*, *Brahma vidya*, *Atma vidya* usw. Was kann

---

[19] indem man alles als die Wirklichkeit sieht, wie die Schriften sagen: „Ich bin Brahman, nur Eines ohne ein Zweites."
[20] „Von allen Yogis ist nur der mir lieb, der seinen standhaften Geist und seine Liebe in mir ruhen lässt." (Bhagavad Gita)
[21] „Von den Mitteln zur Befreiung ist nur *bhakti* (Hingabe) das höchste, denn *bhakti* ist die beständige Reflexion über das eigene Selbst." (Vivekachudamani)

sonst noch darüber gesagt werden? Den Rest sollte man durch Schlussfolgerung verstehen.

Die Schriften lehren auf verschiedene Weise. Nachdem die Großen alle Möglichkeiten analysiert haben, erklären sie, dass dies das schnellste und beste Mittel ist."

37.

Schüler: „Wenn man die oben erwähnten Übungen praktiziert, wird man von den Hindernissen im Geist wie Unwissenheit, Zweifel, Irrtum usw. frei und erlangt dadurch einen stillen Geist. Trotzdem besteht noch ein letzter Zweifel. Nachdem sich der Geist im Herzen aufgelöst hat, erstrahlt nur das Bewusstsein als die volle Wirklichkeit. Wenn der Geist auf diese Weise die Gestalt des Selbst angenommen hat, wer ist dann noch da, um Ergründung zu üben? Aus dieser Ergründung würde sich dann ja Selbstverehrung ergeben. Es wäre wie in der Geschichte vom Schäfer, der nach dem Schaf sucht, das er die ganze Zeit auf den Schultern trägt."

Meister: „Der *jiva* ist Shiva. Shiva ist der *jiva*. Es stimmt, dass der *jiva* nichts anderes als das Selbst ist. Solange das Reiskorn in der Schale verborgen ist, spricht man von einem Reisfeld. Wenn es geschält ist, spricht man von Reis. So bleibt man auch ein *jiva*, solange man an das Karma gebunden ist. Wenn die Bindung der Unwissenheit zerbrochen ist, erstrahlt man als Shiva, die Gottheit. So erklärt es eine Schriftstelle. Dementsprechend ist der *jiva*, der der Geist ist, in Wirklichkeit das reine Selbst. Aber er vergisst diese Wahrheit, glaubt, eine individuelle Seele zu sein, und wird in Form des Geistes gebunden. So sucht er nach dem Selbst, das er selbst ist, was der Suche des Schäfers nach dem anscheinend vermissten Schaf gleicht. Dennoch wird der *jiva*, der sich selbst vergessen hat, nicht durch mittelbare Erkenntnis das Selbst. Durch das Hindernis der Eindrücke, die aus früheren Geburten stammen, vergisst der *jiva* immer wieder seine Identität mit dem Selbst. Er lässt sich täuschen und identifiziert sich mit dem Körper usw. Wird denn ein Mensch zu einem hohen Beamten, indem er einen hohen Beamten sieht? Muss er sich nicht ständig anstrengen, um ein hochgestellter Beamter zu werden? Ebenso muss der *jiva*, der durch seine geistige Identifikation mit dem Körper usw. gebunden ist, sich anstrengen, indem er sukzessive und beständig über das Selbst reflektiert. Wenn der Geist auf diese Weise vernichtet wird, dann wird der *jiva* zum Selbst."[22]

Die Reflexion über das Selbst, die auf diese Weise beständig geübt wird, zerstört den Geist und schließlich sich selbst wie der Stecken, mit dem man die Asche eines verbrannten Leichnams umrührt. Diesen Zustand nennt man Befreiung."

38.

Schüler: „Wenn der *jiva* von Natur aus mit dem Selbst identisch ist, was hindert ihn dann daran, sein wahres Wesen zu verwirklichen?"

Meister: „Er vergisst sein wahres Wesen. Das nennt man die Macht der Verschleierung."

39.

Schüler: „Wenn es stimmt, dass der *jiva* sein eigenes Selbst vergessen hat, wie kommt es dann, dass alle das ‚Ich' erfahren?"

Meister: „Der Schleier verbirgt den *jiva* nicht vollständig.[23] Er verbirgt nur das wahre Wesen des ‚Ichs' und projiziert die Vorstellung, der Körper zu sein. Aber es verbirgt nicht die Existenz des Selbst, das dieses ‚Ich' ist und das wirklich und beständig ist."

40.

Schüler: „Was sind die Eigenschaften des *jivanmukta* (des zu Lebzeiten Verwirklichten) und des *videhamukti* (des im Tode Verwirklichten)?"

---

[22] „Obwohl die Hindernisse, welche die Bindung der Geburt verursachen, zahlreich sein können, ist *ahankara* (das ‚Ich'-Empfinden) die eigentliche Ursache für das alles. Es muss für immer zerstört werden." (Vivekachudamani)

[23] „Unwissenheit kann das grundlegende ‚Ich' nicht verbergen, sondern nur die besondere Wahrheit, dass der *jiva* das Höchste (Selbst) ist." (Kaivalya Navaneetha)

Meister: „'Ich bin nicht der Körper. Ich bin Brahman, das als das Selbst manifest ist. In mir, der ich die ganze Wirklichkeit bin, ist die Welt der Körper usw. eine reine Erscheinung wie das Blau im Himmel.'[24] Wer die Wahrheit auf diese Weise verwirklicht hat, ist ein *jivanmukta*. Doch solange sein Geist nicht aufgelöst worden ist, kann für ihn noch aufgrund des *prarabadha* (des Karmas, das jetzt zum Tragen kommt und zum jetzigen Körper geführt hat) das Unheil der Beziehungen zu den Objekten bestehen. Da die Geistesbewegung noch nicht aufgehört hat, gibt es auch nicht die Erfahrung von Seligkeit. Die Erfahrung des Selbst ist nur dem Geist möglich, der durch lange Meditation subtil und bewegungslos geworden ist. Wer einen solchen subtilen Geist hat und das Selbst erfährt, wird ein *jivanmukta* genannt. Es ist der Zustand des *jivanmukti*, der als das eigenschaftslose Brahman und als *turiya* (der vierte Zustand) bezeichnet wird. Wenn auch der subtile Geist aufgelöst wird und die Erfahrung des Selbst aufhört, wenn man im Meer der Seligkeit untergetaucht und eins mit ihm geworden ist, ohne noch getrennt von ihm zu existieren, spricht man vom *videhamukta*. Dieser Zustand des *videhamukti* wird auch als das transzendente, eigenschaftslose Brahman und als das transzendente *turiya* beschrieben. Das ist das endgültige Ziel. Was die Stufen des Unglücks und Glücks betrifft, gehören die *jivanmuktas* und *videhamuktas* vier Kategorien an: *brahmavid*, *brahmavara*, *brahmavariya* und *brahmavarishtha*. Aber diese Unterschiede bestehen nur vom Blickpunkt der anderen aus, die sie betrachten. In Wirklichkeit gibt es keine Unterschiede in der Befreiung, die durch *jnana* erlangt wird."

---

[24] „Wenn man lange darüber meditiert, dass die Welten eine Erscheinung in mir sind, der ich die ganze Wirklichkeit bin, wie kann dann Unwissenheit bestehen bleiben?" (Kaivalya Navaneetha)

<u>Verbeugung:</u>

Mögen die Füße des Meisters Ramana,
des großen Shiva,
der eine menschliche Gestalt trägt,
für immer erfolgreich sein!

(Englische Übersetzung von Prof. T.M.P. Mahadevan)

2. Wer bin ich?

Erste Seite von ‚Wer bin ich?' in Sri Ramanas Handschrift

Ramana hat ‚Wer bin ich?' in derselben Zeit wie ‚Selbstergründung' geschrieben. Es sind seine Antworten auf verschiedene Fragen, die Sivaprakasam Pillai, einer der frühen Devotees, ihm gestellt hatte. Sivaprakasam Pillai ordnete und bearbeitete die Fragen und Antworten und gab sie Bhagavan, damit er seine Zustimmung gab. Sie wurden dann in Form von Fragen und Antworten veröffentlicht, aber später zu einem zusammenhängenden Text verändert. In dieser Ausgabe wurde die ursprüngliche Version übernommen.[25]

---

[25] [Die Essay-Version s. Ramana Maharshi: „Wer bin ich?", 2. Aufl., Norderstedt, 2011]

Alle Lebewesen wünschen sich, stets glücklich und frei von Leid zu sein. Und jeder hat sich selbst am liebsten. Nur Glück ist die Ursache von Liebe. Um dieses Glück zu erlangen, welches das eigene Wesen ist und das man im Tiefschlaf erfährt, in dem es keinen Geist gibt, sollte man sein Selbst kennen. Dafür ist der Weg der Erkenntnis, die Ergründung mit der Frage: „Wer bin ich?" das wichtigste Mittel.

1. „Wer bin Ich?"

„Ich bin nicht der grobstoffliche Körper, der aus den sieben Körpersäften (*dhatus*)[26] besteht. Ich bin nicht die fünf Wahrnehmungsorgane, nämlich der Hörsinn, Tastsinn, Sehsinn, Geschmackssinn und Geruchssinn, die ihre jeweiligen Objekte, nämlich Klang, Berührung, Farbe, Geschmack und Geruch, erfassen. Ich bin nicht die fünf Sinnesorgane, nämlich das Sprechorgan, das Organ der Fortbewegung, des Greifens, der Ausscheidung und das Fortpflanzungsorgan, mit ihren jeweiligen Funktionen von Sprechen, Fortbewegung, Greifen, Ausscheidung und sexueller Aktivität. Die fünf Lebensenergien wie Atmung (*prana*) usw. mit den jeweiligen Funktionen von Einatmen usw. bin ich nicht.[27] Selbst der denkende Geist bin ich nicht. Und ich bin auch nicht das Nichtwissen, das nur mit den Eindrücken, welche die Objekte zurücklassen, ausgestattet ist und in dem es keine Objekte und keine Funktionsweisen gibt."[28]

2. „Wenn ich das alles nicht bin, wer bin ich dann?"

„Nachdem man alles, was oben erwähnt wurde, als ‚nicht dies, nicht dies' verneint hat, ist nur das Gewahrsein, das dann noch übrig bleibt, das, was ich bin."[29]

3. „Was ist das Wesen des Gewahrseins?"

„Das Wesen des Gewahrseins ist Sein-Bewusstsein-Seligkeit."

---

[26] [Flüssigkeit, Blut, Fleisch, Fett, Mark, Knochen und Samen]
[27] [Atmung, Verdauung, Blutzirkulation, Schwitzen und Ausscheidung]
[28] [Gemeint ist der Zustand, in dem nur latente Eindrücke vorherrschen wie im Tiefschlaf oder während einer Ohnmacht.]
[29] [Hier wird auf die beliebte verneinende „*Neti-Neti*"-Praxis („Ich bin nicht dies, ich bin nicht das") angespielt.]

4. „Wann erlangt man die Verwirklichung des Selbst?"

„Wenn die Welt, die das ist, was man sieht, beseitigt worden ist, dann wird das Selbst verwirklicht, das der Seher ist."

5. „Gibt es keine Verwirklichung des Selbst, solange die Welt noch da ist (und für wirklich gehalten wird)?"

„Nein."

6. „Warum nicht?"

„Der Seher und das gesehene Objekt sind wie das Seil und die Schlange. Wie man das Seil, das die Grundlage (für diese Täuschung) ist, nicht erkennt, solange die illusorische Schlange nicht verschwunden ist, so wird die Verwirklichung des Selbst, das die Grundlage ist, nicht erlangt, solange der Glaube, dass die Welt wirklich ist, nicht beseitigt worden ist."

7. „Wann wird die Welt, die das gesehene Objekt ist, beseitigt?"

„Wenn der Geist, der die Ursache von aller Wahrnehmung und allem Handeln ist, still wird, verschwindet die Welt."

8. „Worin besteht das Wesen des Geistes?"

„Das, was man den „Geist" nennt, ist eine wundersame Kraft, die dem Selbst innewohnt. Sie lässt alle Gedanken entstehen. Abgesehen von den Gedanken gibt es kein solches Ding wie den Geist. Deshalb ist das Denken das Wesen des Geistes. Abgesehen von den Gedanken gibt es auch keine Welt als etwas Eigenständiges. Im Tiefschlaf gibt es keine Gedanken und auch keine Welt. Im Wachen und Träumen gibt es Gedanken und auch eine Welt. Wie die Spinne den Faden (für ihr Netz) aus sich selbst absondert und wieder in sich selbst zurückzieht, so projiziert der Geist die Welt aus sich selbst heraus und löst sie wieder in sich auf. Wenn der Geist aus dem Selbst herauskommt, taucht die Welt auf. Wenn also die Welt (als wirklich) erscheint, taucht das Selbst nicht auf, und wenn das Selbst erstrahlt, taucht die Welt nicht auf. Wenn man beständig das Wesen des Geistes erforscht, hört der Geist zu bestehen auf, und das Selbst bleibt übrig. Was man als das Selbst bezeichnet, ist der Atman. Der Geist existiert immer nur in Abhängigkeit von etwas Grobstofflichem. Er kann nicht allein bestehen. Er wird auch als feinstofflicher Körper oder Seele (*jiva*) bezeichnet."

9. „Worin besteht der Weg der Ergründung, um das Wesen des Geistes zu verstehen?"

„Das, was in diesem Körper als ‚Ich' aufsteigt, ist der Geist. Wenn man ergründet, wo im Körper dieser ‚Ich'-Gedanke zuerst auftaucht, wird man entdecken, dass er im Herzen[30] entsteht. Das ist der Ort, wo der Geist entspringt. Selbst wenn man beständig ‚Ich, Ich' denkt, wird man zu diesem Ort geführt. Von allen Gedanken, die im Geist auftauchen, ist der ‚Ich'-Gedanke der erste. Erst nachdem er aufgestiegen ist, entstehen die anderen Gedanken. Erst nachdem das erste Personalpronomen (ich) aufgetaucht ist, tauchen auch das zweite und das dritte Personalpronomen (du, er, sie, es) auf. Ohne das erste gibt es kein zweites und drittes."

10. „Wie wird der Geist still?"

„Durch die Ergründung ‚Wer bin ich?' Der Gedanke ‚Wer bin ich?' vernichtet alle anderen Gedanken und wird wie der Stock, mit dem man den Scheiterhaufen umrührt, schließlich selbst vernichtet.[31] Dann geschieht Selbstverwirklichung."

11. „Wie kann man beständig am Gedanken ‚Wer bin ich?' festhalten?"

„Wenn andere Gedanken auftauchen, sollte man sie nicht verfolgen, sondern sich fragen: ‚Wem kommen sie?' Es spielt dabei keine Rolle, wie viele Gedanken auftauchen. Sowie ein Gedanke auftaucht, sollte man eifrig fragen: ‚Wem ist dieser Gedanke gekommen?' Die Antwort lautet: ‚mir'. Wenn man daraufhin fragt: ‚Wer bin ich?', kehrt der Geist zu seiner Quelle zurück, und der Gedanke, der aufgetaucht ist, verblasst. Wenn man dies wiederholt übt, erlangt der Geist die

---

[30] [Sri Ramana spricht hier vom spirituellen Herz, *hridayam*.]
[31] [Mit dem Stock drückt man die Leiche, die sich aufbäumt, nieder, damit sie völlig verbrennen kann. Schließlich verbrennt auch der Stock.]

Fähigkeit, in seiner Quelle zu bleiben. Wenn der subtile Geist durch das Gehirn und die Sinnesorgane nach außen geht, treten die grobstofflichen Namen und Formen in Erscheinung. Bleibt er im Herzen, verschwinden sie. Lässt man den Geist nicht nach außen gehen, sondern hält ihn im Herzen zurück, nennt man das ‚nach innen gerichtet sein' (*antarmukha*). Lässt man ihn aus dem Herzen gehen, spricht man von ‚nach außen gerichtet sein' (*bahirmukha*). Wenn der Geist im Herzen bleibt, verschwindet das ‚Ich', das die Quelle aller Gedanken ist, und das immerwährende Selbst erstrahlt. Was immer man auch tut sollte man ohne das egoistische ‚Ich' tun. Wenn man auf diese Weise handelt, dann erscheint alles als das Wesen Shivas (Gottes)."

12. „Gibt es kein anderes Mittel, um den Geist zur Ruhe zu bringen?"

„Abgesehen von der Ergründung gibt es keine geeigneten Mittel. Wenn man durch andere Mittel versucht, den Geist zu kontrollieren, ist der Geist nur scheinbar kontrolliert, aber er wird wieder ausbrechen. Auch durch Atemkontrolle wird der Geist still, aber nur solange der Atem kontrolliert wird. Wenn er wieder einsetzt, fängt auch der Geist an, sich zu bewegen und wandert, angetrieben von den verbleibenden Eindrücken, umher. Geist und Atem haben dieselbe Quelle. Das Denken ist tatsächlich das Wesen des Geistes. Der ‚Ich'-Gedanke ist der erste Gedanke, und das ist die Ichheit. Dort, wo die Ichheit entsteht, entsteht auch der Atem. Deshalb ist der Atem unter Kontrolle, wenn der Geist still ist, und wenn der Atem kontrolliert ist, ist der Geist still. Im Tiefschlaf hört aber der Atem nicht auf, obwohl der Geist still ist. Gott will es so, damit der Körper geschützt ist und andere Leute nicht den Eindruck haben, er sei tot. Wenn der Geist im Wachzustand und im *samadhi* still ist, ist der Atem unter Kontrolle. Der Atem ist die grobstoffliche Gestalt des Geistes. Bis zum Zeitpunkt des Todes hält der Geist den Atem im Körper. Wenn der Körper stirbt, nimmt der Atem den Geist mit sich. Deshalb ist die Atemkontrolle nur ein Hilfsmittel, um den Geist zur Ruhe zu bringen (*manonigraha*). Sie zerstört den Geist aber nicht (*manonasa*).

Wie die Übung der Atemkontrolle sind die Mediation über die Gestalten Gottes, die Wiederholung von Mantren, Einschränkungen beim Essen usw. nur Hilfsmittel, um den Geist still zu machen.

Durch die Meditation über die Gestalten Gottes und durch die Wiederholung von Mantren wird der Geist auf eins gerichtet. Der Geist wandert immer. Wenn man einem Elefanten eine Kette zum Halten gibt, geht er mit der Kette im Rüssel weiter und greift nach nichts anderem. So ist es auch, wenn der Geist mit einem Namen und einer Gestalt beschäftigt ist. Er greift dann nur danach. Wenn der Geist sich in Form unzähliger Gedanken ausdehnt, wird jeder Gedanke schwach. Doch wenn sich die Gedanken auflösen, wird der Geist auf eins gerichtet und stark. Für einen solchen Geist ist Selbstergründung leicht. Von allen einschränkenden Regeln ist die Regel, nur *sattvische* Nahrung[32] in mäßigen Mengen zu sich zu nehmen, die beste. Wenn man diese Regel befolgt, wird der Geist *sattvischer* (reiner), und das hilft bei der Selbstergründung."

13. „Die zurückbleibenden Eindrücke (Gedanken) von Objekten tauchen endlos auf wie die Wellen im Meer. Wann werden sie alle vernichtet?"

„Wenn die Meditation über das Selbst immer intensiver wird, werden die Gedanken vernichtet."

14. „Ist es möglich, dass die zurückbleibenden Eindrücke von Objekten, die seit unendlichen Zeiten bestehen, aufgelöst werden und man als das reine Selbst zurückbleibt?"

„Man sollte sich nicht dem Zweifel ‚Ist es möglich oder nicht?' ergeben, sondern beharrlich an der Meditation über das Selbst festhalten. Selbst wenn man ein großer Sünder ist, sollte man sich nicht sorgen und klagen: ‚Ach, ich bin ein Sünder! Wie kann ich gerettet werden?' Man sollte den Gedanken ‚Ich bin ein Sünder' ganz aufgeben und sich aufmerksam auf die Meditation über das Selbst konzentrieren. Dann wird man bestimmt Erfolg haben. Es gibt keine zwei Geister –

---

[32] [einfache und nahrhafte vegetarische Ernährung, die den Körper erhält, aber nicht stimuliert]

einen guten und einen schlechten. Der Geist ist nur einer. Es sind die zurückbleibenden Eindrücke, die von zweierlei Art sind – gut und schlecht. Wenn der Geist unter dem Einfluss von guten Eindrücken steht, nennt man ihn gut, wenn er unter schlechten Eindrücken steht, nennt man ihn schlecht.

Man sollte dem Geist nicht erlauben, zu weltlichen Objekten und den Angelegenheiten anderer Leute abzuschweifen. Wie schlecht andere Menschen auch sein mögen, man sollte sie nicht hassen. Man sollte sowohl Verlangen als auch Hass meiden. Alles, was man anderen gibt, gibt man sich selbst. Wer wird anderen nicht geben, wenn er diese Wahrheit einmal verstanden hat? Wenn das eigene Ich auftaucht, taucht alles auf. Wenn das eigene Ich still wird, wird alles still. In dem Ausmaß, wie wir demütig sind, entsteht Gutes. Wenn der Geist still geworden ist, kann man überall leben."

15. „Wie lange sollte man Ergründung üben?"

„Solange es Eindrücke von Objekten im Geist gibt, ist die Ergründung ‚Wer bin ich?' nötig. Sobald Gedanken auftauchen, sollten sie durch Ergründung hier und jetzt am Ort ihres Entstehens vernichtet werden. Wenn man ununterbrochen bei der Kontemplation des Selbst seine Zuflucht nimmt, bis man das Selbst gewinnt, genügt das allein schon. Solange es Feinde in der Festung gibt, kommen sie weiterhin heraus. Werden sie vernichtet, sobald sie sich zeigen, wird die Festung in unsere Hände fallen."

16. „Was ist das Wesen des Selbst?"

„In Wahrheit existiert nur das Selbst. Die Welt, die individuelle Seele und Gott sind Erscheinungen in ihm wie das Silber im Perlmutt. Diese drei erscheinen gleichzeitig und verschwinden gleichzeitig.

Im Selbst gibt es absolut keinen ‚Ich'-Gedanke. Das nennt man ‚Schweigen'. Das Selbst ist die Welt. Das Selbst ist das ‚Ich'. Das Selbst ist Gott. Alles ist Shiva, das Selbst."

17. „Ist nicht alles das Werk Gottes?"

„Die Sonne geht auf ohne Wunsch, ohne sich dazu zu entschließen oder sich anzustrengen. In ihrer reinen Gegenwart strahlt der Sonnenstein Feuer aus, erblüht der Lotus, verdunstet das Wasser, und die Menschen gehen ihren verschiedenen Tätigkeiten nach und ruhen sich dann aus. Wie sich in Gegenwart des Magneten die Nadel bewegt, so werden durch die Kraft der bloßen Anwesenheit Gottes die Seelen von den drei (kosmischen) Funktionen (Entstehung, Erhaltung und Auflösung) oder den fünf göttlichen Aktivitäten[33] beherrscht, tun ihre Arbeit und erholen sich dann, entsprechend ihres jeweiligen Karmas. Gott beschließt nichts. Ihm haftet kein Karma an. Ebenso wenig beeinträchtigen die weltlichen Aktivitäten die Sonne, und der alldurchdringende Raum (Äther) wird nicht von den Vorzügen und Schwächen der anderen vier Elemente berührt."

18. „Wer ist der größte Verehrer Gottes?"

„Derjenige, der sich dem Selbst, das Gott ist, überlässt, ist der beste Verehrer Gottes. Sich Gott zu überlassen bedeutet, beständig im Selbst zu bleiben, ohne irgendeinem Gedanken Raum zu geben außer dem Gedanken an das Selbst.

Welche Last man auch immer auf Gott wirft, Er trägt sie. Da die höchste Kraft Gottes alle Dinge bewegt, warum sollten wir uns ständig darum sorgen, was getan werden sollte und wie und was nicht und wie nicht, ohne uns dieser Kraft zu unterwerfen. Wir wissen, dass der Zug alle Lasten trägt. Warum also sollten wir unser kleines Gepäck beschwerlich auf dem Kopf behalten, nachdem wir in ihn eingestiegen sind, anstatt es im Zug niederzulegen und es uns bequem zu machen?"

19. „Was ist Nicht-Anhaftung?"

„Wenn man Gedanken, sobald sie auftauchen, am Ort ihres Entstehens völlig vernichtet, ohne dass etwas davon übrig bleibt, ist das Nicht-Anhaftung. Genauso wie der Perlentaucher sich einen Stein um die Taille bindet, sich auf den Meeresgrund sinken lässt und dort die

---

[33] [Schöpfung (bzw. Emanation), Erhaltung, Vernichtung, Verhüllung (*maya*) und Gnade]

Perlen holt, sollte jeder von uns ohne Anhaftung sein, tief in sich selbst hineintauchen und die Perle des Selbst erwerben."

20. „Kann Gott oder der Guru nicht die Befreiung einer Seele bewirken?"

„Gott und der Guru zeigen nur den Weg zur Befreiung. Sie versetzen die Seele nicht selbst in den Zustand der Befreiung.

In Wahrheit sind Gott und Guru nicht voneinander verschieden. Wie die Beute, die im Rachen des Tigers ist, nicht entkommen kann, so werden jene, die unter dem gnädigen Blick des Gurus stehen, vom Guru gerettet und gehen nicht verloren. Trotzdem sollte jeder durch eigene Anstrengung dem Weg folgen, den Gott oder der Guru ihm gezeigt hat, und Befreiung erlangen. Man kann sich selbst nur mit den eigenen Augen der Erkenntnis erkennen und nicht mit denen eines anderen. Braucht Rama einen Spiegel, um zu wissen, dass er Rama ist?"

21. „Ist es für jemanden, der sich nach Befreiung sehnt, nötig, die Natur der *tattvas* (Kategorien der phänomenalen und geistigen Welt) zu erforschen?"

„Wie jemand, der den Müll wegwerfen will, ihn nicht zu analysieren und zu sehen braucht, was er beinhaltet, so braucht jemand, der das Selbst kennen will, nicht die Anzahl der Kategorien zu zählen oder ihre Eigenschaften zu untersuchen. Er muss alle Kategorien, die das Selbst verbergen, völlig zurückweisen. Er sollte die Welt wie einen Traum betrachten."

22. „Gibt es keinen Unterschied zwischen Wachen und Träumen?"

„Die Wachphase dauert lang, die Traumphase nur kurz. Sonst gibt es keinen Unterschied. Wie die Ereignisse wirklich erscheinen, solange man wach ist, so erscheinen auch die Ereignisse im Traum wirklich, solange man träumt. Im Traum nimmt der Geist einen anderen Körper an. In beiden Zuständen entstehen Gedanken, Namen und Formen gleichzeitig."

23. „Ist es für diejenigen, die sich nach Befreiung sehnen, nützlich, Bücher zu lesen?"

„Alle Texte sagen, man müsse den Geist zur Ruhe bringen, um Befreiung zu erlangen. Deshalb lehren sie eindeutig, dass der Geist still werden muss. Hat man das einmal verstanden, gibt es keine Notwendigkeit mehr, endlos Bücher zu lesen. Um den Geist zur Ruhe zu bringen, muss man nur in sich selbst ergründen, was das eigene Selbst ist. Wie könnte diese Suche in Büchern erfolgen? Man sollte sein eigenes Selbst mit dem eigenen Auge der Weisheit erkennen. Das Selbst befindet sich in den fünf Hüllen[34], aber die Bücher sind außerhalb von ihnen. Da man das Selbst ergründen muss, indem man die fünf Hüllen ablegt, ist es zwecklos, nach ihm in Büchern zu suchen. Es wird eine Zeit kommen, in der man alles, was man gelernt hat, vergessen muss."

24. „Was ist Glück?"

„Glück ist das wahre Wesen des Selbst. Glück und das Selbst unterscheiden sich nicht voneinander. In keinem Objekt der Welt gibt es Glück. Wir glauben in unserer Unwissenheit, dass Objekte uns glücklich machen. Wenn der Geist nach außen geht, erfährt er Leid. Wenn seine Wünsche erfüllt sind, kehrt er in Wirklichkeit zu seinem Ursprung zurück und genießt das Glück, d.h. das Selbst. Ebenso ist es im Tiefschlaf, *samadhi* und während einer Ohnmacht, wenn wir ein Objekt, das wir uns gewünscht haben, erhalten oder wenn ein ungeliebtes Objekt beseitigt worden ist. Der Geist wendet sich dann nach innen und genießt das reine Glück des Selbst. So bewegt sich der Geist rastlos hin und her, indem er abwechselnd aus dem Selbst herausgeht und zu ihm zurückkehrt. Im Schatten eines Baumes ist es angenehm. In der glühenden Sonne dagegen ist es brütend heiß. Jemand, der in der Sonne umhergegangen ist, spürt die Kühle, wenn er den Schatten erreicht. Jemand, der beständig vom Schatten in die Sonne geht und dann wieder in den Schatten zurückkehrt, ist ein Narr. Ein weiser Mensch bleibt immer im Schatten. Ebenso verlässt der

---

[34] [s. Fußnote 6]

Geist eines Menschen, der die Wahrheit kennt, niemals Brahman. Der Geist des Unwissenden dagegen tummelt sich in der Welt, fühlt sich elend und kehrt kurz zu Brahman zurück, um Glück zu erfahren. Was wir die Welt nennen, ist in Wirklichkeit nur das Denken. Wenn die Welt verschwindet, d.h. wenn es keine Gedanken gibt, erfährt der Geist Glück. Wenn die Welt auftaucht, geht er durch Leid."

25. „Was ist die Einsicht der Weisheit (*jnana drishti*)?"

„Still zu bleiben ist, was man Einsicht der Weisheit nennt. Um still zu sein, muss man den Geist im Selbst auflösen. Sie besteht nicht in Telepathie, im Wissen von Gegenwärtigem, Vergangenem und Zukünftigen und im Hellsehen."

26. „Worin besteht die Beziehung zwischen Wunschlosigkeit und Weisheit?"

„Wunschlosigkeit ist Weisheit. Beides unterscheidet sich nicht voneinander. Sie sind dasselbe. Wunschlosigkeit besteht darin, den Geist abzuhalten, sich irgendeinem Objekt zuzuwenden. Weisheit ist, wenn kein Objekt auftaucht. Anders ausgedrückt, nichts anderes als das Selbst zu suchen bedeutet Losgelöstheit oder Wunschlosigkeit. Das Selbst nicht zu verlassen ist Weisheit."

27. „Worin besteht der Unterschied zwischen Ergründung und Meditation?"

„Ergründung besteht darin, den Geist im Selbst festzuhalten. Meditation besteht darin zu denken, dass man selbst Brahman, Sein-Bewusstsein-Seligkeit, ist."

28. „Was ist Befreiung?"

„Die Ergründung des Wesens unseres Ichs, das gebunden ist, sowie die Erkenntnis des eigenen wahren Wesens ist Befreiung."

3. Spirituelle Unterweisung

Sri Natanananda, einer der frühesten Devotees, schrieb folgendes Gespräch zwischen Bhagavan und seinen Devotees auf. Es wurde inhaltlich in eine Reihenfolge gebracht und erweitert und dann Bhagavan gezeigt, dem es gefiel. Dann wurde es unter dem Titel ‚Upadesa Majari' oder ‚Spiritual Instruction' veröffentlicht.

Bittgebet

Ich suche Zuflucht zu den heiligen Füßen des gnadenreichen Ramanas, der erschafft, erhält und zerstört, während er davon völlig unberührt bleibt, und der uns dessen gewahr werden lässt, was wirklich ist, und uns auf diese Weise schützt. Möge ich seine Worte treffend niederschreiben.

Die Bedeutung des Werks

Um die Füße Bhagavan Sri Ramana Maharshis, der die Verkörperung des anfangslosen, unendlichen und höchsten Brahman, des Satchitananda (Sein-Bewusstsein-Seligkeit) ist, mit Gedanken, Worten und dem Leib zu verehren, habe ich dieses Blumenbouquet seiner Unterweisung (upadesa manjari) zusammengestellt. Es soll jenen dienen, die in ihrer Suche nach Befreiung an vorderster Stelle stehen und von den Gelehrten verehrt werden, damit sie sich selbst mit ihm schmücken und Erlösung erlangen.

Dieses Buch ist ein ideales Beispiel für die unsterblichen Worte dieser großen Seele, Sri Ramana Maharshi, dessen Lehren alle Zweifel und falsche Vorstellungen dieser demütigen Person vertrieben haben, wie die Sonne die Dunkelheit vertreibt.

Das Thema dieses Buchs ist das ewige Brahman, das als Höhepunkt und Herz aller Veden und Agamas erstrahlt.

Diese unvergleichliche Selbstverwirklichung (atma siddhi), die in allen Upanishaden gepriesen wird und das höchste Gut ist, nach dem alle edlen Sucher (brahmavids) streben sollen, ist das Thema dieses Werks.

Kapitel I: Die Belehrung (*upadesa*)

1. „Was sind die Merkmale eines wahren Lehrers (*Satgurus*)?"

„Er wohnt beständig im Selbst, betrachtet alle als gleichwertig und hat immer, überall und unter allen Umständen unerschütterlichen Mut."

2. „Was sind die Merkmale eines ernsthaften Schülers (*sadsishya*)?"

„Eine intensive Sehnsucht, Sorgen loszuwerden und Freude zu erlangen, sowie eine intensive Abneigung gegen alle Arten weltlicher Vergnügen."

3. „Was sind die Eigenschaften der Lehre (*upadesa*)?"

„Das Wort ‚*upadesa*' bedeutet ‚nahe am Ort oder Sitz' (upa – nahe, desa – Ort oder Sitz). Der Guru ist die Verkörperung dessen, was die Wörter *sat, chit* und *ananda* (Sein, Bewusstsein und Seligkeit) bedeuten. Der Schüler akzeptiert die Formen der Sinnesobjekte und ist deshalb von seinem wahren Zustand abgewichen. Deshalb wird er beständig von Freude und Sorge gepeinigt und hin- und hergerissen. Der Guru hindert ihn daran, damit weiterzumachen, und festigt ihn in seinem eigenen, wirklichen Wesen, das keine Unterscheidung kennt."

Upadesa bedeutet auch ‚aufzeigen', ‚ein weit entferntes Objekt nahebringen'. Dem Schüler wird klargemacht, dass Brahman, das er für weit entfernt und von sich selbst verschieden hält, nahe und nicht von ihm verschieden ist."

4. „Wenn es stimmt, dass der Guru das eigene Selbst (Atman) ist, welches Prinzip liegt dann der Lehre zugrunde, die besagt, dass ein Schüler, so gelehrt oder mit okkulten Kräften begabt er auch sein

mag, ohne die Gnade des Gurus nicht die Selbstverwirklichung (*atmasiddhi*) erlangen kann."

„Obwohl in Wahrheit der Zustand des Gurus der eigene ist, ist es für das Selbst, das durch Unwissenheit zur individuellen Seele (*jiva*) geworden ist, sehr schwer, ohne die Gnade des Gurus seinen wahren Zustand oder sein Wesen zu erkennen.

Alle geistigen Konzepte werden allein schon durch die Gegenwart des wahren Gurus kontrolliert. Zu jemandem, der arrogant für sich beansprucht, er hätte das andere Ufer des Ozeans der Gelehrsamkeit gesehen, oder zu jemandem, der behauptet, er könne Dinge vollbringen, die praktisch unmöglich sind, sagt er: ‚Ja, du hast alles gelernt, was man lernen kann, aber hast du auch gelernt, dich selbst zu erkennen? Und du, der du praktisch unmögliche Dinge tun kannst, hast du auch dich selbst gesehen?' Werden sie das gefragt, neigen sie schamvoll ihre Köpfe und schweigen. Somit ist es offensichtlich, dass es nur durch die Gnade des Gurus und durch keine andere Leistung möglich ist, sich selbst zu erkennen."

5. „Was sind die Merkmale der Gnade des Gurus?"

„Seine Gnade ist jenseits von Worten und Gedanken."

6. „Wenn dem so ist, warum wird dann gesagt, dass der Schüler durch die Gnade des Gurus seinen wahren Zustand erkennt?"

„Es ist wie beim Elefanten, der aufwacht, weil er im Traum einen Löwen gesehen hat. Wie der Elefant allein schon durch den Anblick eines Löwen aufwacht, so ist es auch gewiss, dass der Schüler durch den wohlwollenden Gnadenblick des Gurus aus dem Schlaf der Unwissenheit in die Wachheit der wahren Erkenntnis erwacht."

7. „Was bedeutet die Aussage, dass das Wesen des wahren Gurus mit dem des höchsten Herrn (*Sarveshwara*) identisch ist?"

„Im Fall der individuellen Seele, die den Zustand wahrer Erkenntnis oder Gottheit (*Ishwara*) erlangen will und mit diesem Ziel immer Hingabe übt, zeigt sich der Herr, der der Zeuge dieser individuellen Seele und mit ihr identisch ist, in menschlicher Gestalt, wenn die

Hingabe des Individuums gereift ist. Er nimmt in seiner Gnade mithilfe von *sat-chit-ananda*, seinen drei natürlichen Merkmalen, eine Gestalt und einen Namen an. Unter dem Vorwand, seinen Schüler zu segnen, nimmt er ihn in sich auf. Nach dieser Lehre kann man den Guru wirklich den Herrn nennen."

8. „Wie kommt es dann, dass einige große Persönlichkeiten ohne einen Guru Erkenntnis erlangt haben?"

„Für einige wenige reife Menschen erstrahlt der Herr als das Licht der Erkenntnis und schenkt ihnen das Gewahrsein der Wahrheit."

9. „Worin bestehen das Ziel der Hingabe (*bhakti*) und der Weg des *Siddhanta* (*Shiva Siddhanta*)?"

„Sie besteht darin, die Wahrheit zu lernen, dass alle eigenen Handlungen, die man mithilfe der drei gereinigten Instrumente (Körper, Sprache und Geist) als Diener des Herrn mit selbstloser Hingabe ausführt, zu den Handlungen des Herrn werden und man frei von dem Empfinden ‚ich' und ‚mein' ist. Das ist auch die Wahrheit, welche die *Shiva Siddhantins* ‚*parabhakti*' (höchste Hingabe) oder ‚im Dienst Gottes leben' (*irai-pani-nittral*) nennen."

10. „Worin besteht das Ziel des Wegs der Erkenntnis (*jnana*) bzw. des Vedanta?"

„Im Erkennen der Wahrheit, dass das ‚Ich' sich nicht vom Herrn (*Ishwara*) unterscheidet und in der Freiheit vom Gefühl, der Handelnde (*kartritva, ahamkara*) zu sein."

11. „Wie ist es möglich zu behaupten, dass beide Wege zum selben Ziel führen?"

„Das Ziel ist die Vernichtung des ‚Ich'- und ‚Mein'-Empfindens, mit welchem Mittel auch immer. Da beides voneinander abhängt, bewirkt die Vernichtung des einen die Vernichtung des anderen. Um diesen Zustand des Schweigens zu erlangen, der jenseits des Denkens und der Sprache ist, genügt es, wenn man entweder dem Weg der Erkenntnis folgt, der das ‚Ich'-Empfinden beseitigt, oder dem Weg der

Hingabe, der das ‚Mein'-Empfinden beseitigt. Es gibt deshalb kein Zweifel darüber, dass das Ziel beider Wege dasselbe ist."

Bemerkung: Solange das „Ich" existiert, muss man auch den Herrn akzeptieren. Wenn jemand leicht den höchsten Zustand der Identität (sayujya), der ihm jetzt verloren gegangen ist, wiedergewinnen will, muss er diese Schlussfolgerung akzeptieren.

12. „Was ist das Merkmal des Egos?"

„Das Ego ist die individuelle Seele in Gestalt des ‚Ichs'. Das Selbst, das dem Wesen nach Intelligenz (*chit*) ist, hat kein ‚Ich'-Empfinden. Ebenso wenig besitzt der empfindungslose Körper ein ‚Ich'-Empfinden. Die geheimnisvolle Erscheinung eines trügerischen Egos, das sich zwischen der Intelligenz und dem Empfindungslosen befindet, ist die eigentliche Ursache all dieser Schwierigkeiten. Wird es, durch welches Mittel auch immer, vernichtet, dann wird das, was wirklich existiert, als das gesehen, was es ist. Das nennt man Befreiung (*moksha*)."

Kapitel II: Die Übung (*abhyasa*)

1. „Worin besteht die Methode der Übung?"

„Da das Selbst eines Menschen, der versucht, Selbstverwirklichung zu erlangen, sich nicht von ihm unterscheidet, und da es nichts anderes und Höheres für ihn zu erlangen gibt, bedeutet Selbstverwirklichung nur die Verwirklichung des eigenen Wesens. Der Sucher nach Befreiung erkennt ohne Zweifel und Missverständnisse sein wahres Wesen, indem er das Ewige vom Vergänglichen unterscheidet, und er weicht nie von seinem natürlichen Zustand ab. Das nennt man die Übung der Erkenntnis. Darin besteht die Ergründung, die zur Selbstverwirklichung führt."

2. „Können alle Sucher diesen Weg der Ergründung einschlagen?"

„Er ist nur für die reifen Seelen geeignet. Die anderen sollten verschiedenen Methoden folgen, je nach ihrem Geisteszustand."

3. „Was sind die anderen Methoden?"

„Sie sind (1.) *stuti*, (2.) *japa*, (3.) *dhyana*, (4.) Yoga, (5.) *jnana* usw."

(1.) *Stuti* ist, mit großer Hingabe das Lob Gottes zu singen.

(2.) *Japa* ist, wenn man die Namen der Götter oder heilige Mantren wie OM entweder innerlich oder laut ausspricht. (Beim Ausüben der Methoden von *stuti* und *japa* ist der Geist manchmal konzentriert (wörtl.: geschlossen) und manchmal zerstreut (wörtl.: offen). Wer diesen Methoden folgt, erkennt die Launen des Geistes noch nicht.)

(3.) *Dhyana* (Meditation) bedeutet die innere Wiederholung der Namen usw. (*japa*) mit einem Gefühl der Hingabe. Bei dieser Methode wird der Zustand des Geistes leicht erkannt, denn der Geist kann nicht gleichzeitig konzentriert und zerstreut sein. Wenn man in *dhyana* ist, hat man keinen Kontakt mit den Sinnesobjekten. Hat man ihn aber, ist es nicht *dhyana*. Deshalb können jene, die in diesem Zustand sind, die Launen des Geistes sofort beobachten. Indem sie den Geist daran hindern, andere Gedanken zu denken, festigen sie ihn in *dhyana*. Vollendetes *dhyana* ist der Zustand des Verweilens im Selbst (wörtl.: das Verweilen in Gestalt von ‚Dem' – *tadakaranilai*).

Da Meditation äußerst subtil an der Quelle des Geistes ausgeführt wird, ist es nicht schwer wahrzunehmen, wie er auftaucht und verebbt.

(4.) Yoga: Die Quelle des Atems ist dieselbe wie die des Geistes. Deshalb führt das Absinken des einen mühelos zum Absinken des anderen. Die Übung, den Geist durch Atemübung (*pranayama*) zu beruhigen, nennt man Yoga.

Wenn Yogis ihren Geist auf psychische Zentren richten wie etwa auf das *sahasrara* (den tausendblättrigen Lotus), können sie beliebig lang in einem Zustand ohne Körperbewusstsein bleiben. Solange dieser Zustand andauert, scheinen sie in einer Art Freude versunken zu sein. Aber wenn der Geist, der ruhig geworden ist, wieder auftaucht (aktiv wird), dann nimmt er seine weltlichen Gedanken wieder auf. Man muss ihn deshalb mithilfe von Übungen wie *dhyana* trainieren, sobald er sich nach außen wendet. Dann erlangt er einen Zustand, in dem es weder Absinken noch Auftauchen gibt.

(5.) *Jnana* ist die Vernichtung des Geistes, indem er durch beständige Übung von *dhyana* oder Ergründung (*vichara*) die Gestalt des Selbst annimmt. Die Vernichtung des Geistes ist der Zustand, in dem alle Anstrengungen aufhören. Wer in diesem Zustand gefestigt ist, weicht nie von seinem wahren Zustand ab. Die Begriffe ‚Schweigen' (*mouna*) und ‚Inaktivität' beziehen sich nur auf diesen Zustand."

Bemerkung: Alle Übungen dienen nur dem Ziel, den Geist zu konzentrieren. Da alle mentalen Aktivitäten wie Erinnern, Vergessen, Wünschen, Hassen, Anziehen, Ablehnen usw. Denkformen sind, können sie nicht unser wahrer Zustand sein. Einfaches, unveränderliches Sein ist unser wahres Wesen. Deshalb bezeichnet man die Erkenntnis der Wahrheit über das eigene Wesen und es zu sein als Befreiung von der Bindung und als Zerschlagung des Knotens (granthi nasam). Bis dieser Zustand der Geistesstille endgültig erlangt wird, ist für einen Sucher die Übung, unerschütterlich im Selbst zu bleiben und den Geist rein von den verschiedenen Gedanken zu halten, unerlässlich.

Obwohl es viele Übungen gibt, den Geist zu stärken, führen alle zum selben Ziel. Denn man kann beobachten, dass jeder, der seinen Geist auf ein Objekt konzentriert, schließlich als dieses Objekt verbleibt, wenn alle mentalen Konzepte aufhören. Das nennt man erfolgreiche Meditation (dhyana siddhi). Wer dem Weg der Ergründung folgt, erkennt, dass der Geist, der am Ende der Ergründung übrig bleibt, Brahman ist. Wer Meditation übt, erkennt, dass der Geist, der am Ende der Meditation übrig bleibt, das Objekt seiner Meditation ist. Da in beiden Fällen das Ergebnis gleich ist, ist es die Pflicht des Suchenden, beständig eine der beiden Methoden zu üben, bis das Ziel erreicht ist.

4. „Verlangt der Zustand der Stille Anstrengung oder Anstrengungslosigkeit?"

„Es ist kein anstrengungsloser Zustand der Trägheit. Alle weltlichen Tätigkeiten, die normalerweise als Anstrengung gelten, werden mithilfe eines Teils des Verstandes und mit häufiger Unterbrechung ausgeführt. Aber die Gemeinschaft mit dem Selbst (*atma vyavahara*) oder inneres Stillsein ist eine intensive Aktivität, die mit dem ganzen Geist ununterbrochen vollzogen wird.

Maya (die Illusion oder Unwissenheit), die durch kein anderes Handeln zerstört werden kann, wird durch diese intensive Handlung, die man ‚Stille' (*mauna*) nennt, völlig zerstört."

5. „Was ist das Wesen von *maya*?"

„*Maya* lässt uns glauben, dass das Selbst, die Wirklichkeit, die immer und überall da ist, alles durchdringt und aus sich selbst erstrahlt, nicht existiert und dass die individuelle Seele (*jiva*), die Welt (*jagat*) und Gott (*para*) existieren, obwohl man eindeutig bewiesen hat, dass sie immer und überall nicht existent sind."

6. „Da das Selbst völlig aus sich selbst erstrahlt, warum wird es dann nicht generell von allen erkannt wie die anderen Objekte der Welt?"

„Wenn immer bestimmte Objekte erkannt werden, ist es das Selbst, das sich selbst in Form dieser Objekte erkennt. Denn was man Wissen oder Gewahrsein nennt, ist nur die Kraft des Selbst (*atma shakti*). Das Selbst ist das einzige empfindsame Objekt. Nichts ist von ihm getrennt. Wenn es solche Objekte gibt, dann sind sie alle empfindungslos und können sich weder selbst noch gegenseitig erkennen. Weil das Selbst sein wahres Wesen nicht auf diese Weise erkennt, scheint es in Gestalt des individuellen Selbst im Meer von Geburt (und Tod) untergetaucht zu sein und zu kämpfen."

7. „Obwohl der Herr alles durchdringt, scheint es, dass man Ihn nur durch Seine Gnade erkennen kann, wie Textstellen wie ‚Ihn durch Seine Gnade verehren' nahelegen. Wie kann dann die individuelle Seele durch eigene Anstrengung Selbstverwirklichung erlangen, wenn die Gnade Gottes fehlt?"

„Da der Herr das Selbst symbolisiert und Gnade die Gegenwart oder Offenbarung des Herrn bedeutet, gibt es keine Zeit, in der der Herr unbekannt ist. Wenn das Licht der Sonne für die Eule unsichtbar ist, dann liegt es am Vogel und nicht an der Sonne. Liegt es somit nicht am Unwissenden, wenn er sich des Selbst, das dem Wesen nach immer Gewahrsein ist, nicht gewahr ist? Wie kann es am Selbst liegen? Da Gnade das Wesen des Herrn ist, nennt man Ihn auch ‚die segensreiche Gnade'. Deshalb muss der Herr, dessen Wesen Gnade ist, weder Seine Gnade schenken noch gibt es eine bestimmte Zeit dafür."

8. „Wo im Körper wohnt des Selbst?"

„Man verweist im Allgemeinen auf das Herz auf der rechten Seite der Brust. Wir zeigen üblicherweise auf die rechte Brustseite, wenn wir uns auf uns selbst beziehen. Manche sagen, dass das *sahasrara* (der tausendblättrige Lotus) die Wohnstatt des Selbst sei. Würde das stimmen, dürfte der Kopf nicht nach vorne fallen, wenn wir einschlafen oder ohnmächtig werden."

9. „Was ist das Wesen des Herzens?"

„Die heiligen Schriften beschreiben es so: Zwischen den beiden Brüsten unterhalb des Brustkorbs und über dem Bauch gibt es sechs Organe von verschiedener Farbe.[35] Eines von ihnen gleicht der Knospe einer Wasserlilie und befindet sich zwei Fingerbreit rechts. Es ist das Herz. Es steht auf dem Kopf. In ihm gibt es eine kleine Öffnung, worin sich tiefe Dunkelheit (Unwissenheit) befindet, die voller Wünsche ist. Alle psychischen Nerven (*nadis*) hängen von ihm ab. Es ist der Sitz der vitalen Kräfte, des Geistes und des Lichts (des Bewusstseins).[36]

Doch obwohl es so beschrieben wird, bedeutet das Wort ‚Herz' (*hridayam*) das Selbst (Atman). Da es als Existenz, Bewusstsein, Glück, ewig und unendlich (*sat, chit, anandam, nityam, purnam*) bezeichnet wird, gibt es darin keine Unterschiede wie außen und innen, oben und unten. Dieser stille Zustand, in dem alle Gedanken an ein Ende kommen, nennt man den Zustand des Selbst. Wenn er verwirklicht ist, wie er ist, gibt es keinen Spielraum mehr für Diskussionen über die Lage im Körper oder außerhalb von ihm."

---

[35] Es handelt sich dabei nicht um die Chakren.
[36] s.a. Vierzig Verse, Anhang, Verse 18-19

10. „Warum tauchen im Geist Gedanken über so viele Objekte auf, auch wenn man mit äußeren Objekten keinen Kontakt hat?"

„Alle diese Gedanken haben in den latenten Neigungen (*purva samskaras*) ihre Ursache. Sie tauchen nur im individuellen Bewusstsein (*jiva*) auf, das sein wahres Wesen vergessen hat und sich nach außen richtet. Wann immer man bestimmte Dinge wahrnimmt, sollte man fragen: ‚Wer sieht sie?' Dann verschwinden sie sofort."

11. „Wie kommt es, dass die dreifachen Faktoren (Erkennender, Erkanntes und Erkennen), die im Tiefschlaf, *samadhi* usw. abwesend sind, sich im Selbst (im Zustand von Wachen und Traum) zeigen?"

„Aus dem Selbst entstehen nacheinander:

(1.) das reflektierte Bewusstsein (*chidabhasa*), das eine Art Leuchtkraft ist,

(2.) das individuelle Bewusstsein (*jiva*) oder der Seher oder die erste Vorstellung,

(3.) die Erscheinungen, d.h. die Welt."

12. „Da das Selbst frei von den Vorstellungen von Erkenntnis und Unwissenheit ist, wie kann man dann sagen, dass es den ganzen Körper in Form von Empfindungsvermögen durchdringt oder dass es den Sinnen Empfindungsvermögen verleiht?"

„Die Weisen sagen, dass es eine Verbindung zwischen der Quelle der verschiedenen psychischen Nerven und dem Selbst gibt und dass das der Knoten im Herzen ist. Diese Verbindung zwischen dem Empfindenden und dem Empfindungslosen existiert, bis dieser Knoten mithilfe wahrer Erkenntnis entzweigeteilt worden ist. Wie die subtile und unsichtbare elektrische Kraft durch die Kabel reist und viele wunderbare Dinge tut, so reist auch die Kraft des Selbst durch die psychischen Nerven, durchdringt den ganzen Körper und verleiht den Sinnen Empfindungsvermögen. Wenn dieser Knoten durchtrennt ist, bleibt das Selbst ohne Eigenschaften, wie es immer ist."

13. „Wie kann es zwischen dem Selbst, das reine Erkenntnis ist, und den dreifachen Faktoren, die relative Erkenntnis sind, eine Verbindung geben?"

„Das ist in gewisser Weise wie im Kino. Wie die Bilder auf der Leinwand auftauchen, solange der Film Schatten durch die Linse wirft, so erscheint die phänomenale Welt dem Individuum weiterhin im Wachen und Träumen, solange es latente geistige Eindrücke gibt. Wie die Linse die kleinen Flecken im Film vergrößert und zahlreiche Bilder in einer Sekunde gezeigt werden, so vergrößert der Geist die samengroßen Neigungen in baumgleiche Gedanken und zeigt in einer Sekunde unzählige Welten. Wie nur das Licht der Lampe sichtbar ist, wenn gerade kein Film läuft, so erstrahlt nur das Selbst ohne die dreifachen Faktoren, wenn die geistigen Vorstellungen in Gestalt von Neigungen im Tiefschlaf, während einer Ohnmacht und in *samadhi* nicht da sind. Wie die Lampe die Linse usw. erhellt, ohne davon berührt zu werden, so erleuchtet das Selbst das Ego (*chidabhasa*) usw., ohne davon berührt zu werden."

Kinovorführung – Selbst

1. die Lampe im Projektor – das Selbst

2. die Linse vor der Lampe – der reine (*sattvische*) Geist in der Nähe des Selbst

3. der Film, der aus einer langen Reihe getrennter Fotos besteht – der Strom latenter Neigungen, der in subtilen Gedanken besteht

4. die Linse, das Licht, das durch sie hindurchgeht, und die Lampe, die zusammen das gebündelte Licht ausmachen – der Geist mit seiner Leuchtkraft und das Selbst, die zusammen den Seher oder den *jiva* ausmachen

5. das Licht, das durch die Linse hindurch auf die Leinwand fällt – das Licht des Selbst, das vom Geist ausgeht und durch die Sinne auf die Welt fällt

6. die verschiedenen Arten von Bildern, die im Licht auf der Leinwand auftauchen – die verschiedenen Formen und Namen, die als wahrgenommene Objekte im Licht der Welt auftauchen

7. der Mechanismus, der den Film in Bewegung setzt – das göttliche Gesetz, das die latenten Neigungen des Geistes in Erscheinung treten lässt

14. „Was ist *dhyana* (Meditation)?"

„Es ist das Verbleiben als das eigene Selbst, ohne in irgendeiner Weise von seinem wahren Wesen abzuweichen und ohne das Gefühl zu haben, dass man meditiert. Da man sich in diesem Zustand nicht im Geringsten der verschiedenen Zustände (Wachen, Träumen usw.) bewusst ist, wird auch der (erkennbare) Tiefschlaf hier als *dhyana* betrachtet."

15. „Worin besteht der Unterschied zwischen *dyhana* und *samadhi*?"

„Dhyana wird durch bewusste geistige Anstrengung erreicht. In *samadhi* gibt es keine solche Anstrengung."

16. „Worauf muss man bei der Meditation (*dhyana*) achten?"

„Einer, der in seinem Selbst versunken ist (*atma nishta*), muss darauf achten, dass er nicht im Geringsten von seiner Versenkung abweicht. Wenn er von seinem wahren Wesen abweicht, kann er strahlende Erscheinungen sehen, ungewöhnliche Laute hören oder Visionen von Göttern, die in ihm oder außerhalb von ihm erscheinen, für wirklich halten. Er sollte sich davon nicht täuschen lassen und nicht sich selbst vergessen."

Anmerkung: Wenn man die Augenblicke, die man damit verschwendet, an Objekte zu denken, die nicht das Selbst sind, für die Ergründung des Selbst verwenden würde, dann würde man in kurzer Zeit Selbstverwirklichung erlangen.

Bis der Geist in sich gegründet ist, muss man mit tiefer Emotion und religiösem Gefühl über einen persönlichen Gott oder eine persönliche Göttin meditieren (bhavana). Andernfalls wird der Geist ständig von unberechenbaren Gedanken oder vom Schlaf überkommen.

Man sollte nicht die ganze Zeit über das eigenschaftslose Brahman in Form von: „Ich bin Shiva" oder „Ich bin Brahman" meditieren (nirgunopasana), sondern man sollte, sobald man durch dieses upasana (Kontemplation) die geistige Stärke erreicht hat, Selbstergründung üben.

Das Vorzügliche bei dieser Übung (sadhana) liegt darin, dass man nicht einer einzigen geistigen Vorstellung (vritti) Raum gibt.

17. „Welche Verhaltensregeln sollte ein Übender (*sadhaka*) einhalten?"

„Mäßigkeit beim Essen, Schlafen und Sprechen."

18. „Wie lange muss man üben?"

„Bis der Geist anstrengungslos seinen natürlichen Zustand der Freiheit von Vorstellungen wiedergewinnt, also bis das ‚Ich-' und ‚Mein'-Empfinden nicht mehr existieren."

19. „Was bedeutet, in Einsamkeit zu verweilen (*ekantavasa*)?"

„Da das Selbst alles umfasst, hat es keinen besonderen Ort der Einsamkeit. Der Zustand der Freiheit von geistigen Vorstellungen nennt man ‚Verweilen in Einsamkeit'."

20. „Was ist das Merkmal der Weisheit (*viveka*)?"

„Ihre Schönheit liegt darin, frei von Täuschung zu sein, nachdem man einmal die Wahrheit erkannt hat. Nur derjenige hat Angst, der noch den geringsten Unterschied im höchsten Brahman sieht. Solange die Vorstellung da ist, dass der Körper das Selbst ist, kann man die Wahrheit nicht erkennen, ganz gleich wer man ist."

21. „Wenn alles dem Karma (*prarabdha*, die Folge der früheren Handlungen) entsprechend geschieht, wie kann man dann die Hindernisse für die Meditation (*dhyana*) überwinden?"

„*Prarabdha* betrifft nur den nach außen gerichteten, nicht aber den nach innen gerichteten Geist. Wer sein wahres Selbst sucht, fürchtet sich vor keinem Hindernis."

22. „Ist Askese (*sannyasa*) eine Voraussetzung dafür, im Selbst gegründet zu sein (*atmanishta*)?"

„Die Anstrengung, von der Anhaftung an den Körper frei zu werden, ist in Wirklichkeit die Anstrengung, im Selbst zu bleiben. Nur Reife im Denken und Ergründung beseitigen die Anhaftung an den Körper, nicht aber die Lebensstände (*ashramas*)[37], wie das Leben als Schüler (*brahmachari*) usw. Denn die Anhaftung ist im Geist, während die Lebensstände dem Körper angehören. Wie können körperliche Stände die Anhaftung im Geist beseitigen? Da Reife im Denken und Selbstergründung zum Geist gehören, können allein durch Ergründung desselben Geistes die Anhaftungen, die sich durch Gedankenlosigkeit in ihn geschlichen haben, beseitigt werden. Da aber die Disziplin der Askese (*sannyasashrama*) das Mittel ist, um Leidenschaftslosigkeit (*vairagya*) zu erlangen, und da Leidenschaftslosigkeit das Mittel für die Ergründung ist, kann es in gewissem Sinn ein Mittel für die Ergründung durch Leidenschaftslosigkeit sein, wenn man sich einem asketischen Orden anschließt. Doch anstatt sein Leben zu verschwenden, indem man einem asketischen Orden beitritt, bevor man reif dafür ist, ist es besser, ein Familienleben zu führen. Um den Geist auf das Selbst zu richten, das sein wahres Wesen ist, muss man ihn von der Familie der Fantasien (*sankalpas*) und Zweifel (*vikalpas*) trennen. Das bedeutet, der Familie (*samsara*) im Geist zu entsagen. Das ist wirkliche Askese."

23. „Es ist eine feste Regel, dass man keine Selbsterkenntnis erlangen kann, solange noch die geringste Vorstellung, der Handelnde zu sein, besteht. Kann ein Strebender, der ein Familienvater ist, ohne diese Vorstellung seine Pflichten ordentlich erledigen?"

„Es gibt keine Regel, dass das Handeln vom Empfinden, der Handelnde zu sein, abhängt. Deshalb ist es auch unnötig, daran zu zweifeln, ob eine Handlung ohne einen Handelnden oder das Handeln ausgeführt werden kann. Obwohl ein Finanzbeamter in den Augen

---

[37] [Die vier traditionellen Lebensstände sind *brahmachari* (Schüler), *grihastha* (Haushälter), *vanaprashta* (Rückzug vom weltlichen Leben) und *sannyasa* (Entsagung).]

anderer den ganzen Tag seine Pflicht aufmerksam und verantwortlich erfüllt, tut er es ohne Anhaftung. Er denkt: „Ich habe keine wirkliche Verbindung zu all dem Geld" und handelt, ohne innerlich daran beteiligt zu sein. Auf dieselbe Weise erledigt ein weiser Familienvater ohne Anhaftung seine verschiedenen häuslichen Pflichten, die aufgrund seines vergangenen Karmas sein Los sind. Er ist wie das Werkzeug in der Hand eines anderen. Handeln und Erkenntnis sind keine Widersprüche."

24. „Von welchem Nutzen ist ein weiser Familienvater, der sich nicht um seine körperlichen Annehmlichkeiten kümmert, für seine Familie, und von welchem Nutzen ist seine Familie für ihn?"

„Obwohl er sich nicht um seine körperlichen Annehmlichkeiten kümmert, dient er doch den anderen, wenn seine Familie aufgrund seines vergangenen Karmas von ihm abhängt. Auf die Frage, ob der Weise vom Erfüllen seiner häuslichen Pflicht profitiert, muss man antworten, dass er ja bereits den Zustand völliger Zufriedenheit erlangt hat, die den gesamten Nutzen einschließt und das höchste Gut ist. Deshalb gewinnt er nichts weiter, wenn er seine Familienpflichten erfüllt."

25. „Wie kann man inmitten von Haushaltspflichten, die in beständigem Handeln bestehen, das Handeln beenden (*nivritti*) und Geistesfrieden erlangen?"

„Da die Handlungen des Weisen nur in den Augen der anderen und nicht in seinen eigenen existieren, tut er in Wirklichkeit nichts, selbst wenn er immense Aufgaben erfüllt. Deshalb steht sein Tun seinem Nicht-tun und Geistesfrieden nicht im Weg. Denn er kennt die Wahrheit, dass alles Handeln in seiner bloßen Gegenwart geschieht und er nichts tut. Deshalb bleibt er der stille Zeuge allen Tuns, das geschieht."

26. „Werden nicht die Eindrücke (*vasanas*), die vom gegenwärtigen Handeln des Weisen verursacht werden, ihm in Zukunft anhaften, so wie sein vergangenes Karma die Ursache für sein jetziges Handeln ist?"

„Nur wer von allen latenten Neigungen (*vasanas*) frei ist, ist ein Weiser. Da das so ist, wie können die Neigungen des Karmas ihn, der vom Handeln völlig frei ist, berühren?"

27. „Was bedeutet *brahmacharya*?"

„Nur die Suche nach Brahman sollte *brahmacharya* heißen."

28. „Ist die Übung von *brahmacharya*, die in Übereinstimmung mit den vier Lebensständen (*ashramas*) befolgt wird, ein Mittel für die Erkenntnis?"

„Da die verschiedenen Mittel für die Erkenntnis wie die Sinneskontrolle usw. zu *brahmacharya* gehören, sind die tugendhaften Übungen, welche die *brahmacharins* (Schüler) befolgen, für ihren Fortschritt sehr hilfreich."

29. „Kann man direkt vom Studierenden (*brahmacharya*) zum Asketen (*sannyasa*) übergehen?"

„Die Fähigen müssen nicht formell in den Stand des *brahmacharya* usw. in der von der Tradition festgelegten Reihenfolge eintreten. Einer, der sein Selbst verwirklicht hat, unterscheidet nicht zwischen den verschiedenen Lebensständen. Deshalb ist für ihn kein Lebensstand hilfreich oder ein Hindernis."

30. „Verliert der Übende (*sadhaka*) etwas, wenn er sich nicht an die Regeln seiner Kaste und an die vorgeschriebenen Lebensstände hält?"

„Da das Erlangen (*anusthana*, wörtl.: Übung) der Erkenntnis das höchste Ziel aller Übungen ist, gibt es keine Regel, die bestimmt, dass jemand, der in einem bestimmten Lebensstand bleibt und ständig Erkenntnis erlangt, an die Regeln diesen Lebensstandes gebunden ist. Wenn er die Kastenregeln und Regeln der Lebensstände befolgt, tut er das zum Wohl der Welt. Er hat davon weder einen Nutzen noch verliert er etwas, wenn er sie nicht befolgt."

Kapitel III: Erfahrung (*anubhava*)

1. „Was ist das Licht des Bewusstseins?"

„Es ist das selbststrahlende Sein-Bewusstsein, das dem Seher die Welt der Namen und Formen sowohl innen als auch außen enthüllt. Die Existenz von Sein-Bewusstsein kann durch die Objekte, die von ihm erhellt werden, gefolgert werden. Es wird nicht zum Objekt des Bewusstseins."

2. „Was ist Erkenntnis (*vijnana*)?"

„Es ist dieser stille Zustand von Sein-Bewusstsein, den der Suchende erfährt und der wie das wellenlose Meer oder der bewegungslose Äther ist."

3. „Was ist Glück?"

„Es ist die Erfahrung von Freude (oder Friede), die im Zustand von *vijnana*, der frei von allen Handlungen ist, erlebt wird und dem Tiefschlaf gleicht. Diesen Zustand nennt man auch *kevala nirvikalpa* (ohne Vorstellungen zu sein)."

4. „Was ist der Zustand, der das Glück überschreitet?"

„Es ist der Zustand von unaufhörlichem Geistesfrieden, der sich einstellt, wenn völlige Stille (*jagrat-sushupti*, wörtl: Schlaf mit Gewahrsein) vorherrscht und der dem inaktiven Tiefschlaf ähnelt. Obwohl der Körper und die Sinne aktiv sind, gibt es in diesem Zustand kein äußeres Gewahrsein. Es ist wie beim schlafenden Kind, das nicht bemerkt, dass seine Mutter es füttert.[38] Ein Yogi, der in diesem Zustand ist, ist inaktiv, obwohl er handelt. Das nennt man auch *sahaja nirvikalpa samadhi* (der vorstellungslose, natürliche Zustand der Versenkung in sich selbst)."

5. „Was beweist, dass die ganzen bewegten und unbewegten Welten von einem selbst abhängen?"

---

[38] Wenn Kinder im Schlaf essen und trinken, sind das nur in den Augen der anderen Handlungen, aber nicht für sie selbst. Sie handeln nicht wirklich, obwohl sie scheinbar handeln.

„Das Selbst bedeutet das verkörperte Wesen. Erst wenn die Energie, die im Tiefschlaf latent vorhanden ist, sich mit der ‚Ich'-Vorstellung erhebt, werden alle Objekte erfahren. Das Selbst ist in allen Wahrnehmungen als der Wahrnehmende anwesend. Man kann keine Objekte sehen, wenn das ‚Ich' nicht da ist. Deshalb kann man ohne Zweifel behaupten, dass alles aus dem Selbst kommt und ins Selbst zurückkehrt."

6. „Da die Körper und die Selbste, die sie beleben, überall unzählig viele sind, wie kann man dann sagen, dass es nur ein Selbst gibt?"

„Wenn die Vorstellung ‚Ich bin der Körper' akzeptiert wird, gibt es unzählige Selbste.[39] Der Zustand, in dem diese Vorstellung verschwindet, ist das Selbst, da es in ihm keine anderen Objekte gibt. Deshalb spricht man davon, dass es nur ein Selbst gibt."

7. „Was beweist die Aussage, dass Brahman vom Geist zugleich begriffen und nicht begriffen werden kann?"

„Es kann vom unreinen Geist nicht begriffen werden, wohl aber vom reinen Geist."

8. „Was ist unter reinem und unreinem Geist zu verstehen?"

„Wenn die undefinierbare Kraft Brahmans sich von Brahman trennt und mit der Reflexion des Bewusstseins (*chidabhasa*) zusammen verschiedene Gestalten annimmt, spricht man vom unreinen Geist. Wenn er durch Unterscheidung von der Reflexion des Bewusstseins (*abhasa*) frei wird, spricht man vom reinen Geist. Wenn er eins mit Brahman ist, bedeutet das, dass er Brahman begreift. Die Energie, die von der Reflexion des Bewusstseins begleitet wird, nennt man den unreinen Geist, und sein Zustand der Trennung von Brahman nennt man sein Nichtbegreifen von Brahman."

9. „Es heißt, dass das Karma (*prarabdha*) bis zum Tod des Körpers dauert. Kann man es überwinden, solange der Körper am Leben ist?"

---

[39] Die Vorstellung, der Körper zu sein, nennt man *hrdaya-granthi* (der Knoten des Herzens). Es gibt verschiedene Knoten. Dieser bindet das Bewusste mit dem Unbewussten zusammen. Dadurch entsteht Bindung.

„Ja. Wenn der Handelnde, von dem das Karma abhängt, nämlich das Ego, das zwischen dem Körper und dem Selbst ins Dasein gekommen ist, sich mit seiner Quelle vereinigt und seine Gestalt verliert, wie könnte dann das Karma, das nur auf ihm beruht, überleben? Deshalb ist dort, wo es kein ‚Ich' gibt, auch kein Karma."

10. „Wenn das Selbst Sein und Bewusstsein ist, warum wird dann gesagt, es sei vom Existierenden und Nicht-Existierenden, vom Empfindenden und Nicht-Empfindenden verschieden?"

„Obwohl das Selbst wirklich ist, da es alles enthält, lässt es keinen Raum für Fragen über seine Wirklichkeit oder Unwirklichkeit offen, die Zweiheit bedeuten würden. Deshalb sagt man, es sei vom Wirklichen und Unwirklichen verschieden. Obwohl es Bewusstsein ist, sagt man, dass es sich vom Empfindenden und Nicht-Empfindenden unterscheidet, da es für das Selbst nichts zu wissen oder kundzutun gibt."

Kapitel IV: Das Erlangen von Erkenntnis (*arudha*)

1. „Wie erlangt man Erkenntnis?"

„Indem man beständig und ohne Anstrengung im Selbst verweilt und der Geist, der eins mit dem Selbst geworden ist, nicht wieder auftaucht. Wie jeder normalerweise denkt: ‚Ich bin keine Ziege, keine Kuh und kein anderes Tier, sondern ein Mensch', wenn er an seinen Körper denkt, so denkt er auch: ‚Ich bin nicht die Prinzipien (*tattvas*), die mit dem Körper beginnen und mit dem Klang (*nada*) enden, sondern das Selbst, das Sein, Bewusstsein und Seligkeit ist, das innenwohnende Selbst-Bewusstsein (*atma prajna*).' Wer so denkt, hat beständige Erkenntnis erlangt."

2. „Zu welcher der sieben Stufen der Erkenntnis (*jnana bhoomikas*)[40] gehört der Weise (*jnani*)?"

„Er gehört dem vierten Zustand an."

3. „Warum gibt es dann noch drei weitere, höhere Stufen?"

„Die Merkmale der Stufen vier bis sieben beziehen sich auf die Erfahrungen der verwirklichten Person (*jivanmukta*). Sie sind keine Zustände der Erkenntnis oder Befreiung. Soweit es Erkenntnis und Befreiung betrifft, gibt es in diesen vier Zuständen keinen Unterschied."

4. „Wenn doch alle vier Gruppen die Befreiung haben, warum wird dann der Beste (*varishta*) besonders gepriesen?"

„Was die Glückserfahrung des *varishta* betrifft, so wird er nur deshalb gepriesen, weil er in seinen früheren Geburten besonderen Verdienst erworben hat, worin der Grund dafür besteht."

5. „Warum erlangen dann nicht alle Weisen (*jnanis*) den Zustand von *varishta*, da es keinen gibt, der nicht beständiges Glück erfahren will?"

„Man kann ihn nicht durch Wunsch oder Anstrengung erlangen. Die Ursache dafür ist Karma (*prarabdha*). Da das Ego mit seiner Ursache bereits im vierten Zustand (*bhoomika*) stirbt, wer könnte dann noch einen Wunsch verspüren oder sich anstrengen? Solange jemand sich anstrengt, ist er kein Weiser (*jnani*). Sagen denn die heiligen Texte (*Srutis*), die den *varishta* besonders erwähnen, dass die anderen drei unerleuchtet sind?"

---

[40] Die sieben *jnana bhoomikas* (Zustände der Erkenntnis) sind: *subheccha* (der Wunsch nach Erleuchtung), *vicharana* (Ergründung), *tanumanasa* (durchlässiger Geist), *satwapatti* (Selbstverwirklichung), *asamsakti* (Nichtanhaftung), *padarthabhavana* (Nichtwahrnehmung von Objekten) und *turyaga* (Transzendenz). Wer die letzten vier *bhoomikas* erreicht hat, nennt man dementsprechend *brahmavid*, *brahmavidvara*, *brahmavidvariya* und *brahmavidvarishta*.

6. „Manche heiligen Texte sagen, dass im höchsten Zustand die Sinnesorgane und der Geist völlig vernichtet sind. Wie ist dieser Zustand mit der Erfahrung des Körpers und der Sinne vereinbar?"

„Wenn das der Fall wäre, würde kein Unterschied zwischen diesem Zustand und dem Zustand des Tiefschlafs bestehen. Wie kann man ihn den natürlichen Zustand nennen, wenn er einmal existiert und ein andermal nicht? Das geschieht, wie bereits gesagt, bei einigen Menschen aufgrund ihres Karmas (*prarabdha*) eine Zeitlang oder bis zum Tod. Man kann diesen Zustand aber nicht als endgültig bezeichnen, sonst wären alle großen Seelen und der Herr, die die vedantischen Werke (*janana granthas*) und die Veden verfasst haben, nicht erleuchtet gewesen. Wenn der höchste Zustand darin bestehen würde, dass weder die Sinne noch der Geist existieren, und nicht darin, dass sie existieren, wie könnte er dann der perfekte Zustand (*paripurnam*) sein? Da nur das Karma für die Aktivität oder Inaktivität der Weisen verantwortlich ist, haben große Seelen erklärt, dass nur der Zustand von *sahaja nirvikalpa* (der natürliche Zustand ohne Vorstellungen) der höchste Zustand ist."

7. „Worin besteht der Unterschied zwischen gewöhnlichem Schlaf und dem Wach-Schlaf (*jagrat sushupti*)?"

„Im gewöhnlichen Schlaf gibt es nicht nur keine Gedanken, sondern auch kein Gewahrsein. Im Wach-Schlaf gibt es nur Gewahrsein. Deshalb spricht man vom Wachen während des Schlafs, das heißt vom Schlaf, in dem es Gewahrsein gibt."

8. „Warum wird das Selbst sowohl als der vierte Zustand (*turiya*) als auch als der jenseits des vierten Zustands (*turiyatita*) beschrieben?"

„*Turiya* bedeutet der Vierte. Die *jivas*, welche die drei Zustande von Wachen, Traum und Tiefschlaf, auch bekannt als *visva*, *taijasa* und *prajna*, erfahren und sie nacheinander durchlaufen, sind nicht das Selbst. Um das deutlich zu machen, nämlich dass das Selbst sich davon unterscheidet und der Zeuge dieser Zustände ist, spricht man vom vierten Zustand (*turiya*). Wenn das erkannt wird, verschwindet derjenige, der die drei Zustände erfährt, und auch die Vorstellung, dass das

Selbst der Zeuge ist, also das Vierte. Deshalb wird das Selbst als jenseits des vierten Zustands (*turiyatita*) beschrieben."

9. „Welchen Nutzen zieht der Weise aus den heiligen Schriften (*Srutis*)?"

„Der Weise, der die Verkörperung der Wahrheit, die in den Schriften erwähnt wird, ist, hat von ihnen keinen Nutzen."

10. „Gibt es einen Zusammenhang zwischen dem Erlangen von übernatürlichen Kräften (*siddhis*) und der Befreiung (*mukti*)?"

„Nur erleuchtete Ergründung führt zur Befreiung. Übernatürliche Kräfte sind illusorische Erscheinungen, die von der Kraft der *maya* (*mayashakti*) hervorgebracht werden. Selbstverwirklichung, die dauerhaft ist, ist die einzig wahre Errungenschaft (*siddhi*). Errungenschaften, die auftauchen und wieder verschwinden, da sie von *maya* bewirkt werden, können nicht wirklich sein. Sie werden mit dem Ziel erlangt, Ruhm, Vergnügen usw. genießen zu können. Manche Menschen bekommen sie aufgrund ihres Karmas auch ungewollt. Wisse, dass die Vereinigung mit Brahman das einzig wirkliche Ziel aller Errungenschaften ist. Es ist auch der Zustand der Befreiung (*aikya mukti*), der als Vereinigung (*sayujya*) bekannt ist."

11. „Wenn darin das Wesen der Befreiung (*moksha*) besteht, warum bringen manche Schriften sie mit dem Körper in Verbindung und sagen, dass die individuelle Seele nur dann befreit werden kann, wenn sie den Körper nicht verlässt?"

„Nur wenn Bindung wirklich ist, muss man über Befreiung und das Wesen dieser Erfahrungen nachdenken. Was das Selbst (*Purusha*) betrifft, so ist es in Wirklichkeit in keinem der vier Zustände gebunden. Da Bindung nur eine Voraussetzung für die nachdrückliche Verkündigung des vedantischen Systems ist, wie kann da die Frage nach Befreiung, die von der Frage nach der Bindung abhängt, auftauchen, wenn es keine Bindung gibt? Wenn man diese Wahrheit nicht erkennt und das Wesen der Bindung und Befreiung analysiert, ist es wie wenn man die Körpergröße, Hautfarbe usw. des Sohns einer unfruchtbaren Frau untersucht oder die Hörner eines Hasen."

12. „Wenn das so ist, sind dann nicht die Beschreibungen von Bindung und Befreiung in den Schriften irrelevant und falsch?"

„Nein, im Gegenteil. Das Trugbild einer Bindung, die seit unendlicher Zeit durch Unwissenheit hervorgebracht wird, kann nur durch Erkenntnis beseitigt werden. Und dafür ist der Begriff ‚Befreiung' (*mukti*) allgemein akzeptiert worden. Das ist alles. Die Tatsache, dass die Merkmale der Befreiung verschieden beschrieben werden, beweist, dass es sich nur um Vorstellungen handelt."

13. „Wenn das der Fall ist, sind dann nicht alle Anstrengungen wie Studium (wörtl.: Hören), Nachdenken usw. nutzlos?"

„Nein. Die feste Überzeugung, dass es weder Bindung noch Befreiung gibt, ist das höchste Ziel aller Bemühungen. Da dieses Ziel, durch direkte Erfahrung klar zu erkennen, dass Bindung und Befreiung nicht existieren, nur durch die zuvor erwähnte Übung erreicht werden kann, sind diese nützlich."

14. „Gibt es einen Beleg in den Schriften für die Aussage, dass es weder Bindung noch Befreiung gibt?"

„Das erfolgt durch die Kraft der Erfahrung und nicht nur durch die Kraft der Schriften."

15. „Wenn es erfahren wird, wie wird es erfahren?"

„‚Bindung' und ‚Befreiung' sind lediglich sprachliche Begriffe. Sie haben keine eigene Wirklichkeit. Deshalb können sie auch nicht von sich aus wirken. Man muss die Existenz einer Grundlage akzeptieren, von der sie abgeleitet sind. Wenn man fragt: ‚Für wen gibt es Bindung und Befreiung?', wird man erkennen: ‚Für mich.' Wenn man fragt: ‚Wer bin ich?', wird man erkennen, dass es so etwas wie ‚ich' gar nicht gibt. Es wird dann so klar sein wie die *Amalaka*-Frucht[41], die man in der Hand hält, dass das, was übrig bleibt, das eigene wirkliche Sein ist. Da jene, die eine bloße verbale Diskussion unterlassen und innerlich sich selbst ergründen, diese Wahrheit natürlicherweise

---

[41] *Amalaka*-Frucht = Nelli-Frucht ist die indische Stachelbeere, s. Fußnote 52

und eindeutig erfahren, besteht kein Zweifel darüber, dass alle Verwirklichten gleichermaßen weder eine Bindung noch eine Befreiung sehen, soweit es das wahre Selbst betrifft."

16. „Wenn es weder Bindung noch Befreiung gibt, warum werden dann Freude und Leid so wirklich erfahren?"

„Sie scheinen nur wirklich zu sein, wenn man sich von seinem wahren Wesen abwendet. Sie existieren nicht wirklich."

17. „Ist es jedem möglich, direkt und ohne Zweifel sein eigenes, wahres Wesen zu erkennen?"

„Ja. Darüber besteht kein Zweifel."

18. „Wie?"

„Jeder erfährt, dass in den Zuständen des Tiefschlafs, der Ohnmacht usw., wenn das ganze Universum, das bewegte und unbewegte, beginnend mit der Erde und endend mit dem Nicht-Manifesten (*prakriti*) verschwindet, er selbst nicht verschwindet. Deshalb ist der Zustand reinen Seins, den alle haben und den jeder immer direkt erfährt, das eigene wahre Wesen. Daraus folgt, dass alle Erfahrungen im erleuchteten sowie im unwissenden Zustand, die mit immer neueren Wörtern beschrieben werden, im Gegensatz zum eigenen wahren Wesen stehen."

Gedichte

4. Die Fünf Hymnen für Arunachala

Die Fünf Hymnen für Arunachala sind, abgesehen von einigen kurzen Versen, die frühesten Gedichte des Maharshi. Er schrieb sie etwa 1914, als er 35 war (er wurde im Dezember 1879 geboren). Er lebte noch in der Virupaksha-Höhle auf dem Berg. Einige seiner Anhänger, die sadhus waren, gingen täglich nach Tiruvannamalai und erbettelten ihre Nahrung. Eines Tages baten sie den Maharshi, für sie ein Lied zu dichten, das sie während ihrer Bettelgänge singen konnten. Zuerst weigerte er sich und sagte, es gäbe bereits viele Lieder von den alten Shiva-Heiligen. Sie ließen ihn aber damit nicht in Ruhe. Da begann er, ein Lied mit einem Refrain hinter jeder Strophe zu dichten.

Eines Tages umrundete er den Berg. Palaniswami ging hinter ihm her. Nachdem sie eine kurze Strecke gegangen waren, rief Aiyaswami Palaniswami zurück, gab ihm Bleistift und Papier und sagte: „Seit einigen Tagen schreibt Swami Verse, vielleicht auch heute. Deshalb nimm besser Papier und Bleistift mit." An diesem Tag vollendete Sri Bhagavan ‚Die Hochzeitsgirlande aus Buchstaben', das erste von fünf Gedichten. Es spricht in glühender Symbolik von der Liebe und Vereinigung zwischen der menschlichen Seele und Gott, und es gehört zu den tiefsinnigsten und bewegendsten Gedichten aller Sprachen. Der Dichter, der selbst in der Seligkeit der unlösbaren Einheit gegründet war, schrieb es für seine Devotees und drückte darin die Haltung der Hingabe und der Sehnsucht aus.

Das zweite, dritte und vierte Gedicht schrieb er etwa zur selben Zeit. Auch sie bringen dieselbe Haltung zum Ausdruck. Während die späteren Gedichte des Maharshi lehrhafter sind, sind diese Gedichte emotionaler.

Die Elf und die Acht Verse gehören zu den wenigen Gedichten, die der Maharshi spontan geschrieben hat, ohne dass jemand ihn darum gebeten hatte.

Er selbst sagte darüber: „Die einzigen Gedichte, die ich spontan geschrieben habe und die sich mir aufgedrängt haben, ohne dass mich jemand dazu aufgefordert hat, waren die ‚Elf Verse für Arunachala' (Padikam) und die ‚Acht Verse für Arunachala' (Ashtakam). Eines Tages kamen mir plötzlich die Worte des Eröffnungsverses der Elf Verse in den Sinn. Obwohl ich versuchte, sie loszuwerden, und mich fragte: ‚Was habe ich mit diesen Worten zu tun?', ließen sie sich nicht vertreiben, bis ich einen Vers gedichtet hatte. Die Worte fielen mir von selbst zu. Auf dieselbe Weise entstanden die nächsten Verse, an jedem Tag einer. Die folgenden Verse, außer zwei, entstanden auf dieselbe Weise.

Kurz darauf kam Narayana Reddi. Er lebte damals in Vellore und war ein Vertreter von Singer & Co. Er besuchte mich immer wieder. Aiyasami und Palani erzählten ihm von den Gedichten, und er sagte: ‚Gib mir die Verse zur Veröffentlichung.' Er hatte bereits einige Bücher veröffentlicht. Als er darauf bestand, die Gedichte mitzunehmen, erklärte ich mich damit einverstanden, dass er die ersten elf Verse als erstes Gedicht und die restlichen, die ein anderes Versmaß hatten, als zweites Gedicht veröffentlichen konnte. Ich dichtete noch zwei Verse, damit es insgesamt acht waren, und Narayana Reddi nahm alle neunzehn Verse mit, um sie zu veröffentlichen."[42]

‚Arunachala Pancharatna', das fünfte Gedicht, ist von anderer Art als die ersten vier. Der große Sanskritdichter Ganapati Sastri (Ganapati Muni), der ein Anhänger Bhagavans war, bat ihn darum, ein Gedicht in Sanskrit zu schreiben. Bhagavan erwiderte lachend, dass er kaum Sanskrit könne und das Versmaß nicht beherrsche. Sastri erklärte ihm ein Versmaß und wiederholte seine Bitte. Daraufhin dichtete Bhagavan ein Gedicht von fünf Strophen, zwei an einem Tag

---

[42] s.a. Mudaliar: Tagebuch, Eintrag vom 9.5.1946; Osborne: Ramana Maharshi und der Weg der Selbstergründung, S. 195

und drei am nächsten. Sie waren alle in vollkommenem, fehlerlosem Sanskrit. Sie beinhalten eine geheimnisvolle Beschreibung der verschiedenen Wege zur Verwirklichung. Deshalb wurde der Übersetzung ein Kommentar beigefügt. ‚Arunachala Pancharatna' wird täglich beim Veda Parayana gesungen.

Man muss begreifen, dass in allen Liedern das Wort „Arunachala" für nichts Geringeres als Gott steht. Es meint zugleich auch den physischen Berg Arunachala in Südindien, in dem sich Gott für den Maharshi und seine Schüler auf besondere Weise manifestiert. Seit ewiger Zeit repräsentieren verschiedene spirituelle Zentren Indiens verschiedene Wege und Lehrmethoden. Arunachala steht dabei für die Lehre des Advaita und den Weg der Selbstergründung. Die ultimative Lehre und der höchste und direkteste Weg war durch die Jahrhunderte nicht der populärste gewesen, da er den meisten Menschen als zu streng und schwer erschien. Der Maharshi erlangte durch einen spontanen Akt der Selbstergründung die Verwirklichung, ohne einen menschlichen Guru gehabt zu haben. Man kann dieses Geheimnis nur berühren. Es genügt festzustellen, dass der Maharshi mit allen anderen Meistern darin übereinstimmte, dass ein Guru nötig ist, wobei er hinzufügte, dass er nicht unbedingt menschlich sein müsse. Als er als Jugendlicher, der bereits ein Weiser war, sein Zuhause verließ, zog ihn Arunachala wie ein machtvoller Magnet an. Er ging direkt dorthin, wo er den Rest seines Lebens blieb. Er betrachtete Arunachala als seinen Guru und schrieb diese Gedichte für ihn, den Guru, den manifestierten Gott, das Absolute.

Durch die machtvolle Gnade Bhagavan Ramana Maharshi wurde der Weg der Selbstergründung für Männer und Frauen dieses Zeitalters begehbar. Er wurde zu einem neuen Weg, dem man unbeobachtet unter den Bedingungen der modernen Welt folgen kann. Man muss keine Regeln und Rituale beachten, nichts, das eine Person von der Welt, in der sie sich bewegt, unterscheidet. Dieser neue Weg, der den Bedürfnissen der Zeit entspricht, hat Arunachala zum spirituellen Zentrum der Welt gemacht. Jetzt mehr denn je, da Ramana seinen Körper abgelegt hat und eins mit Arunachala ist, ist seine Gnade und Führung für jene, die sich ihm zuwenden und seine Hilfe suchen, im

Arunachala zentriert. Es ist der heilige Ort, und viele werden zu ihm hingezogen, sowohl jene, die zu seiner Lebzeiten seine Schüler gewesen sind, als auch jene, die später dazukamen.

Es muss noch erwähnt werden, dass das dichterische Tamil, in dem diese Lieder geschrieben wurden, sehr hintersinnig sein kann. Vor allem im ersten Lied sind manche Verse mehrdeutig. In diesen Fällen wird eine alternative Übersetzung angeboten.

Vor den fünf Hymnen fügen wir einen Vers hinzu, den Sri Bhagavan über den Herrn Ganesha geschrieben hat. Er ist ein idealer Eröffnungsvers für die Gedichte. Darauf folgen ein Vers von Sri Muruganar über die Bedeutung von Arunachala und ein weiterer von Bhagavan über die Bedeutung des Leuchtfeuers, das jedes Jahr beim Deepam-Fest auf dem Gipfel des Berges entzündet wird. Darauf folgt ein Auszug aus dem Skanda Purana über die Herrlichkeit Arunachalas, den Sri Bhagavan ins Tamil übersetzt hat. Erst dann kommen die fünf Hymnen.

[Anm. der Übers.: Um das Sri Arunachala Mahatmya zu verstehen, ist es nötig, die folgende Geschichte aus der Mythologie des Arunachala zu kennen. „Vishnu und Brahma gerieten darüber in Streit, wer von ihnen der Mächtigere sei. Ihr Streit brachte Chaos auf die Erde, sodass die Götter Shiva baten, den Streit zu schlichten. Da manifestierte sich Shiva als Lichtsäule und ließ eine Stimme aus ihr sprechen: Wer von den beiden das obere oder das untere Ende der Säule erreichen könne, sei der Mächtigere. Da nahm Vishnu die Gestalt eines Ebers an und grub sich tief in die Erde ein. Brahma dagegen nahm die Gestalt eines Schwans an und schwang sich hinauf zu ihrem oberen Ende. Als er die Blüte eines Bergbaums durch die Luft segeln sah, brachte er sie Shiva und behauptete, er habe sie auf der Spitze der Säule gefunden, um so durch Täuschung zu gewinnen. Vishnu dagegen konnte das untere Ende nicht erreichen, doch als er in seinem eigenen Inneren das höchste Licht, das in den Herzen aller Kreaturen leuchtet, erkannte, verlor er sich in Meditation. Er war sich seines physischen Körpers nicht mehr gewahr und vergaß sich selbst und dass er das untere Ende der Lichtsäule suchte. Als er zu

Shiva zurückkehrte, gestand er seinen Misserfolg ein und pries ihn mit den Worten: ‚Du bist die Selbsterkenntnis. Du bist OM. Du bist der Anfang, die Mitte und das Ende von allem. Du bist alles und erleuchtest alles.' Da wurde er als der Mächtigere anerkannt. Brahma musste beschämt seinen Täuschungsversuch eingestehen, und Shiva verzieh ihm.

Die Geschichte endet damit, dass Shiva sich im Monat Kartikai (November/Dezember) als Berg Arunachala manifestierte, weil die Lichtsäule von zu starker Helligkeit war. Arunachala gilt deshalb als Adi-lingam, als das erste lingam, d.h. die erste Erscheinungsform Shivas, des höchsten Herrn, des Gottes aller Götter und des wahren und absoluten Selbst.

In dieser Legende liegt die Begründung für das jährlich im November/Dezember so reich besuchte Kartikai-Deepam-Fest. Es ist eines der ältesten Feste Indiens, das bereits in über 3000 Jahre alten tamilischen Schriften erwähnt wird. Das Fest dauert zehn Tage und findet in der letzten Vollmondnacht im Lichterfest (Deepam) seinen Höhepunkt."][43]

Für Sri Ganesha

Eines Tages im Jahr 1912 kam ein Töpfer zur Virupaksha-Höhle. Er brachte eine kleine Ganesha-Statue mit, die er selbst gemacht hatte, und überreichte sie Sri Bhagavan. Easwara Swami machte den Vorschlag, dass der Töpfer und Sri Bhagavan zu diesem Anlass einen Vers dichten sollten. Bhagavan schrieb folgendes:

Jenen, der dich als Kind zeugte,
machtest du zum Bettler.
Als Kind hast du dann überall gelebt
und nur deinem dicken Bauch gedient.[44]

---

[43] Ebert: Ramana Maharshi: Sein Leben, S. 62f
[44] [Scherzhafte Bedeutung: Ganesha hat alles gegessen, was er fand, und war immer hungrig. Damit machte er seinen Vater Shiva zum Bettler, da er immer für seinen Sohn Essen besorgen musste.]

Auch ich bin ein Kind,
oh Gotteskind in dieser Nische!
Du begegnest einem, der nach dir geboren wurde.
Ist dein Herz denn aus Stein?
Ich bitte dich, schau mich an!

Die Bedeutung von Arunachala

Das plötzliche Entstehen der strahlenden Lichtsäule von Annamalai[45] vor Brahma und Vishnu, das sie in heillose Bedrängnis brachte, da sie sie nicht erkennen konnten, ist ein Symbol für das *sphurana* (Pochen) des Herzzentrums, das als das wahre Selbst des Intellekts und Egos erstrahlt.

Die Bedeutung des Leuchtfeuers

Die Vorstellung, der Körper zu sein, los zu werden und den Geist im Herzen aufgehen zu lassen, um das Selbst als nicht-duales Sein und Licht von allem zu erkennen, ist die wirkliche Bedeutung des *darshans* des Leuchtfeuers von Annamalai, des Zentrums des Universums.

Sri Arunachala Mahatmya (die Herrlichkeit Sri Arunachalas)[46]

Nandi[47] sagt:
„Das ist ein heiliger Ort. Von allen Orten ist Arunachala der heiligste. Er ist das Zentrum der Welt. Wisse, dass er das geheime und heilige Herzzentrum Shivas ist. An diesem Ort wohnt er immer als der herrliche Aruna-Berg.

---

[45] Annamalai ist ein anderer Name für Arunachala.
[46] ein Auszug aus dem Skanda Puranam, den Sri Bhagavan ins Tamil übersetzt hat
[47] Nandi (der Stier) ist der treue Diener Shivas und ist immer in seiner Nähe zu finden.

Es war am Tag im Sternbild Ardra im Monat Mrigasira [November/Dezember], als das uralte, wunderbare *lingam* von Arunachala Gestalt annahm. Und es war an Maha Sivaratri, als Vishnu und die anderen *devas* den Herrn verehrten, der in Gestalt der Lichtsäule erschien."

Shiva sagt:
„Obwohl feurig, ist meine glanzlose Erscheinung als Berg an diesem Ort ein Akt der Gnade und liebenden Fürsorge für das Fortbestehen der Welt.[48] Hier wohne ich immer als der Große (*siddha*). Denk daran, dass im Innern meines Herzens die überirdische Herrlichkeit wohnt, die auch alle Freuden der Welt enthält!

Weil das unerbittliche Karma die Lebewesen der Welt bindet, wisse, dass es zur Bindung für die *jivas* wird. Es genügt jedoch, den strahlenden Arunachala anzuschauen, damit das Karma nicht mehr existiert.

Was nicht ohne endlose Qual erlangt werden kann – die wahre Bedeutung des Vedanta – kann von allen leicht erreicht werden, die entweder den Berg direkt sehen können oder aus der Ferne an ihn denken.

Ich bestimme, dass die Fehler dessen, der im Radius von drei yojanas[49] um diesen Berg herum wohnt, verbrannt werden und dass er die Einheit mit dem Höchsten erlangt, selbst wenn er nicht eingeweiht worden ist."

Devi sagt:
„Dies ist immer die Wohnstatt der frommen Verehrer. Jene, die hier anderen Übles tun, werden Schlimmes erleiden und vernichtet werden. Schlechte Menschen werden in einem Augenblick all ihrer Kräfte beraubt, hier Böses zu tun. Falle nicht dem brennenden Feuer des

---

[48] [Das bezieht sich auf die Mythologie von Arunachala. Die Feuersäule war für die Menschen zu hell, sodass der Herr in seiner Gnade die Gestalt des Berges annahm.]
[49] Ein yojana ist zehn Meilen.

Ärgers des Herrn Arunachala anheim, der die Gestalt eines Berges von Feuer angenommen hat."

Die Hochzeitsgirlande aus Buchstaben
(Akshara Mana Malai)

Einführung von Sri Munuganar
Diese freudige Hochzeitsgirlande aus Buchstaben, die den Strahlen der aufgehenden Sonne gleicht, wurde vom edlen Weisen Ramana, dem Meer der Barmherzigkeit, gesungen, um seine Verehrer, die seine Gnade suchen, von der Täuschung zu befreien. Jene, die sie als ihre einzige Zuflucht betrachten, werden in sich erkennen, dass sie Arunachala sind, und sie werden in der Welt Shivas herrschen.

[Anmerkung der Übers.: Ich habe noch als weitere Alternative die Übersetzung von T.M.P. Mahadevan aus „Arunachala Shiva" eingefügt, gekennzeichnet durch M.]

Anrufung
Gnädiger Ganapati[50], segne mich mit Deiner gnadenreichen Hand, damit diese Hochzeitsgirlande aus Buchstaben Sri Arunachala, meinem Bräutigam, würdig ist.

Refrain
Arunachala Shiva, Arunachala Shiva,
Arunachala Shiva, Arunachala!
Arunachala Shiva, Arunachala Shiva,
Arunachala Shiva, Arunachala!

1a. Du entwurzelst das Ego-Ich derer, die im Herzen über Dich meditieren, oh Arunachala!

1b. Arunachala, Du entwurzelst das Ego-Ich derer, die in ihrer (spirituellen) Einheit mit Dir verweilen, oh Arunachala!

1M. Oh Arunachala, Du entwurzelst den Egoismus derer, die denken: „Ich bin wahrlich Arunachala!"

---

[50] ein anderer Name für Ganesha

2. Mögen Du und ich eins und untrennbar sein wie Alagu und Sundara, oh Arunachala!

2M. Oh Arunachala! Wie die Wörter *azhagu* (Tamil für Schönheit) und *sundara* (Sanskrit für Schönheit) lass Ich und Du völlig ohne Unterschied sein![51]

3. Du kamst zu mir (in mein Haus) und locktest mich zu Dir (in Dein Haus). Warum hast Du mich in Deiner Herzenshöhle eingeschlossen, oh Arunachala?

3M. Oh Arunachala, was für ein Wunder, dass Du in meinen Geist eingetreten bist, mich befreit hast und mich in der Höhle Deines Herzens gefangen gehalten hast!

4. War es zu Deiner Freude oder um meinetwillen, dass Du mich gewonnen hast? Wenn Du mich jetzt verstößt, wird die Welt es Dir vorwerfen, oh Arunachala!

4M. Oh Arunachala, um wessentwillen hast Du mich gerettet? Wenn Du mich (jetzt) zurückweist, wird die Welt Dich beschuldigen!

5. Entrinne diesem Tadel! Warum hast Du Dich mir in Erinnerung gebracht? Wie könnte ich Dich jetzt noch verlassen, oh Arunachala?

5M. Oh Arunachala, erspare Dir diese Beschuldigung! Warum lässt Du zu, dass ich mich nach Dir verzehre? Wer wird Dich dann noch verlassen?

6a. Deine Güte ist größer als die der eigenen Mutter. Ist das Deine allumfassende Güte, oh Arunachala?

6b. Deine Güte ist größer als die der eigenen Mutter. So ist Deine Liebe, oh Arunachala!

6M. Oh Arunachala, Du verströmst Gnade, die größer als die der eigenen Mutter ist. Ist das denn Deine Gnade? (So ist Deine Gnade!)

7a. Sei fest in meinem Geist gegründet, damit er sich Dir nicht entzieht, oh Arunachala!

---

[51] Das Tamilwort *alagu* und das Sanskritwort *sundara* bedeuten beide „Schönheit". Alagu und Sundara sind zudem die Namen von Sri Ramanas Eltern Agammal und Sundaram.

7b. Verändere nicht Dein Wesen und fliehe, sondern sei fest in meinem Geist gegründet, oh Arunachala!

7c. Sei wachsam in meinem Geist, damit er nicht Dich (in mich) verwandelt und sich davonmacht, oh Arunachala!

7M. Oh Arunachala, sei fest in meinem Herzen verwurzelt, damit es nicht wegläuft und Dich betrügt!

8a. Zeige dem launischen Geist Deine Schönheit, damit er Dich für immer sieht und (in Frieden) ruht, oh Arunachala!

8b. Die Dirne Geist wird aufhören, die Straßen auf- und abzuwandern, wenn sie Dich findet. Enthülle ihr dann Deine Schönheit und halte sie fest, oh Arunachala!

8c. Durch seine Unstetigkeit verhindert der Geist, dass ich Dich suche und Frieden finde. (Halte ihn fest und) gewähre mir den Anblick Deiner Schönheit, oh Arunachala!

8M. Oh Arunachala, enthülle Deine Schönheit, damit der Geist, dessen Wesen es ist umherzustreifen, still wird und Dich beständig sieht!

9. Wenn Du mich jetzt nicht umarmst, nachdem Du mich entführt hast, wo bleibt da Deine Ritterlichkeit, oh Arunachala!

9M. Oh Arunachala, wenn Du Dich jetzt nicht mir beigesellst und meinen Egoismus zerstörst, ist das dann etwa Deine Männlichkeit?

10. Gehört es sich für Dich, dass Du schläfst, wenn andere mir Gewalt antun, oh Arunachala?

10M. Oh Arunachala, warum schläfst Du, während andere mich fortschleifen? Ziemt sich das für Dich?

11. Auch wenn die Diebe der fünf Sinne mich überwältigen, bist Du nicht selbst dann in meinem Herzen, oh Arunachala?

11M. Oh Arunachala, wenn die Diebe der fünf Sinne in mein Herz eindringen, bist Du dann nicht in meinem Herzen?

12. Du bist das Eine ohne ein Zweites. Wer könnte es da wagen, Dir zu entschlüpfen und einfach hereinzukommen? Es ist nur Deine Gaukelei, oh Arunachala!

12M. Oh Arunachala, wer könnte Dich betrügen, der Du das Eine (ohne ein Zweites) bist, und hereinkommen? Das ist nur Deine List!

13. Du bist die Bedeutung der heiligen Silbe OM. Du bist unvergleichlich und einzigartig. Wer kann Dich begreifen, oh Arunachala?

13M. Oh Arunachala, Du bist die Bedeutung der heiligen Silbe OM. Es gibt nichts, was sich mit Dir vergleichen ließe oder größer ist als Du. Wer kann Dich verstehen?

14. Als Mutter (des Universums) ist es Deine Pflicht, mir Deine Gnade zu schenken und mich zu retten, oh Arunachala!

14M. Oh Arunachala, es ist Deine Pflicht, mir wie eine Mutter Deine Gnade zu gewähren und mich zu erlösen!

15a. Wer kann Dich jemals finden? Du bist das Auge des Auges und siehst ohne Augen, oh Arunachala!

15b. Da Du das Augenlicht des Auges bist, mach mich auch ohne die Augen ausfindig! Wer (außer Dir selbst) kann Dich ausfindig machen, oh Arunachala?

15M. Oh Arunachala, da Du das Auge des Auges bist, siehst Du ohne das Auge. Wer kann Dich sehen, sag?

16. Wie ein Magnet Eisen anzieht, es magnetisiert und festhält, zieh mich an und lass mich nicht mehr los, oh Arunachala!

16M. Oh Arunachala, wie ein Magnet Eisen anzieht, zieh mich an und sei eins mit mir, indem Du mich nicht mehr loslässt!

17. Du (unbeweglicher) Berg, der Du als Meer der Gnade dahinschmilzt, hab Erbarmen mit mir, ich bitte Dich, oh Arunachala!

17M. Du Meer der Gnade in Gestalt des Berges, sei gütig und gewähre mir Deine Gnade!

18. Du feuriger Edelstein, der in alle Richtungen strahlt, verbrenne meinen Unrat, oh Arunachala!

18M. Oh Arunachala, Du Edelstein, der unten, oben und überall erstrahlt! Zerstöre meine Niedertracht!

19. Erstrahle als mein Meister, befreie mich von Fehlern und mach mich Deiner Gnade würdig, oh Arunachala!

19M. Oh Arunachala, vernichte völlig meine Sünden, rette mich, indem Du mich gut machst, oh Du, der Du in Gestalt des Meisters erstrahlst!

20. Rette mich aus den grausamen Fallstricken verführerischer Frauen und ehre mich durch die Vereinigung mit Dir, oh Arunachala!

20M. Lass mich nicht in die Fänge derer geraten, die grausam und hinterlistig sind! Gewähre mir Deine Gnade und die Vereinigung mit Dir!

21. Obwohl ich Dich anflehe, bist Du hartherzig und gibst nicht nach. Bitte, sag zu mir: „Fürchte dich nicht!", oh Arunachala!

21M. Oh Arunachala, obwohl ich Dich angefleht habe, hast Du, hinterlistig wie Du bist, kein Erbarmen gezeigt. Sag: „Fürchte dich nicht!" und gewähre mir Deine Gnade!

22. Du gibst, ohne dass man Dich darum bitten muss. Das ist Dein unvergänglicher Ruf. Mach Deinem Namen keine Schande, oh Arunachala!

22M. Oh Arunachala, gewähre mir Deine Gnade, ohne Deinen makellosen Ruf zu trüben, dass Du ungebeten gibst!

23. Du süße Frucht in meiner Hand,[52] lass mich vor Ekstase verrückt und vor Seligkeit betrunken sein von Deinem Wesen, oh Arunachala!

23M. Oh Arunachala, gewähre mir Deine Gnade, dass ich verrückt vor Freude werde, wenn ich Dich, den unverfälschten Saft, trinke wie den von der Frucht in meiner Hand!

24. Du wirst als einer gerühmt, der seine Verehrer verschlingt. Wie könnte ich überleben, da ich Dich umarmt habe, oh Arunachala?

24M. Oh Arunachala, Du bist dazu entschlossen, Deine Verehrer zu töten. Wie kann ich da überleben, nachdem ich Dich umarmt habe?

25a. Du kennst keinen Ärger. Was habe ich getan, dass Du so zornig auf mich bist, oh Arunachala?

25b. Du kennst keinen Ärger. Was (welche Entbehrungen) habe ich (in meinen vergangenen Leben) unvollendet gelassen, das mir Deine besondere Gunst eingebracht hat, Oh Arunachala?

---

[52] [In der Überlieferung taucht an verschiedener Stelle das Beispiel von der Nelli-Frucht, der indischen Stachelbeere auf, die man in der flachen Hand hält, mit der Bedeutung, dass die Wahrheit so klar und eindeutig erfahrbar ist wie diese Frucht.]

25M. Du kennst keinen Ärger und besitzt alle guten Eigenschaften. Was habe ich Verdienstvolles getan, dass Du mich als Ziel erwählt hast? Oder: Was habe ich Schlechtes getan, dass Du mich Dir als Ziel erwählt hast?

26. Du wunderbarer Berg der Liebe, den Gautama[53] pries, herrsche über mich durch Deinen Gnadenblick, oh Arunachala!

26M. Oh Arunachala, Du Berg der Gnade, den Gautama pries, rette mich, indem Du Deinen Gnadenblick auf mich richtest!

27. Du blendende Sonne verschlingst das ganze Universum mit Deinen Strahlen. Öffne den Lotus meines Herzens, ich flehe Dich an, oh Arunachala!

27M. Oh Arunachala, Du helle Sonne, die das ganze Universum mit ihren Strahlen verschlingst! Öffne den Lotus meines Herzens!

28a. Ich bin Deine Beute und will mich Dir unterwerfen, von Dir verzehrt werden und so Frieden finden, oh Arunachala!

28b. Ich bin gekommen, um mich an Dir zu nähren, aber Du hast Dich an mir genährt. Jetzt herrscht Friede, oh Arunachala!

28M. Oh Arunachala, ich habe bei Dir Zuflucht gesucht, da ich glaubte, Du seist meine Nahrung. Dabei bin ich zu Deiner Nahrung geworden. Möge ich jetzt für immer still werden!

29. Oh Mond der Gnade, öffne mit Deinen kühlen Strahlenhänden (in mir) die himmlische Pforte und lass mein Herz jubeln, oh Arunachala!

29M. Oh Arunachala, Mond der Gnade, gib mit Deinen strahlenden Händen dem Geist Kühle und öffne die himmlische Pforte!

30. Streif diese Kleider von mir ab, entblöße mich, dann bekleide mich mit Deiner Liebe, oh Arunachala!

30M. Oh Arunachala, vernichte meine Kleider und zieh mich nackt aus, dann gib mir die Kleidung der Gnade!

---

[53] Mit Gautama ist nicht Buddha gemeint, sondern ein Hindu-Heiliger dieses Namens, der auf dem Arunachala lebte.

31. Verweile still (in meinem Herzen), damit sich das Meer der Seligkeit auftürmt und Sprache und Gefühle darin untergehen, oh Arunachala!

31M. Oh Arunachala, sei still, wohne dort (in meinem Herzen) und lass das Meer des Glücks sich auftürmen und Sprache und Gedanken aufhören!

32. Täusche und prüfe mich nicht weiterhin! Enthülle vielmehr Dein transzendentes Selbst, oh Arunachala!

32M. Oh Arunachala, ohne mich weiterhin zu täuschen und zu prüfen, zeige mir Deine strahlende Gestalt!

33. Gewähre mir die Erkenntnis des ewigen Lebens, damit ich die wunderbare grundlegende Weisheit erlerne und die Täuschung dieser Welt meide, oh Arunachala!

33M. Oh Arunachala, enthülle mir die Wissenschaft der Vollkommenheit, damit ich damit aufhöre, die Welt zu täuschen, indem ich die Kunst der Schwindelei erlerne!

34. Wenn Du mich nicht umarmst, vergehe ich in Tränen der Qual, oh Arunachala!

34M. Oh Arunachala, wenn Du Dich nicht mit mir vereinst, schmilzt mein Leib dahin, meine Augen vergießen viele Tränen, und ich bin vernichtet!

35. Wenn Du mich verschmähst, was bleibt mir dann anderes als die Qual meines *prarabdha*? Welche Hoffnung kann ich dann noch haben, oh Arunachala?

35M. Oh Arunachala, wenn Du mich verschmähst und zurückweist, verbrennt mich mein *prarabdha*. Wie kann ich dann noch gerettet werden, sag?

36. Im Schweigen sagst Du: „Sei still!" und stehst selbst still da, oh Arunachala![54]

---

[54] Stille ist die höchste und vollkommenste Art der Unterweisung, die der Guru geben kann, da es das Ziel des Schülers ist, das unsagbare und unbeschreibliche Absolute zu verwirklichen.

36M. Oh Arunachala, Du sagst, ohne es zu sagen: „Sei still!" und bist selber still.

37. Glück liegt in der friedvollen Ruhe, derer man sich erfreut, wenn man im Selbst bleibt. Dein Heldenmut, im Selbst zu bleiben, ist jenseits der Sprache. Jenseits der Sprache ist auch mein Zustand, oh Arunachala!

37M. Oh Arunachala, still zu sein, ohne etwas zu tun, wenn ich das Glück und den Schlaf genieße – welchen anderen Weg gibt es als diesen, sag?

38a. Du hast einst Deinen Heldenmut gezeigt, und die Gefahren waren vorüber. Kehre nun zu Deiner Ruhestatt zurück, oh Arunachala!

38b. Oh Sonne! Du brachst hervor, und die (Belagerung durch die) Illusion war beendet. Dann erstrahltest Du bewegungslos (allein), oh Arunachala!

38M. Oh Arunachala, Du hast Deinen Heldenmut gezeigt, und als die Unwissenheit zerstört war, bist Du bewegungslos geblieben.

39a. (Ein Hund kann seinen Herrn am Geruch erkennen.) Bin ich denn geringer als ein Hund? Ich will Dich beständig suchen und zurückgewinnen, oh Arunachala!

39b. Ich bin geringer als ein Hund, (weil ich nicht so gut wie er riechen kann). Wie kann ich Dich dann (nach Hause) zurückverfolgen, oh Arunachala?

39M. Oh Arunachala, durch welche Kraft kann ich, der ich geringer als ein Hund bin, mich Dir nahen und Dich erlangen?

40. Gewähre mir Weisheit, ich flehe Dich an, damit ich mich nicht in Unwissenheit aus Liebe zu Dir verzehre, oh Arunachala!

40M. Oh Arunachala, bitte gewähre mir Erkenntnis, damit ich mich nicht in erkenntnisloser Liebe zu Dir erschöpfe!

41a. Da Du die Blume nicht geöffnet vorfandst, warst Du wie eine (enttäuschte) Honigbiene, oh Arunachala!

41b. (Im Sonnenlicht erblüht der Lotus). Wie kannst dann Du, der Du die Sonne aller Sonnen bist, vor mir wie eine Honigbiene in der Luft schweben und sagen: „Du blühst noch nicht!", oh Arunachala?

41M. Oh Arunachala, Sonne der Weisheit! Wie kannst Du wie eine Biene vor mir schweben (ohne mich zu öffnen und in mich einzutreten) und sagen: „Du bist noch nicht erblüht!"?

42a. Sprich, (wenn es so ist): „Du hast das Selbst verwirklicht, ohne zu wissen, dass Es die Wahrheit ist. Es ist die Wahrheit", oh Arunachala!

42b. Du bist der Gegenstand verschiedener Sichtweisen, aber bist Du nicht nur Das, oh Arunachala?

42c. Du bist den *tattvas* nicht bekannt, obwohl Du ihr Sein bist. Was soll das bedeuten, oh Arunachala?

42M. Oh Arunachala, Du sagst: „Ohne die Wahrheit zu kennen (den Ausspruch ‚Du bist Das' zu hören), hast Du Das erlangt. Das ist die Wahrheit."

43a. Dass jeder selbst Wirklichkeit ist, zeigst Du in Deinem Wesen!

43b. Offenbare Dich! Du bist nur die Wirklichkeit, oh Arunachala!

43c. „Wirklichkeit ist nichts anderes als das Selbst", ist das nicht Deine einzige Botschaft, oh Arunachala?

43M. Oh Arunachala, zeige diese Wahrheit, dass Du das Selbst aller bist!

44. „Sieh nach innen und suche stets mit dem inneren Auge das Selbst, dann wirst du es finden!" Diese Anweisung gibst Du mir, geliebter Arunachala.

44M. Oh Arunachala, Du lehrest: „Lenke das Ego nach innen, sieh immer mit dem inneren Auge, und du wirst sehen!"

45a. Ich habe Dich im Innern gesucht. Aber meine Suche war schwach, und ich kam (ohne Belohnung) zurück. Hilf mir, oh Arunachala!

45b. Meine Anstrengung war nur schwach, aber durch Deine Gnade habe ich das Selbst erlangt, oh Arunachala!

45c. Ich habe Dich im unendlichen Selbst gesucht und dadurch mein eigenes (Selbst) zurückgewonnen, oh Arunachala!

45M. Oh Arunachala, ich habe Dich im unendlichen Herzen gesucht und Dich wiedererlangt. Gelobt sei Deine Gnade!

46. Welchen Wert hat diese Geburt ohne die Erkenntnis, die aus der Verwirklichung kommt? Sie ist nicht einmal wert, dass man darüber spricht, oh Arunachala!

46M. Oh Arunachala, wozu nützt diese Geburt ohne die Erkenntnis, die aus der Ergründung kommt? Warum sollte ich sie mit irgendetwas vergleichen?

47a. Lass mich ins wahre Selbst hinabtauchen, worin nur jene, die rein in Geist und Rede sind, eingehen, oh Arunachala!

47b. Durch Deine Gnade bin ich in Deinem Selbst versunken, worin nur jene eingehen, die ihres Geistes beraubt sind und so gereinigt wurden, oh Arunachala!

47M. Oh Arunachala, sei gnädig, damit ich in Deine wahre Gestalt versinke, worin jene versinken, deren Geist und Rede rein ist!

48. Als ich bei Dir, meinem einzigen Gott, Zuflucht suchte, hast Du mich völlig vernichtet, oh Arunachala!

48M. Oh Arunachala, ich habe bei Dir als meinem Gott Schutz gesucht, und Du hast mich völlig vernichtet!

49. Du Kleinod der gütigen und heiligen Gnade, das ungesucht gefunden wird, festige meinen wandernden Geist, oh Arunachala!

49M. Oh Arunachala, Du bist das Kleinod der Gnade, das ungesucht zu mir kam. Beseitige meine innere Armut der Verblendung des Geistes!

50. Als ich voller Mut Dein wahres Selbst suchte, kenterte mein Floß, und die Flut kam über mich. Hab Erbarmen mit mir, oh Arunachala!

50M. Oh Arunachala, ich habe mit Mut Deine Wahrheit zu erkennen gesucht, aber ach, ich wurde dabei vernichtet. Gewähre mir Deine Gnade!

51a. Solange Du mir nicht erbarmungsvoll Deine gnadenreiche Hand entgegenstreckst und mich umarmst, bin ich verloren, oh Arunachala!

51b. Umarme mich fest, Körper und Glieder, oder ich bin verloren, oh Arunachala!

51M. Oh Arunachala, solange Du mich nicht mit Deiner gnadenreichen Hand berührst und mich umarmst, bin ich verloren. Gewähre mir Deine Gnade!

52. Du Unbefleckter, weile in meinem Herzen, sodass unvergängliche Freude darin wohne, oh Arunachala!

52M. Oh Arunachala, Du bist unbefleckt. Gewähre mir Deine Gnade, damit ich mit Dir eins werde und immer glücklich bin!

53a. Verspotte mich nicht, der ich Deinen Schutz suche! Schmücke mich mit Deiner Gnade und schenke mir dann Deine Aufmerksamkeit, oh Arunachala!

53b. Lächle gnädig und nicht höhnisch über mich, der ich Deinen Schutz suche, oh Arunachala!

53M. Oh Arunachala, Du kannst mich nicht verspotten. Ich habe Dich gesucht. Schmücke mich mit Deiner Gnade!

54a. Als ich mich Dir nahte, neigtest Du Dich nicht (mir zu), sondern standst unbewegt und eins mit mir da, oh Arunachala!

54b. Ist es keine Schande, dass Du wie ein unbeweglicher Pfosten dastehst und (es mir überlässt,) Dich zu finden, oh Arunachala!

54M. Oh Arunachala, als ich Dich aus eigenem Antrieb suchte, um eins mit Dir zu werden, standst Du wie eine Säule da, ohne Dich zu schämen.

55. Lass den Regen Deiner Gnade auf mich strömen, bevor mich Deine Erkenntnis zu Asche verbrennt, oh Arunachala!

55M. Oh Arunachala, bevor mich Dein Feuer zu Asche verbrennt, sende einen Regenguss Deiner Gnade!

56. Vereinige Dich mit mir, vernichte (unsere getrennten Persönlichkeiten von) Du und ich und segne mich mit stets lebendiger Freude, oh Arunachala!

56M. Oh Arunachala, umarme mich fest, damit der Unterschied von ich und Du aufhört, und gewähre mir ewige Freude!

57a. Wann werde ich wie der Äther sein und Dich erreichen, Du subtiles Sein, sodass der Sturm der Gedanken enden möge, oh Arunachala?

57b. Wann werden die Wellen der Gedanken sich nicht mehr erheben? Wann werde ich Dich erreichen, der Du feiner als der feinste Äther bist, oh Arunachala?

57M. Oh Arunachala, wann werden meine Gedankenwellen aufhören, sodass ich mich im Herzens-Äther mit Deinem subtilen Sein vereinen kann?

58a. Ich bin ein armer Tor ohne Gelehrsamkeit. Vertreibe meine Illusion, oh Arunachala!

58b. Zerstöre mein falsches Wissen, ich flehe Dich an, denn mir fehlt das Wissen der heiligen Schriften, oh Arunachala!

58M. Oh Arunachala, gewähre mir Deine Gnade und vernichte meine Illusion, denn ich bin ein Narr, der nicht einmal die Schriften kennt!

59. Als ich zerschmolz und zu Dir einging, meine Zuflucht, da fand ich Dich nackt dastehen (wie der berühmte Digambara[55]), oh Arunachala!

59M. Oh Arunachala, als ich in Dich, meine Zuflucht, einging und in starker Hingabe zerschmolz, standst Du nackt da.

60. In meinem liebeleeren Selbst hast Du Leidenschaft für Dich entfacht. Deshalb verlass mich nicht, oh Arunachala!

60M. Oh Arunachala, Du hast Liebe in mir erweckt, der ich lieblos war. Bitte enttäusche mich nicht!

61a. Verschrumpeltes und verdorbenes Obst ist wertlos. So nimm die reife Frucht und genieße sie, oh Arunachala!

61b. Ich bin nicht (wie) eine Frucht, die überreif und verdorben ist. Zieh mich ins Innerste (des Herzens) und halte mich dort für immer fest, oh Arunachala!

61M. Oh Arunachala, eine überreife Frucht schmeckt nicht gut. Man sollte sie in ihrer richtigen Reife essen.

---

[55] Digambara, von *dik* – alle Himmelsrichtungen und *amba* – Kleidung, d.h. einer, der in alle Himmelsrichtung gekleidet ist, in anderen Worten, der nackt umhergeht.

62a. War es etwa schlau, dass Du Dich für mich eingetauscht hast, (obwohl meine Individualität verloren ist)? Du bedeutest für mich den Tod, oh Arunachala!

62b. War es etwa schlau, dass Du Dich für mich eingetauscht hast, (alles gegeben und nichts dafür erhalten hast)? Bist Du nicht blind, oh Arunachala?

62M. Oh Arunachala, hast Du mich nicht genommen und Dich mir gegeben, ohne dass ich Dich darum angefleht habe? Du bedeutest wahrhaft den Tod für mich!

63. Sieh mich an! Denk an mich! Berühre mich![56] Mach mich reif! Mach mich eins mit Dir, oh Arunachala!

63M. Oh Arunachala, rette mich, nachdem Du mich durch Deinen Blick, durch Deinen Gedanken und durch Deine Berührung reif gemacht hast!

64. Gewähre mir Deine Gnade, bevor das Gift der Illusion mich erfasst, mir zu Kopf steigt und mich tötet, oh Arunachala!

64M. Oh Arunachala, bevor ich durch das Gift der *maya* umkomme, das mich ergriffen hat und mir zu Kopf gestiegen ist, lass Deine Gnade auf mich herabregnen, damit ich sie suche!

65. Sieh mich an und vertreibe meine Täuschung! Tust Du es nicht, wer könnte dann bei Dir um Gnade für mich bitten, oh Arunachala?

65M. Oh Arunachala, sieh mich an und gewähre mir Deine Gnade, damit *maya* vernichtet wird! Tust Du es nicht, wer könnte dann in der Welt für mich bitten?

66. Du hast mich durch den Wahn nach Dir vom Wahn (nach der Welt) befreit. Heile mich nun von allem Wahn, oh Arunachala!

66M. Oh Arunachala, Du hast mich von dem Wahn (nach Sinnesfreuden) befreit und mich verrückt nach Dir gemacht. Gib mir jetzt durch Deine Gnade die Befreiung auch von diesem Wahn!

---

[56] Das bezieht sich auf die drei Arten der Einweihung durch Blick, Gedanke und Berührung.

67. Furchtlos suche ich Dich, der Du die Furchtlosigkeit bist! Wie kannst Du Dich dann davor fürchten, mich zu nehmen, oh Arunachala?

67M. Oh Arunachala, furchtlos habe ich Dich, der Du furchtlos bist, zu erreichen gesucht. Warum hast Du Angst, (mit mir) vereint zu sein?

68. Wo ist (meine) Unkenntnis (Deiner) Weisheit, wenn ich gesegnet bin, mit Dir eins zu sein, oh Arunachala?

68M. Oh Arunachala, sag, was ist falsches Wissen? Was ist richtiges Wissen? Gewähre mir die Gnade, dass ich letzteres erlange!

69a. Mein Geist ist erblüht. Lass ihn Deinen Duft riechen und mach ihn vollkommen, oh Arunachala!

69b. Vermähle mich mit Dir, ich flehe Dich an, und lass diesen Geist, der jetzt mit der Welt vermählt ist, mit der Vollkommenheit vermählt sein, oh Arunachala!

69M. Oh Arunachala, lass diesen Geist, der jetzt der Welt anhaftet, dem Ganzen anhaften und mit dem Ganzen vermählt sein! Gewähre mir Deine Gnade!

70. Nur der Gedanke an Dich hat mich zu Dir hingezogen. Wer kann Deine Herrlichkeit ermessen, oh Arunachala?

70M. Oh Arunachala, als ich nur an Deinen Namen dachte, hast Du mich zu Dir hingezogen. Wer kann Deine Größe ermessen!

71. Du hast mich in Besitz genommen, Du Geist, den man nicht austreiben kann, und mich verrückt (nach Dir) gemacht, damit ich kein Gespenst mehr bin, (das in der Welt umherwandert,) oh Arunachala!

71M. Oh Arunachala, damit meine niedere Geistesnatur vergeht, hast Du, der unnachgiebige Geist, mich in Besitz genommen und bewirkt, dass ich mich wie ein Geist benehme.

72. Sei Du mein Halt und meine Hilfe, damit ich nicht hilflos herabhänge wie eine zarte Kletterpflanze, (die sich an nichts festhalten kann,) oh Arunachala!

72M. Oh Arunachala, beschütze mich wie ein haltgebender Stab, damit ich nicht wie die zarte Kletterpflanze, die keinen Halt hat, verkümmere!

73. Du hast mich mit heiliger Asche betäubt,[57] mich meines Verstandes beraubt und die Erkenntnis Deines Selbst offenbart, oh Arunachala!

73M. Oh Arunachala, Du hast mich mit magischer Asche betäubt, mir meinen Verstand geraubt und mir Deine Weisheit gezeigt!

74. Zeig mir die Kampfweise Deiner Gnade im offenen Feld, wo es kein Kommen und Gehen gibt, oh Arunachala!

74M. Oh Arunachala, im offenen Feld, wo es weder Kommen noch Gehen gibt, zeige mir den Krieg, der durch Gnade geführt wird!

75. Da ich nicht mehr an der körperlichen Gestalt hafte, die aus den (fünf) Elementen besteht, lass mich für immer glücklich ruhen im Anblick Deiner Herrlichkeit, oh Arunachala!

75M. Oh Arunachala, befreit von der Anhaftung an den Körper, der aus den Elementen besteht, lass mich für immer Deine Herrlichkeit schauen und durch Deine Gnade mit ihr vereint sein!

76. Du hast mir die Arznei gegen die Verwirrung verabreicht. Muss ich (weiterhin) verwirrt sein? Scheine mir als Gnade, das Heilmittel gegen alle Verwirrung, oh Arunachala!

76M. Oh Arunachala, da Du mir die Medizin gegen die Täuschung verabreicht hast, warum sollte ich dann (weiterhin) verblendet sein? Erstrahle als der gnädige Medizin-Berg!

77. Erstrahle selbstlos und verzehre den Stolz derer, die mit ihrem freien Willen prahlen, oh Arunachala!

77M. Oh Arunachala, Du hast die Eitelkeit derer, die eingebildet sind, vernichtet und erstrahlst ohne Eitelkeit.

78. Ich bin ein Tor, der nur dann betet, wenn er (vom Unglück) überwältigt wird. Enttäusche mich dennoch nicht, oh Arunachala!

78M. Oh Arunachala, da ich unwissend bin, erschaudere ich nur, wenn ich überwältigt werde. Gewähre mir Deine Gnade, ohne mich zu täuschen!

---

[57] Dieser Vers spielt auf die Wanderasketen an, die Kinder verzaubern, indem sie sie mit heiliger Asche zeichnen und als ihre Schüler von Zuhause entführen.

79. Leite mich, damit ich nicht wie ein führerloses Schiff im Sturm umhergeworfen werde, oh Arunachala!

79M. Oh Arunachala, beschütze mich, damit ich nicht wie ein führerloses Schiff im Sturm umhergeworfen werde!

80. Du hast den Knoten zerschlagen, der die Sicht auf Deinen Kopf und Fuß (das unbegrenzte Selbst) verborgen hat. Willst Du nicht jetzt in mütterlicher Liebe Dein Werk vollenden, oh Arunachala![58]

80M. Oh Arunachala, der Knoten der Unwissenheit, dessen Anfang und Ende man nicht verfolgen kann, musst Du wie eine Mutter lösen. Ich selbst kann es nicht tun.

81. Sei nicht (wie) ein Spiegel, den man (zum Hohn) einem Nasenlosen vorhält, sondern erhebe mich (aus meiner Niedrigkeit) und umarme mich, oh Arunachala!

81M. Oh Arunachala, sei nicht wie ein Spiegel, dem man einem Nasenlosen vorhält, sondern erhebe und umarme mich!

82. Wir wollen uns auf dem Blütenlager, dem Geist, umarmen, im innersten Raum des Körpers (oder der höchsten Wahrheit), oh Arunachala!

82M. Oh Arunachala, gewähre mir Deine Gnade, damit wir vereint auf dem Blütenlager, dem Geist, im inneren Heiligtum des Körpers liegen!

83. Wie kommt es, dass Du Berühmtheit erlangt hast, obwohl Du Dich beständig nur mit den Armen und Niedrigen vereinst, oh Arunachala?

83M. Oh Arunachala, wie kommt es, dass Du groß geworden bist, obwohl Du Dich mit den Demütigen, die sich selbst umso mehr erniedrigen, vereinst?

---

[58] Das Zerschlagen des Knotens, der den Menschen an die Illusion bindet, bedeutet die Erlangung von *nirvikalpa samadhi* (den höchsten Zustand der Konzentration, in dem alle Zweiheit vorübergehend verschwindet). Die Vollendung der Aufgabe bedeutet, den Zustand von *sahaja samadhi* (den natürliche Zustand der Einheit, der beständig ist) zu erreichen.

84. Du hast die Blindheit der Unwissenheit mit der Salbe Deiner Gnade beseitigt und mich wahrhaft zu Dein eigen gemacht, oh Arunachala!

84M. Oh Arunachala, Du hast die Dunkelheit der Täuschung beseitigt, indem Du die Salbe Deiner Gnade aufgetragen hast. Dadurch hast Du mich wahrhaft Dein eigen gemacht.

85. Du hast mir das Haar geschoren, (womit ich für die Welt verloren war). Dann hast Du Dich (mir gezeigt), tanzend im transzendenten Raum, oh Arunachala!

85M. Oh Arunachala, Du hast mein Haupt kahl geschoren und dann im offenen Raum (meines Herzens) getanzt. Was für ein Wunder!

86a. Obwohl Du mich aus dem Nebel der Illusion befreit und verrückt nach Dir gemacht hast, hast Du mich noch nicht von der Illusion befreit. Warum, oh Arunachala?

86b. Obwohl Du mich für die Welt unempfänglich gemacht und bewirkt hast, dass ich an Dir festhalte, hat sich Deine Leidenschaft für mich nicht abgekühlt, oh Arunachala!

86M. Oh Arunachala, Du hast die verblendete Anhaftung (an Sinnesobjekte) beseitigt und bewirkt, dass ich Dir anhafte. Aber warum hast Du nicht auch diese Anhaftung beseitigt?

87. Ist es denn wahre Stille, wie ein unbeweglicher Stein zu bleiben und sich nicht zu entfalten, oh Arunachala?

87M. Oh Arunachala, wenn man still und sprachlos ist wie ein Stein, ist das denn wahre Stille?

88. Wer hat mir Dreck als Nahrung hingeworfen[59] und mich meiner Lebensgrundlage beraubt, oh Arunachala?

88M. Oh Arunachala, wer hat mir Dreck in den Mund geworfen und mich meiner Lebensgrundlage beraubt?

---

[59] Wörtlich: Wer hat mir Dreck in den Mund geworfen?, was so viel bedeutet wie: Wer hat mich ruiniert? Der tieferer Sinn des Verses ist: Wer war es, der mich zum Individuum gemacht und mich meines vollkommenen Seins beraubt hat?

89. Wer hat, von allen unbemerkt, mich betäubt und meine Seele entzückt, oh Arunachala?

89M. Oh Arunachala, wer hat, von allen unbemerkt, meinen Geist betäubt und mich entzückt?

90. So spreche ich zu Dir, weil Du mein Herr bist. Sei nicht beleidigt, sondern komm und mach mich glücklich, oh Arunachala!

90M. Oh Arunachala, ich habe all das gesagt, weil Du mein hinreisender Herr bist. Nimm es nicht übel, komm und mach mich glücklich!

91. Wir wollen uns aneinander erfreuen im Haus des offenen Raumes, wo es weder Nacht noch Tag gibt, oh Arunachala![60]

91M. Oh Arunachala, wir wollen uns aneinander erfreuen im Haus des reinen Raumes (Herzzentrum), wo es weder Nacht noch Tag gibt.

92. Du wähltest mich zum Ziel für Deine Liebespfeile und hast mich dann lebendig verschlungen, oh Arunachala!

92M. Oh Arunachala, Du hast mich zum Ziel gemacht, Deine Waffe der Gnade auf mich abgeschossen und mich lebendig verschlungen!

93. Du bist das höchste Wesen, während ich nicht zähle, weder in dieser noch in der anderen Welt. Was hast Du denn durch mein wertloses Selbst gewonnen, oh Arunachala?

93M. Oh Arunachala, Du bist der höchste Gewinn. Was hast Du gewonnen, indem Du mich angenommen hast, der ich keinen weltlichen oder himmlischen Gewinn einbringe?

94. Hast Du mich nicht hereingerufen? Ich bin gekommen. Jetzt musst Du Dich um meinen Unterhalt kümmern. Hart ist Dein Los, oh Arunachala!

94M. Oh Arunachala, hast Du mich nicht gebeten hereinzukommen? Ich bin gekommen. Jetzt musst Du Dich (um meinen Unterhalt) kümmern. Wenn Du darunter leidest, ist es Dein Los.

---

[60] eine Anspielung auf die Höhle des Herzens, die jenseits von Raum und Zeit ist

95. In dem Augenblick, als Du mich willkommen hießest, in mich eintratst und mir Dein göttliches Leben schenktest, verlor ich meine Individualität, oh Arunachala!

95M. Oh Arunachala, an dem Tag, als Du sagtest: „Komm!" und ich durch Deine Gnade zusammen mit Dir das Herz betrat, verlor ich mein individuelles Leben. Das ist Deine Gnade.

96. Segne mich, damit ich im Sterben nicht den Halt an Dir verliere, oder (mein künftiges Schicksal) wird schlimm sein, oh Arunachala!

96M. Oh Arunachala, wenn ich im Augenblick des Todes die Erinnerung an Dich verliere, werde ich in Schwierigkeiten geraten (und wiedergeboren werden). Gewähre mir Deine Gnade, damit ich sterbe, ohne die Erinnerung an Dich zu verlieren!

97. Du hast mich von Zuhause weggelockt, hast Dich dann in mein Herz gestohlen und mich sanft in Deines hineingezogen. (So ist) Deine Gnade, oh Arunachala!

97M. Oh Arunachala, Du hast mich von meinem Zuhause (dem Ego) weggezerrt, mich das Heim des Herzens betreten lassen, und allmählich hast Du mir Das als Dein Zuhause gezeigt. So ist Deine Gnade.

98. Ich habe Dein (heimliches) Tun verraten. Sei deshalb nicht beleidigt! Zeige mir jetzt offen Deine Gnade und rette mich, oh Arunachala!

98M. Oh Arunachala, ich habe Dein Tun öffentlich gemacht. Hasse mich deshalb nicht, sondern rette mich, indem Du mich in den Raum, der Dir gehört (i.e. in Deine Gnade), aufnimmst!

99. Gewähre mir die Essenz der Veden, wie sie im Vedanta als das Eine ohne ein Zweites aufleuchtet, oh Arunachala!

99M. Oh Arunachala, gewähre mir gnädig die grundlegende Wahrheit der Veden, die im Vedanta als die unterschiedslose Wirklichkeit aufleuchtet!

100a. Betrachte selbst meine Verleumdungen als Lobpreis und schütze mich für immer als Dein Eigentum, ich flehe Dich an, oh Arunachala!

100b. Gib, dass selbst Verleumdung mir als Lobpreis gelte, und schütze mich für immer als Dein Eigentum, ich flehe Dich an, oh Arunachala!

100c. Leg (Deine Hand) auf meinen Kopf! Mach mich zum Teilhaber Deiner Gnade! Verlass mich nicht, ich flehe Dich an, oh Arunachala!

100M. Oh Arunachala, betrachte selbst meine Verleumdung als Lobpreis, nimm mich unter den Schutz Deiner Gnade und weise mich nicht zurück!

101. Wie der Schnee im Wasser, lass mich als Liebe in Dir zerschmelzen, der Du die Liebe bist, oh Arunachala!

101M. Oh Arunachala, wie der Schnee im Wasser löse mich als Liebe in Deine Gestalt auf, die Liebe ist. Sei gnädig!

102. Kaum habe ich an Dich als Aruna[61] gedacht, da war ich auch schon in der Falle Deiner Gnade gefangen! Kann das Netz Deiner Gnade jemals sein Ziel verfehlen, oh Arunachala?

102M. Oh Arunachala, in dem Augenblick, als ich an Dich als Arunachala gedacht habe, wurde ich im Netz Deiner Gnade gefangen. Verfehlt das Netz Deiner Gnade jemals jemanden, der darin gefangen ist?

103. Wie eine Spinne hast Du mich beobachtet, um mich in Deinem Netz (der Gnade) zu fangen. Du hast mich eingesponnen, und als ich gefangen war, hast Du mich verschlungen, oh Arunachala!

103M. Oh Arunachala, ich habe an Dich gedacht, als ich in Deiner Gnade gefangen wurde. Du hast mich wie eine Spinne gefesselt, mich gefangen und mich verschlungen.

104. Lass mich der Verehrer der Verehrer sein, die Deinen Namen in Liebe hören, oh Arunachala!

104M. Oh Arunachala, gewähre mir die Gabe, jene zu lieben, die es lieben, Deinen Namen mit Liebe zu hören!

105. Sei der liebende Retter der Hilflosen, wie ich einer bin, die Dich flehentlich bitten, oh Arunachala!

---

[61] [Arunachala, wörtl. Sanskrit: das rote Glühen der aufgehenden Sonne]

105M. Oh Arunachala, beschütze die Hilflosen, wie ich einer bin, damit sie glücklich sind. Mögest Du für immer leben!

106. Vertraut sind Deinen Ohren die süßen Lieder Deiner Verehrer, die sich in Liebe zu Dir ganz verzehren. Nimm dennoch auch mein armseliges Stammeln an, oh Arunachala!

106M. Oh Arunachala, sei gnädig, sodass Deine Ohren, welche die süßen Lieder der Devotees hören, die sich in Liebe nach Dir verzehren, auch mein armseliges Stammeln annehmen!

107. Du Berg der Geduld, hab Nachsicht mit meinen dummen Worten! (Betrachte sie) als Freuden-Hymnen oder wie es Dir gefällt, oh Arunachala!

107M. Oh Arunachala, Du Berg der Geduld, hab Nachsicht mit meinem armseligen Gestammel, betrachte es als gute Dichtung und sei gnädig! Dein Wille geschehe!

108. Oh Arunachala, mein geliebter Herr! Leg Deine Girlande (um meine Schultern) und trage diese hier, die ich für Dich gewunden habe, oh Arunachala!

108M. Oh Arunachala, Du hinreißender Herr! Gewähre mir reiche Liebe und schmücke Dich in Deiner Gnade mit meiner Girlande!

Gesegnet sei Arunachala! Gesegnet seien seine Verehrer! Gesegnet sei diese Hochzeitsgirlande aus Buchstaben!

Die Halskette aus neun Edelsteinen

1. Im Hof (von Chidambaram) tanzt Shiva, obwohl Er von Natur aus bewegungslos ist, (in Verzückung) vor Seiner *Shakti*, die still dasteht. Wisse, dass Er als Arunachala in aller Feierlichkeit dasteht und Sie sich dort in Sein bewegungsloses Selbst zurückzieht!

2. „A", „ru" und „na" bedeutet Sein, Bewusstsein und Seligkeit (*sat*, *chit* und *ananda*) oder das höchste Selbst und das individuelle Selbst sowie ihre Vereinigung als das eine Absolute, das sich im *mahavakya*[62] „Das bist du" ausdrückt. „Achala" bedeutet Vollkommenheit. So verehre Arunachala, der in goldenem Glanz erstrahlt, denn allein schon die Erinnerung an Ihn garantiert die Befreiung!

3. Jene, die beim höchsten Herrn der Barmherzigkeit, der über Arunachala waltet, Zuflucht suchen, ihren Geist von Anhaftungen an Reichtümer, Land, Verwandtschaft, Kaste und ähnliches[63] befreit haben und zunehmend rein werden, indem sie Deine gütige Gnade suchen, befreien sich selbst vom Leid der Dunkelheit. Im beständigen Licht Deiner stets schützenden Gnade, das wie die goldenen Strahlen der aufgehenden Sonne leuchtet, bleiben sie glücklich versunken im Meer der Seligkeit.

4. Annamalai (Arunachala)! Lass mich nicht wehmütig dahinwelken als einer, der nicht an Dich denkt, (denn Du bist immer in meinem Geist)![64] Ebenso ist es nicht richtig, dass ich zu Asche werde, weil ich fälschlicherweise den niederträchtigen Körper für das Selbst halte. Wende Deinen gnädigen und lebensspendenden Blick mir zu, oh Auge meiner Augen! Lass mich nicht im Stich, Herr, der Du Bewusstsein und weder männlich noch weiblich bist! Wohne Du in meinem Herzen!

---

[62] Die *mahavakyas* sind die vier großen vedischen Äußerungen. Eine davon ist: „Das bist du" (*tattvamasi*).
[63] „Und ähnliches" bezieht sich auf die vier Lebensstände (*ashramas*).
[64] Der Zwischensatz enthält eine alternative Bedeutung.

5. Herr, Du bist Bewusstsein und regierst über den erhabenen Sonagiri (Arunachala). Vergib diesem Armen all seine schlimmen Fehler und rette mich durch Deinen gnädigen Blick, der mild wie eine Regenwolke ist, damit ich nicht nochmals in dieser trostlosen Wüste verloren gehe! Ich kann den düsteren Strom der weltlichen Manifestationen nicht durchqueren. (Du bist die Mutter der Welt.)[65] Was kann größer sein als die Liebe einer Mutter zu ihrem Kind?

6. „Du wirst von Deinen Verehrern „Töter von Kama"[66] genannt, Herr Arunachala! Ich zweifle daran, ob dieser Titel zu Dir passt. Wenn ja, wie kann dann Kama, der Mächtige, Unsichtbare, – mag er auch tapfer und mutig sein – sich weiterhin in einen Geist schleichen, der zu Deinen Füßen Zuflucht gesucht hat und obwohl Du ihn getötet hast?

7. Oh Arunachala! Sobald Du Anspruch auf mich erhoben hast, waren mein Leib und meine Seele Dein. Was kann ich mir noch mehr wünschen? Du bist sowohl Verdienst als auch Verlust. Oh mein Leben, ich kann nicht ohne Dich daran denken. Tu, was Du willst, mein Geliebter, aber gewähre mir zunehmende Liebe zu Deinen Füßen!

8. Um mich, der ich als Sohn des tugendhaften Sundara und der tugendhaften Sundari[67] im heiligen Ort Tiruchuli, der Wohnstatt von Bhuminatheswara, geboren wurde, von der Qual dieses erbärmlichen weltlichen Lebens zu befreien, erhob Er mich zu Seinem Zustand empor, damit Sein Herz jubele, die Immanenz Shivas erstrahle und das Selbst erblühe. So ist Arunachala, der in der ganzen Welt berühmt ist!

---

[65] s.a. Hochzeitsgirlande, Vers 14
[66] Kama ist Cupido (der Gott der menschlichen Liebe und Sexualität). Als er Shiva, der in *tapas* versunken war, in Versuchung führte, beschwor Shiva durch den zornigen Blick seines dritten Auges eine Feuersbrunst auf ihn herauf. Aus Mitleid mit seiner niedergeschlagenen Frau Rati (Göttin der menschlichen Liebe und Gefährtin von Kama) gewährte Shiva Kama, in einem subtilen Körper weiterzuleben.
[67] Sundara bedeutet „Schönheit" und bezieht sich auf Bhagavans Vater, Sundari bedeutet dasselbe und bezieht sich auf Alagu, Bhagavans Mutter.

9. Du hast mich in der Welt in Gestalt meines Vaters und meiner Mutter getragen und behütet. Du weilst in meinem Geist, und noch bevor ich ins tiefe Meer von *jaganmaya* (der universellen Illusion) fiel und dort versank, hast Du, Arunachala, der Du Bewusstsein bist, mich an Dich gezogen. Das ist das Wunder Deiner Gnade!

Elf Verse für Sri Arunachala (Arunachala Padikam)

1. Durch Dein Erbarmen hast Du Anrecht auf mich erhoben. Was soll nun aus mir werden, wenn Du Dich mir nicht offenbarst? Ich verzehre mich vor Sehnsucht nach Dir. Die Dunkelheit der Welt zermürbt mich, und ich bin verloren. Oh Liebe in Gestalt von Arunachala, kann denn der Lotus ohne die Sonne erblühen? Du bist die Sonne der Sonnen. Du lässt Gnade in Fülle hervorsprudeln und sie sich als Strom ergießen.

2. Arunachala, Du Gestalt der Gnade! Nachdem Du Deinen Anspruch auf mich, lieblos wie ich bin, erhoben hast, wie kannst Du mich jetzt verloren gehen lassen und mich nicht so sehr mit Liebe erfüllen, dass ich mich ständig nach Dir verzehre und wie Wachs über dem Feuer dahinschmelze? Oh Nektar, der im Herzen der Devotees hervorquillt! Du Ort meiner Zuflucht! Lass Deine Wonne die meine sein, denn darin liegt meine Freude, Herr meines Lebens!

3. Du hast mich mit den Stricken Deiner Gnade angezogen. Obwohl ich kaum an Dich gedacht habe, hast Du beschlossen, mich völlig zu vernichten. Womit hat einer, der so schwach ist wie ich, Dich beleidigt, dass Du jetzt Deine Aufgabe nicht zu Ende führst?[68] Warum quälst Du mich und lässt mich zwischen Leben und Tod hängen? Oh Arunachala, erfülle Deinen Wunsch und überlebe mich ganz allein für lange Zeit, oh Herr!

4. Was nützt es Dir, mich von all jenen, die in *samsara* kämpfen, auszuwählen, um mich, hilflos wie ich bin, aus meiner Verlorenheit zu retten und mich zu Deinen Füßen zu halten? Herr des Meeres der Gnade! Wenn ich nur an Dich denke, schäme ich mich. Mögest Du lange leben! Ich beuge mein Haupt vor Dir und preise Dich selig!

5. Herr, Du hast mich durch List gefangen und mich all diese Tage zu Deinen Füßen gehalten! Herr, Du hast mich mit hängendem Kopf

---

[68] Alternativ: Welche Entbehrungen, die ich in vergangenen Geburten nicht vollendet habe, haben mir Deine besondere Gunst eingebracht? (vgl. Hochzeitsgirlande, V. 25b). Was muss ich noch erlangen oder erfüllen?

stehen lassen, taub wie ein Bild, wenn ich nach Deinem Wesen gefragt werde.[69] Herr, gewähre mir Erleichterung! Ich bin erschöpft und kämpfe wie ein gefangenes Reh. Herr Arunachala, kann das Dein Wille sein? Doch wer bin ich, Dich zu begreifen?

6. Herr meines Lebens! Ich bin immer zu Deinen Füßen wie ein Frosch, der sich am Stängel des Lotus festhält. Mach mich zu einer Honigbiene, die (aus der Blüte des Herzens) den süßen Honig des reinen Bewusstseins saugt! Dann werde ich Befreiung erlangen. Wenn ich verloren bin, während ich mich an Deinen Lotusfüßen festhalte, dann bist Du ein stehender Pfeiler der Schande, oh leuchtende Säule von Licht, Arunachala genannt! Oh grenzenlose Gnade, Du bist subtiler als der Äther!

7. Oh Du Reiner! Wenn die fünf Elemente, die Lebewesen und alles Manifeste nichts anderes als Dein allumfassendes Licht sind, wie kann dann ich (allein) von Dir getrennt sein? Da Du im Herzen erstrahlst, eine einzige Weite ohne Zweiheit, wie kann ich dann als etwas Getrenntes daraus hervorgehen? Zeige Dich und setze Deine Lotusfüße auf das Haupt des Egos, wenn es sich erhebt!

8. Du hast von mir alles Wissen von schrittweisem Erlangen ferngehalten, während ich in der Welt lebte, und hast mir Frieden gebracht. Diese Fürsorge bringt jedem Glück und keinen Schmerz, denn der Tod im Leben ist in Wahrheit wunderbar.[70] Gewähre mir, der ich verschwenderisch und verrückt (nach Dir) bin, das höchste Heilmittel, mich an Deinen Füßen festzuhalten!

9. Du Transzendenter! Ich bin der erste derer, die nicht die höchste Weisheit besitzen, Deine Füße in Freiheit von Anhaftungen zu umfangen. Bestimme, dass meine Last auf Dich übergeht und mein freier Wille ausgelöscht wird, denn was kann für den Erhalter (des Univer-

---

[69] Alternativ: Du hast mich wie ein gespannter Bogen gemacht, wenn ich nach Deinem Wesen gefragt wurde.
[70] Alternativ: Du hast meine Fähigkeit, meinen Lebensunterhalt in der Welt zu verdienen, vernichtet und ein Nichtsnutz aus mir gemacht. Dieser Zustand ist elend und unglücklich. Es ist besser zu sterben als in solcher Schmach zu leben.

sums) schon eine Bürde sein? Höchster Herr! Ich habe genug davon, getrennt von Dir diese Welt (als Last) auf meinem Kopf zu tragen. Arunachala, Du höchstes Selbst! Denk nicht mehr daran, mich von Deinen Füßen fernzuhalten!

10. Ich habe etwas Neues entdeckt! Dieser Berg, der Magnet für alles Leben, bringt die Bewegung eines jeden zur Ruhe, der nur an Ihn denkt. Er zieht ihn direkt vor Sein Angesicht und macht ihn bewegungslos, wie Er selbst ist, um sich an seiner gereiften Seele zu nähren. Was für ein Wunder! Oh ihr Seelen, hütet euch vor Ihm und lebt![71] Dieser herrliche Arunachala, der im Herzen erstrahlt, ist solch ein Zerstörer von Leben!

11. Wie viele gibt es, die wie ich ruiniert worden sind, weil sie diesen Berg für das Höchste hielten?[72] Oh ihr Menschen, die ihr dieses überaus leidvollen Lebens überdrüssig seid und einen Weg sucht, diesen Körper aufzugeben, es gibt eine seltene Droge auf Erden, die jeden auslöscht, der nur an Ihn denkt, ohne ihn wirklich zu töten. Wisse, es ist kein anderer als dieser Arunachala!

---

[71] Alternativ: Oh ihr Seelen! Denkt an Ihn und seid gerettet!
[72] Alternativ: Wie viele gibt es wie ich, die ihr Ego verloren haben, weil sie diesen Berg für das Höchste hielten?

Acht Verse für Sri Arunachala (Arunachala Ashtakam)

*„Der Berg, der jene an sich zieht,
die stets Weisheit suchen (jnanatapas), ist dieser Arunachala."
(aus dem Annamalai Venba von Guru Namasivaya, einem Schüler
von Guhai Namasivaya)*

1. Sieh, hier steht Er als sei er empfindungslos.[73] Geheimnisvoll ist sein Wirken, jenseits des menschlichen Verstehens. Bereits in Kindertagen ist die Unermesslichkeit Arunachalas in meinem Bewusstsein erstrahlt.[74] Aber selbst als ich von jemandem erfuhr, Er sei dasselbe wie Tiruvannamalai, habe ich Seine Bedeutung noch nicht verstanden. Als Er mich an sich zog, meinen Geist still machte und ich Ihm nahe kam, sah ich, das Er völlig unbeweglich dastand.[75]

2. Ich erforschte im Innern "Wer ist der Sehende?", beobachtete, wie der Sehende verschwand und erkannte Das, was ihn überlebte. Der Gedanke „ich sah" erhob sich nicht mehr. Wie konnte sich also der Gedanke „ich habe nicht gesehen" erheben? Wer kann das alles mit Worten erklären, wenn selbst Du, (der Du als Dakshinamurti erschienen bist), es in alten Zeiten nur durch Stille enthüllen konntest? Und um durch Stille Deinen (transzendenten) Zustand zu enthüllen, stehst Du jetzt als Berg da, der sich strahlend von der Erde zum Himmel erhebt.

3. Wenn ich mich Dir nahe und Dich für eine Gestalt halte, stehst Du hier als Berg auf Erden. Wer nach Deiner essenziellen Gestalt Ausschau hält und sie für gestaltlos nimmt, der ist wie einer, der um die ganze Erde reist, um den allgegenwärtigen und unsichtbaren Äther zu sehen. Wenn ich ohne Gedanken über Dein gestaltloses Wesen medi-

---

[73] Das Adjektiv bedeutet auch: objektives Wissen beseitigen.
[74] Folgender Paarreim ist besonders in Südindien bekannt: „Chidambaram zu sehen, in Tiruvarur geboren zu werden, in Varanasi zu sterben oder nur an Arunachala zu denken, bringt gewiss die Erlösung."
[75] Alternativ: Ich bemerkte, dass Er völlige Stille bedeutet.

tiere, dann löst sich meine (getrennte) Identität auf wie eine Zuckerpuppe, die mit dem Meer in Berührung kommt. Wenn ich begreife, wer ich in Wirklichkeit bin, dann erkenne ich: Was bin ich, wenn nicht Du, oh Du, der Du als der mächtige Aruna-Berg (Berg der Morgenröte) dastehst?

4. Nach Gott zu suchen und Dich nicht zu beachten, der Du Sein und Bewusstsein bist, ist, als würde man mit einer Lampe in der Hand nach der Dunkelheit Ausschau halten. Nur weil Du Dich als Sein und Bewusstsein offenbaren willst, wohnst Du unter verschiedenen Namen und in verschiedener Gestalt in den Religionen. Wenn die Menschen Dich trotzdem nicht erkennen, dann sind sie wie der Blinde, der die Sonne nicht kennt. Oh mächtiger Berg Arunachala, einzigartiges Juwel, verweile und erstrahle als mein Selbst, als der Eine ohne ein Zweites!

5. Wie die Schnur einer Halskette die Edelsteine vereint, so durchdringst Du in Deiner Einheit alle verschiedenen Lebewesen und Religionen. Wenn, wie bei einem Juwel, der geschliffen und poliert wird, der (unreine) Geist auf dem Schleifstein des (reinen) Geistes geschliffen wird, um von Mängeln befreit zu werden, nimmt er das Licht Deiner Gnade an (und erstrahlt) wie ein Rubin, dessen Leuchtkraft durch kein äußeres Objekt mehr getrübt wird. Ist einmal das Sonnenlicht auf eine lichtempfindliche Fotoplatte gefallen, kann sie dann noch Bilder aufnehmen? Kann getrennt von Dir, oh gütiger und blendend heller Aruna-Berg, irgendetwas existieren?

6. Du bist das eine Sein, das sich seiner immer als das Herz, das aus sich selbst erstrahlt, bewusst ist. Dir wohnt eine wundersame Kraft (*shakti*) inne, die ohne Dich nicht existieren kann. Aus ihr tritt das Phantom des Geistes hervor. Er sendet seine latenten, subtilen, dunklen Nebel aus, die von Deinem Licht (des Bewusstseins) erhellt werden, das sich auf ihnen reflektiert. Im Innern taucht er als Gedanken auf, die in den Strudeln des *prarabdha* umherwirbeln, sich später zu den psychischen Welten entwickeln und nach außen als die materielle Welt projiziert werden, indem sie sich in konkrete Objekte transformieren, die von den nach außen gehenden Sinnen vergrößert werden,

und sich wie Bilder in einer Filmvorführung bewegen. Sichtbar oder unsichtbar, sie sind nichts ohne Dich, oh Berg der Gnade!

7. Ohne den „Ich"-Gedanken kann es keine anderen Gedanken geben. Wenn andere Gedanken auftauchen, frage: „Wem kommen diese Gedanken?" Die Antwort lautet: „mir". Wenn man diese Vorgehensweise streng befolgt, fragt: „Was ist die Quelle des Ichs?" und nach innen taucht, erreicht man den Sitz des Geistes im Herzen und wird (dort) zum höchsten Herrn des Universums.[76] Oh endloses Meer der Gnade und des Glanzes, Arunachala, der Du bewegungslos im Hof des Herzens tanzt! Es gibt nicht länger den Traum von Zweiheiten wie innen und außen, richtig und falsch, Geburt und Tod, Freude und Leid, Licht und Dunkelheit.

8. Wasser steigt vom Meer auf und wird zu Wolken. Dann fällt es als Regen wieder herab und kommt in den Strömen wieder zum Meer zurück. Nichts kann es daran hindern, zu seiner Quelle zurückzukehren. So ist es auch mit der Seele, die sich von Dir erhebt. Sie kann nicht daran gehindert werden, sich mit Dir wieder zu vereinigen, auch wenn sie auf ihrem Weg in viele Wirbel gerät. Ein Vogel, der sich von der Erde zum Himmel erhebt, kann dort keinen Ort finden, um sich mitten in der Luft zu erholen, sondern muss wieder zur Erde zurückkehren. So müssen alle ihren Weg zurückgehen. Wenn die Seele ihren Weg zurück zu ihrer Quelle findet, versinkt sie in Dir und vereinigt sich mit Dir, Oh Arunachala, Du Meer der Seligkeit!

---

[76] wörtlich: der höchste Herr unter dem Schatten eines einzigen Schirms

Fünf Verse für Arunachala (Arunachala Pancharatna)

1. Du Meer von Nektar, voller Gnade, verschlingst das Weltall in Deinem Glanz! Oh Arunachala, Du Höchster, sei Du die Sonne und öffne den Lotus meines Herzens in Seligkeit!

Das ist der Eröffnungsvers des Pancharatna, das in Form eines Preislieds an Gott (stotra) den Kern der höchsten Erkenntnis der Verwirklichung enthält. Es ist wie ein Sutra sehr knapp, und seine Bedeutung ist tiefgründiger, als es oberflächlich betrachtet den Anschein hat.

Arunachala – Aruna (Licht) plus achala (Berg) meint das tejolinga (Symbol des Lichts) von Shiva. Es bedeutet für das Individuum, dass das innere Selbst rein und klar erstrahlt, wenn man das Körperbewusstsein überschreitet.

Normalerweise bewirkt der Verlust des Körperbewusstseins, wie in einem Schock, nur Dunkelheit, während er, wenn er aus eigenem Willen erreicht wird, um das Selbst zu verwirklichen, durch die alleinige Gnade Gottes in der Erleuchtung des Selbst endet.

Diese Erleuchtung vernichtet das Ego und bewirkt völlige Hingabe an den Herrn. Der Herr ist ewig. Ewigkeit bedeutet Seligkeit (Nektar).

Wie die Lotusblüte, die in einem sumpfigen Teich gedeiht, beim Sonnenaufgang erblüht, so erstrahlt auch durch die Gnade Gottes das Herz hinter dem beschmutzten Geist, das Selbst aller Selbste, das äußerlich als Arunachala sichtbar ist. Aber wenn diese Sonne einmal aufgegangen ist, geht sie niemals mehr unter, und das Herz der verwirklichten Seele blüht ein für alle Mal.

2. Oh Arunachala, in Dir wird das Bild des Weltalls gestaltet, hat seinen Bestand und löst sich wieder auf. Das ist die unglaubliche Wahrheit. Du bist das innere Selbst, das im Herzen als „Ich" tanzt. „Herz" ist Dein Name, oh Herr!

Dieser Vers bezieht sich zunächst auf Gott als Schöpfer, Erhalter und Zerstörer und dann auf Gott, der von den Erleuchteten verwirklicht wird.

Die Verwirklichten sagen, dass genauso wie Gott die Stütze des Universums ist, das Herz die Stütze des Individuums ist. Ein Teil ist seinem Wesen nach das Ganze. Das Ganze (Gott) ist unendlich. Deshalb gibt es keinen Unterschied zwischen dem Herzen und Gott.

Gott ist Bewusstsein, wie auch das Herz. Es ist eigenständig und unvergleichlich und manifestiert sich als das individuelle Selbst, das von einer individuellen Kraft begleitet wird, die man als das „Ego" oder „Ich" wahrnimmt. Die Verwirklichten sagen, dass wenn das Ego zu seiner Quelle zurückverfolgt wird, eine Vibration, die vom Herzen ausgeht, wahrgenommen wird, die das wahre Selbst bedeutet.

3. Wer sich mit ungestörtem Geist nach innen wendet und sucht, wo das „Ich"-Bewusstsein entsteht, verwirklicht das Selbst und bleibt in Dir, oh Arunachala, wie ein Strom, der ins Meer mündet.

Dieser Vers handelt vom Weg der Erkenntnis (jnana marga), dem die Sucher der Wahrheit folgen. Er ist einer der drei oder vier Wege, um das Selbst zu verwirklichen. Diese sind jnana, Yoga, bhakti und karma.

Das Meer speichert alles Wasser. Das Wasser verdunstet. Es bilden sich Wolken, und es regnet. Der Regen lässt die Flüsse anschwellen, die sich, sobald sie sich bilden, in Bewegung setzen und ihrem Lauf folgen, als wollten sie ihren Ursprung finden. Sie kommen erst dann zur Ruhe, wenn sie sich ins Meer ergossen haben. Ähnlich ist es auch mit dem Individuum, das aus dem Herzen hervorgeht. Es ist unruhig und will ungeduldig seine eigene Quelle finden. Der Pfad ist der Weg des Egos ins Herz.

4. Der Yogi, der die äußere Welt aufgibt, Geist und Atem kontrolliert und über Dich im Innern meditiert, der sieht Dein Licht, oh Arunachala, und findet in Dir seine Freude.

Dieser Vers handelt vom Yoga-Weg, wie er in Patanjalis Yoga Sutras beschrieben wird.

Während ein jnani im Innern nach der Quelle des Ichs sucht und Befreiung findet, indem er es zum Herzen zurückverfolgt, sehnt der Yogi sich danach, die Herrlichkeit Gottes zu schauen, wendet sich von anderen Beschäftigungen ab und konzentriert sich auf Ihn (in Form der Gestalt oder des Namens Arunachalas). Obwohl der Berg in seiner äußerlichen Erscheinung materiell ist, ist er für den Yogi voller Leben, und er erkennt ihn in seiner transzendierenden Sichtweise als das universelle, herrliche Licht, als das Selbst.

5. Wer Dir seinen Geist widmet und Dich sieht, der nimmt das Weltall immer als Deine Gestalt wahr. Wer Dich stets rühmt und als nichts anderes als das Selbst liebt, ist der Meister ohnegleichen. Er ist eins mit Dir, oh Arunachala, und verloren in Deiner Seligkeit!

Der erste Teil dieses Verses handelt vom Weg der Hingabe (bhakti marga). Indem man Gott mit intensiver Liebe verherrlicht, überschreitet man samsara und ist glücklich, in Ihn einzugehen. Das ist bhakti. Die transzendierende Sichtweise enthüllt Arunachala als den eigenen Meister. Diese wiederholte Erfahrung überzeugt den bhakta von der Immanenz Gottes. Daraus folgt die völlige Hingabe des Egos, und es bleibt nur das alldurchdringende und stets gegenwärtige, herrliche Sein-Bewusstsein übrig. Die Transzendenz fegt Namen und Formen hinweg, und das Ergebnis ist Unendlichkeit, Ewigkeit.

Der zweite Teil dieses Verses handelt vom Weg des Handelns (karma marga). Wenn man Gottes Immanenz überall spürt, hält man sich selbst nicht für den Handelnden, sondern für ein Werkzeug, das Gott in Gestalt der eigenen Umgebung dient.

Gott hat drei Aspekte entsprechend der eigenen Verwirklichung: sat (Sein), chit (Bewusstsein) und ananda (Seligkeit).

Der sat-Aspekt wird von den jnanis betont, die nach einer unaufhörlichen Suche der Essenz des Seins in ihr ruhen und ihre Individualität im Höchsten verloren haben.

Der chit-Aspekt wird von den Yogis betont, die Atemkontrolle üben, um den Geist zu festigen, und von denen es heißt, dass sie dann die

Herrlichkeit (das Bewusstsein des Seins) Gottes als das eine Licht wahrnehmen, das in alle Richtungen ausstrahlt.

Der ananda-Aspekt ist für die Devotees gedacht, die vom Nektar der Liebe zu Gott berauscht sind und sich selbst in der seligen Erfahrung verlieren. Da sie diese nicht mehr verlassen wollen, bleiben sie für immer in Gott versunken.

Die vier Wege (margas) karma, bhakti, Yoga und jnana schließen sich gegenseitig nicht aus. In den klassischen Werken wird jedoch jeder Weg für sich beschrieben, um dem Suchenden eine Vorstellung des für ihn passenden Aspekts Gottes, der seiner Veranlagung entspricht, zu vermitteln. Obwohl dieses Stotra kurz ist, ist es sehr verdichtet und kann, je nach Interessen der Gelehrten und Philosophen, erweitert werden.

Gajananan (Daivarata) hat in Sanskrit folgenden Vers geschrieben, den Bhagavan ins Tamil übersetzt hat:

„Arunagiri Ramana hat der Welt zu ihrem Wohl freudig diese süßen Tamilverse des Arunachala Pancharatna geschenkt, die ihm zuerst in Sanskrit enthüllt wurden. Sie enthalten die essenzielle Weisheit des Vedanta."

Muruganar schrieb:

„Möge der machtvolle Name Arunachalas, der großzügig Gnade schenkt, für immer leben!
Mögen die fünf Gesänge, die seinen Namen tragen, für immer leben!
Mögen die Füße des erhabenen Ramana, von dessen Zunge diese fünf Gesänge hervorströmten, für immer leben!
Mögen die tugendhaften Devotees, die beständig zu seinen Füßen bleiben, für immer leben!"

5. Die Quintessenz der spirituellen Unterweisung (Upadesa Saram)

Es gibt eine Legende über eine Gruppe von rishis, die einst im Daruka-Wald zusammenlebten. Sie übten sich in Ritualen, durch die sie übernatürliche Kräfte erlangten. Dadurch wollten sie auch die endgültige Befreiung gewinnen. Doch darin irrten sie sich, denn Handeln führt nur zu noch mehr Handeln und nicht zur Beendigung des Handelns. Riten können übernatürliche Kräfte hervorbringen, aber nicht den Frieden der Befreiung, der Riten, Kräfte und alle Arten von Handlungen überschreitet.

Da beschloss Shiva, sie von ihrem Irrtum zu überzeugen, und kam deshalb in Gestalt eines wandernden sadhus zu ihnen, zusammen mit Vishnu, der die Gestalt einer schönen Frau angenommen hatte. Alle rishis wurden von Liebe für die schöne Frau ergriffen. Dadurch verloren sie ihre Ausgeglichenheit, wovon auch ihre Riten und übernatürlichen Kräfte beeinträchtigt wurden. Zudem verliebten sich ihre Frauen, die auch mit ihnen im Wald lebten, in den seltsamen sadhu. Das erboste sie, und sie beschworen in ihren magischen Ritualen einen Elefanten und einen Tiger herauf und ließen sie auf den sadhu los. Doch Shiva erschlug sie mühelos, zog sich die Haut des Elefanten als Gewand an und nahm das Fell des Tigers als Umhang. Da erkannten die rishis, dass sie es mit jemandem zu tun hatten, der mehr Macht hatte als sie alle zusammen. Sie verneigten sich vor ihm und baten ihn um seine Unterweisung. Shiva erklärte ihnen, dass man nicht durch Handeln, sondern durch Verzicht auf Handeln die Befreiung erlangt. Der Dichter Muruganar wollte hundert Verse über dieses Thema schreiben, kam aber nicht über siebzig hinaus. Da kam es ihm in den Sinn, dass Bhagavan die richtige Person war, um die Verse, die sich auf Shivas Unterweisung bezogen, zu schreiben. Er bat ihn darum, und Bhagavan schrieb dreißig Tamil-Verse. Später übertrug er sie unter dem Titel ‚Upadesa Saram' ins Sanskrit und unter dem Titel ‚Anubhuti Saram' ins Telugu. Er übersetzte sie auch ins Malayalam. Upadesa Saram wurde täglich zusammen mit den Veden in seiner Gegenwart gesungen. Heute wird es vor seinem Schrein ge-

sungen. *Das bedeutet, dass das Gedicht wie eine heilige Schrift behandelt wird. Er bezieht sich darin auf die verschiedenen Wege zur Befreiung und ordnete die Verse nach dem Grad ihrer Wirksamkeit und Vorzüglichkeit, wobei er aufzeigt, dass Selbstergründung der beste Weg ist.*

1. Handeln bringt Frucht hervor,
da es der Herr so bestimmt hat.
Wie kann aber Handeln der Herr sein?
Es ist empfindungslos.

2. Die Frucht des Handelns vergeht.
Aber die Handlung hinterlässt
den Samen für künftiges Handeln,
der zu einem endlosen Meer des Handelns führt,
aber nicht zur Befreiung (*moksha*).

3. Handlung, die man ausführt, ohne ein persönliches Interesse zu verfolgen,
indem man sich dem Herrn unterwirft,
reinigt den Geist und zeigt
den Weg zur Befreiung (*moksha*).

4. Das ist gewiss:
Verehrung, Lobpreis und Meditation,
die von Körper, Sprache und Geist ausgeführt werden,
sind aufeinanderfolgende Stufen.

5. Die Verehrung von
Äther, Feuer, Wasser, Erde,
Sonne, Mond und allen Lebewesen,
indem man sie als Seine Gestalt betrachtet,
ist vollkommene Verehrung des Herrn.

6. Besser als Preislieder
ist die Wiederholung des Namens.
Besser als mit lauter Stimme ist die Wiederholung mit leiser Stimme,

aber am besten
ist die Meditation im Geist.

7. Besser als nur für kurze Zeit zu meditieren
ist ein fortdauernder Fluss,
der beständig wie ein Strom ist
oder wie fließendes Öl.

8. Besser als Ihn als das andere zu sehen,
ist, Ihn als „Ich" im Innern festzuhalten,
als das wirkliche „Ich".
Das ist die beste Haltung von allen.

9. Im reinen Sein zu verweilen
und das Denken durch intensive Liebe zu überschreiten
ist die Essenz
der höchsten Verehrung.

10. Das Eingehen in das Herz des Seins,
aus dem wir hervorgegangen sind,
ist der Weg des Handelns, der Verehrung,
der Vereinigung und der Erkenntnis.

11. Wenn man den Atem anhält, wird der Geist kontrolliert
wie ein Vogel, der in einem Netz gefangen ist.
Atemkontrolle hilft,
ins Herze einzugehen.

12. Geist und Atem (wie Denken und Handeln)
verzweigen sich wie zwei Äste.
Aber beide entspringen
derselben Wurzel.

13. Das Eingehen ist von zweierlei Art:
Eintauchen und Vernichtung.
Der untergetauchte Geist taucht wieder auf;
ist er tot, wird er nie mehr lebendig.

14. Ist der Atem kontrolliert
und werden die Gedanken zurückgehalten,

schwindet der nach innen gewandte Geist
und stirbt.

15. Ist der Geist erloschen,
kehrt der mächtige Seher
zu seinem natürlichen Sein zurück
und muss nicht mehr handeln.

16. Es ist wahre Weisheit,
wenn der Geist
sich von äußeren Objekten abwendet
und seine eigene, strahlende Gestalt festhält.

17. Wenn der Geist unaufhörlich
seine eigene Gestalt absucht,
gibt es nichts von dieser Art [gibt es keinen Geist].
Dieser Weg steht jedem direkt offen.

18. Nur die Gedanken machen den Geist aus.
Von allen Gedanken ist der „Ich"-Gedanke der Ursprung.
Was man den „Geist" nennt,
ist nur der „Ich"-Gedanke.

19. Wenn man sich nach innen wendet und sucht,
wo dieser „Ich"-Gedanke entsteht,
verschwindet das beschämte „Ich",
und die Suche der Weisheit nimmt ihren Anfang.

20. Wenn dieser „Ich"-Gedanke verschwindet,
erhebt sich als „Ich-Ich"
das Eine, das wahre Selbst, das Unendliche.

21. Die endgültige Bedeutung des Wortes „Ich"
ist „Dies". Denn selbst im Tiefschlaf,
in dem wir kein „Ich"-Empfinden haben,
hören wir nicht auf zu sein.

22. Körper, Sinne, Geist, Atem und Schlaf
sind alle empfindungslos und unwirklich

und können deshalb nicht „Ich" sein,
nicht „Ich", der ich das Wirkliche bin.

23. Um Das zu erkennen, was existiert,
gibt es keinen anderen Erkennenden.
Deshalb ist Sein Bewusstsein.
Und wir alle sind Bewusstsein.

24. Was das Wesen ihres Seins angeht,
sind Geschöpfe und Schöpfer substanziell eins.
Sie unterscheiden sich nur
in ihren Merkmalen und in ihrem Bewusstsein.

25. Wenn man sich frei von allen Merkmalen sieht,
sieht man den Herrn,
denn Er erstrahlt immer
als das reine Selbst.

26. Das Selbst zu kennen bedeutet, das Selbst zu sein,
denn es ist nicht-zwei.
In solcher Erkenntnis
bleibt man DAS.

27. Die wahre Erkenntnis überschreitet
sowohl Wissen als auch Nichtwissen,
denn in der reinen Erkenntnis
gibt es kein Objekt zu erkennen.

28. Wenn man sein Wesen erkannt hat,
bleibt man das Sein,
das keinen Anfang und kein Ende hat,
in ununterbrochenem Bewusstsein und Glück.

29. Wenn man in diesem Zustand der Seligkeit
jenseits von Bindung und Befreiung bleibt,
ist das Beständigkeit
im Dienst am Herrn.

30. Wenn alles Ego verschwunden ist
und man nur als DAS lebt,

ist das Entsagung, die dem Wachstum dient,
singt Ramana, das Selbst.

(Englische Übersetzung von Prof. K. Swaminathan)

6. Die Wirklichkeit in Vierzig Versen (Ulladu Narpadu)

Einmal schrieb Bhagavan zwanzig Tamilverse, die seine wichtigste Lehre beinhalten. Sie bildeten keine Reihenfolge für ein Gedicht. Deshalb schlug Muruganar Bhagavan vor, er möge weitere zwanzig Verse dichten, um die üblichen vierzig Verse voll zu machen. Daraufhin dichtete Bhagavan zwanzig weitere Verse. Kavyakanta Ganapati Muni wählte zwei davon als Einleitungsverse aus. Bhagavan dichtete zwei weitere Verse, um die vierzig wieder vollzumachen. Einige dieser Verse waren Übersetzungen aus dem Sanskrit, aber da die Devotees wollten, dass alle vierzig Verse von Bhagavan stammten, wurden sie ausgesondert, und Bhagavan schrieb neue Verse für sie. Alle Verse wurden so angeordnet, dass sie ein Gedicht bildeten. Später wurde ein Anhang, der aus vierzig weiteren Versen besteht, beigefügt. Bhagavan stand seiner Urheberschaft so gleichmütig gegenüber, dass er nicht alle vierzig Verse im Anhang selber schrieb. Wenn er einen passenden Vers fand, machte er davon Gebrauch. Meist waren es Übersetzungen aus dem Sanskrit. Wenn nicht, dichtete er ihn selber. Die Verse, die aus den ursprünglichen vierzig Versen ausgesondert worden waren, wurden in den Anhang eingefügt.[77]

Diese achtzig Verse sind die umfassendste Ausführung der Lehre des Maharshi. Sie wurden mehrfach übersetzt und kommentiert und vom Ashram als eigenständige Bücher mit dem Titel ‚Ulladu Narpadu', ‚Sad Vidya' und ‚Truth Revealed' veröffentlicht. Bhagavan übersetzte die Verse unter dem Titel ‚Unnadi Nalubadi' in Prosaform ins Telugu und unter dem Titel ‚Saddarsanam' in Versform ins Malayalam.

---

[77] Die Verse im Anhang, die Ramana aus anderen Quellen übernommen hat, sind die Einleitungsverse, die Verse 1-7, 9, der letzte Satz des Verses 12, 18-30, 34, 37 und 39-40. Die jeweilige Quelle wurde so weit als möglich am Ende des jeweiligen Verses angegeben.

Einführung

1. Wenn die Wirklichkeit nicht existiert, wie können dann Gedanken über sie entstehen? Da die Wirklichkeit ohne Denken im Herzen existiert, wie können wir sie, die wir „das Herz" nennen, erkennen? Sie zu kennen heißt, sie im Herzen zu sein.[78]

2. Wenn jene, die den Tod fürchten, Zuflucht zu Füßen des höchsten Herrn, der weder Geburt noch Tod kennt, suchen, sterben ihre Egos und ihre Anhaftungen. Jetzt, da sie unsterblich sind, denken sie nicht mehr an den Tod.

Der Text

1. Da wir die Welt erkennen, müssen wir zugeben, dass es für beides eine gemeinsame Quelle gibt, eine einzige, aber mit der Macht, vielfältig zu erscheinen. Die Bilder aus Namen und Formen, der Betrachter, die Leinwand und das Licht, das sie erhellt, das alles ist wahrlich Er.

2. Jeder Glaube basiert auf drei Wesenheiten: das Individuum, Gott und die Welt. Dass das Eine zu drei wird oder dass es immer drei gibt, sagt man nur, solange das Ego besteht. Wenn man das „Ich" verliert und im Selbst bleibt, ist das der höchste Zustand.

3. „Die Welt ist wirklich." „Nein, sie ist nur eine falsche Erscheinung." „Die Welt ist der Geist." „Nein, das ist sie nicht." „Die Welt ist angenehm." „Nein, das ist sie nicht." Was nützt diese Diskussion? Die Welt zu lassen und das Selbst zu erkennen, alle Gedanken von „eins" und „zwei" zu überschreiten, dieser egolose Zustand ist das gemeinsame Ziel von allen.

4. Hat das Selbst eine Gestalt, haben auch die Welt und Gott eine Gestalt. Ist das Selbst gestaltlos, von wem und wie kann dann die Gestalt (der Welt und Gottes) gesehen werden? Kann es Sehen oder

---

[78] Der erste Vers kann auch folgendermaßen übersetzt werden: Kann es denn Erkenntnis der Wirklichkeit geben, ohne dass man Wirklichkeit ist?

einen Anblick ohne das Auge geben? Das Selbst, das wirkliche Auge, ist unendlich.

5. Der Körper besteht aus den fünf Hüllen.[79] Im Begriff „Körper" sind alle fünf Hüllen enthalten. Ohne den Körper gibt es keine Welt. Hat denn jemand ohne Körper jemals die Welt gesehen?

6. Die Welt besteht aus den fünf Arten der Sinneswahrnehmung und aus nichts anderem. Diese Wahrnehmungen werden von den fünf Sinnen als Objekte empfunden. Da der Geist die Welt nur durch die Sinne wahrnimmt, ist sie etwas anderes als der Geist?

7. Obwohl Welt und Geist zusammen auftauchen und verschwinden, scheint die Welt durch das Licht des Geistes. Die Grundlage, aus der sich Welt und Geist erheben und in die sie wieder untergehen, diese Vollkommenheit erhebt sich nicht und geht nicht unter, sondern erstrahlt immer. Sie ist die Wirklichkeit.

8. Unter welchem Namen oder unter welcher Gestalt wir Es auch immer verehren, Es führt uns zu der Erkenntnis des namen- und gestaltlosen Absoluten. Doch sein wahres Selbst im Absoluten zu erkennen, in Ihm unterzugehen und eins mit Ihm zu sein, ist die wahre Erkenntnis der Wahrheit.

9. Zweiheiten und Dreiheiten hängen vom Ego ab. Wenn man im Herzen fragt: „Was ist dieses Ego?" und es findet, machen sie sich davon. Nur jene, die das herausgefunden haben, kennen die Wahrheit. Sie sind niemals verwirrt.[80]

10. Es gibt kein Wissen ohne Nichtwissen, und ohne Wissen kann es kein Nichtwissen geben. Zu fragen: „Wer weiß? Wer weiß nicht?" und auf diese Weise das ursprüngliche Selbst zu erkennen, ist allein Wissen.

---

[79] Die fünf Hüllen (s. Fußnote 6) schließen auch das Geistige mit ein.
[80] Zweiheiten sind Gegensatzpaare wie Freude und Leid, Wissen und Nichtwissen. Dreiheiten sind z.B. der Erkennende, die Erkenntnis und das Erkannte.

11. Alle Objekte zu kennen, ohne das erkennende Selbst zu kennen, ist kein Wissen, sondern Nichtwissen. Wenn man das Selbst, die Grundlage allen Wissens, und das Nicht-Selbst erkennt, fallen sowohl Wissen als auch Nichtwissen ab.

12. Wahre Erkenntnis ist frei von Wissen und Nichtwissen von Objekten. Das Wissen von Objekten ist keine wahre Erkenntnis. Da das Selbst aus sich selbst erstrahlt, ohne etwas anderes, das Es erkennen oder von dem Es erkannt werden könnte, ist das Selbst Erkenntnis und nicht Unkenntnis.

13. Das Selbst, das Gewahrsein ist, ist allein wirklich. Das vielfältige Wissen ist Unwissenheit. Doch selbst die falsche Unwissenheit kann nicht unabhängig vom Selbst existieren. Die vielen Schmuckstücke sind falsch, denn ohne das Gold, das allein wirklich ist, können sie nicht existieren.

14. „Du" und „er" tauchen erst nach dem „Ich" auf. Aber wenn man das Wesen des „Ichs" sucht und das Ego vernichtet wird, kommen „du" und „er" an ein Ende. Was dann als das Eine erstrahlt, ist das wahre Selbst.

15. Vergangenheit und Zukunft hängen von der Gegenwart ab. Die Vergangenheit war zu ihrer Zeit Gegenwart, und die Zukunft wird es zu ihrer Zeit ebenfalls sein. Immer gegenwärtig ist die Gegenwart. Wenn man die Zukunft und Vergangenheit kennen will, ohne die Wahrheit von „heute" zu erkennen, ist es, als wolle man ohne die Eins zählen.

16. Ohne uns gibt es weder Zeit noch Ort. Wenn wir nur der Körper sind, sind wir in Zeit und Ort gefangen. Aber sind wir der Körper? Wir sind dasselbe – jetzt, damals und immer, hier, jetzt und überall. Wir sind zeit- und ortlos.

17. Für jene, die das Selbst nicht kennen, und für jene, die es kennen, ist der Körper „Ich". Aber für jene, die das Selbst nicht kennen, ist das „Ich" auf den Körper begrenzt, während für jene, die im Körper das Selbst erkennen, das „Ich" grenzenlos erstrahlt. Darin besteht der Unterschied zwischen den beiden.

18. Für jene, die das Selbst nicht kennen, und für jene, die es kennen, ist die Welt wirklich. Aber für jene, die es nicht kennen, ist die Wirklichkeit auf die Welt begrenzt, während für jene, die es kennen, die Wirklichkeit gestaltlos als die Grundlage der Welt erstrahlt. Darin besteht der Unterschied zwischen den beiden.

19. Die Debatte, ob der freie Wille oder die Vorherbestimmung überwiegt, führen nur jene, die die Quelle von beidem nicht kennen. Jene, die das Selbst erkannt haben, die gemeinsame Quelle vom freien Willen und von der Vorherbestimmung, haben beides überschritten und kehren nicht zu ihnen zurück.

20. Wenn man Gott sieht und nicht das sehende Selbst, sieht man nur eine Projektion des Geistes. Es heißt, dass nur derjenige Gott sehen kann, der das Selbst sieht. Aber einer, der das Ego verloren und das Selbst gesehen hat, ist kein anderer als Gott.

21. Wenn die Schriften vom „Sehen des Selbst" und vom „Sehen Gottes" sprechen, was meinen sie dann damit? Wie kann man das Selbst sehen? Da das Selbst Eines ohne ein Zweites ist, ist es nicht möglich, es zu sehen. Wie kann man Gott sehen? Ihn zu sehen bedeutet, von Ihm verschlungen werden.

22. Wie können wir mit dem geborgten Licht des Geistes das Licht allen Lichts erkennen, ohne uns nach innen zu wenden und in den Herrn, in Sein Licht, das im Geist scheint und ihm sein ganzes Licht leiht, einzugehen?

23. Der Körper sagt nicht, dass er „Ich" ist, und keiner sagt: „Im Tiefschlaf gibt es kein ‚Ich'." Wenn das „Ich" auftaucht, tauchen alle (anderen) Dinge auf. Suche mit einem scharfen Geist, von wo dieses „Ich" ausgeht.

24. Der materielle Körper sagt nicht „ich". Ewiges Gewahrsein taucht nicht auf und verschwindet wieder. Zwischen den beiden entsteht der Gedanke „ich", der an den Körper gebunden ist. Das ist der Knoten aus Materie und Gewahrsein. Das ist die Bindung, der *jiva*, der subtile Körper, das Ego. Das ist *samsara*, das ist der Geist.

25. Er entsteht, indem er an einer Gestalt festhält. Er besteht, indem er an einer Gestalt festhält. Er gedeiht, indem er an einer Gestalt festhält und sich an ihr nährt. Wenn er eine Gestalt verlässt, ergreift er eine andere. Sucht man ihn, flieht er. Von solcher Art ist der Ego-Geist, der keine eigene Gestalt besitzt.

26. Taucht das Ego auf, tauchen alle Dinge mit ihm auf. Gibt es kein Ego, gibt es auch nichts anderes. Da das Ego alles ist, bedeutet die Frage: „Was ist dieses Ego?" die Vernichtung aller Dinge.

27. Wir sind „DAS", wenn das „Ich" nicht aufgetaucht ist. Wie kann man den Zustand erreichen, in dem das Ego vernichtet ist und kein „Ich" mehr auftaucht, ohne zu untersuchen, von wo das „Ich" auftaucht? Wie kann man in seinem wahren Zustand sein, in dem das Selbst „DAS" ist, ohne dass man das Ego vernichtet hat?

28. Indem man Sprache und Atem kontrolliert und tief in sich hinabtaucht, so wie einer, der tief ins Wasser hinabtaucht, um etwas zu finden, das ins Wasser gefallen ist, muss man die Quelle ausfindig machen, wo das aufstrebende Ego entsteht.

29. Hör damit auf, von „ich" zu sprechen, und suche mit einem nach innen gewandtem Geist, wo der „Ich"-Gedanke entspringt. Das ist der Weg der Weisheit. Wenn man stattdessen denkt: „Ich bin nicht dies, sondern DAS", ist das zwar hilfreich für die Suche, aber nicht die Suche selbst.

30. Wenn der Geist sich nach innen wendet, fragt: „Wer bin ich?" und ins Herz eingeht, lässt das „Ich" schamvoll seinen Kopf hängen, und das eine „Ich" taucht als das Selbst auf. Obwohl es als „Ich-Ich" auftaucht, ist es nicht das Ego. Es ist die Wirklichkeit, die Vollkommenheit, die Substanz des Selbst.

31. Was gibt es für ihn, der die Seligkeit des Selbst ist, die aus der Vernichtung des Egos entsteht, noch zu tun? Er weiß von nichts anderem als dem Selbst. Wie kann man seinen Zustand erfassen?

32. Die Veden erklären zwar: „Du bist DAS". Wenn man aber nicht das Wesen des Selbst sucht und findet und in Ihm bleibt, sondern

denkt: „Ich bin DAS, nicht jenes", fehlt es an Stärke. Denn DAS bleibt immer das Selbst.

33. Wenn man sagt: „Ich kenne mich nicht" oder „Ich kenne mich", so ist das lächerlich. Gibt es denn zwei Selbste, eines, das vom anderen erkannt wird? Es gibt nur das Eine, die Wahrheit, die alle erfahren.

34. Die natürliche und wahre Wirklichkeit wohnt immer im Herzen aller. Wenn man Sie nicht dort erkennt und in Ihr bleibt, sondern streitet: „Es existiert", „Es existiert nicht", „Es hat eine Gestalt", „Es ist gestaltlos", „Es ist eins", „Es ist zwei", „Es ist keins von beidem", ist das ein Unheil, das von *maya* kommt.

35. Zu unterscheiden und in der immer gegenwärtigen Wirklichkeit zu bleiben ist wahre Errungenschaft. Alle anderen Errungenschaften sind wie die Kräfte, die man in einem Traum genießt. Sind sie noch wirklich, wenn der Träumer erwacht? Können jene, die im Zustand der Wahrheit bleiben und das Unwirkliche abgeworfen haben, noch getäuscht werden?

36. Wenn wir uns sagen: „Nein, ich bin DAS", weil wir glauben, der Körper zu sein, ist das hilfreich, um DAS zu bleiben. Doch da wir immer DAS bleiben, wozu sollten wir dann immerzu denken: „Ich bin DAS?" Denkt man denn stets: „Ich bin ein Mensch"?

37. Auch die Lehre, die besagt, dass während der Suche Zweiheit herrscht und Einheit, wenn man das Selbst erlangt hat, ist falsch. Der zehnte Mann in der Geschichte war der zehnte Mann, als er sich suchte und auch als er sich fand, und nichts anderes. (Zehn Männer überquerten einen Fluss. Als sie das andere Ufer erreicht hatten, wollten sie sich versichern, dass auch alle sicher hinübergekommen waren, und zählten sich. Dabei ließ jeder sich selbst aus und zählte nur neun. Ein Passant bemerkte das, gab jedem einen Hieb und ließ sie die Hiebe zählen. Da kamen sie auf zehn.)

38. Wenn wir die Täter der Handlungen sind, ernten wir auch die Früchte, die sie hervorbringen. Aber wenn wir fragen: „Wer bin ich, der da handelt?" und das Selbst verwirklichen, geht das Empfinden,

der Handelnde zu sein, verloren, und die drei Arten des Karmas machen sich davon. Diese Befreiung ist ewig.

39. Man denkt nur solange an Bindung und Befreiung, als man das Empfinden hat, gebunden zu sein. Wenn man fragt: „Wer bin ich, der gebunden ist?", bleibt das ewige und immer freie Selbst zurück. Der Gedanke an Bindung verschwindet und mit ihm auch der Gedanke an Freiheit.

40. Wenn man fragt: „Was ist die endgültige Befreiung: mit Gestalt, ohne Gestalt oder mit beiden?", antworte ich: „Befreiung ist die Auslöschung des Egos, das solche Fragen stellt."

(Englische Übersetzung von Prof. K. Swaminathan)

Anhang zu den Vierzig Versen

Einführung

Das, worauf diese ganze Welt gründet, ihre Seele, ihre Quelle, ihr Zweck und ihre Kraft, die Wirklichkeit hinter allen Erscheinungen, existiert. Lass Das, die Wahrheit, in deinem Herzen wohnen. (Yoga Vasishta 8.12)

Text

1. Wenn man in Gesellschaft von Weisen ist, verschwinden die Anhaftungen (an die Objekte der Welt) und damit die Illusion (dass man der Körper ist). Wenn man von der Illusion befreit ist, erlangt man Beständigkeit und deshalb die Befreiung, während man noch lebt *(jivan mukti)*. Suche deshalb Umgang mit den Weisen!

(Shankara: das Mohamudra-Lied in: Bhaja Govindam)

2. Weder indem man Predigern zuhört noch durch Bücherstudium und auch nicht durch verdienstvolle Taten oder durch irgendein anderes Mittel kann man den höchsten Zustand erreichen, sondern nur durch den Umgang mit Weisen und der klaren Suche nach dem Selbst.

(Yoga Vasishta 5.12.17[81])

3. Wenn man gelernt hat, den Umgang mit Weisen zu lieben, wozu muss man dann noch die vielen Regeln der Selbstzucht einhalten? Sag mir, wozu nützt der Fächer, wenn der angenehm kühle Südwind bläst?

(Yoga Vasishta)

---

[81] [Ramana verwendet viele Verse aus dem Yoga Vasishta, einem bedeutenden Werk des Vedanta, das den Dialog des Weisen Vasishta mit dem Prinzen Rama zum Inhalt hat.]

4. Der kühlende Mondschein überwindet die Hitze (des Tages). Der Kalpaka-Baum[82] erfüllt die Wünsche, und der heilige Fluss Ganges befreit von Sünde. Doch beim erhabenen Blick des unvergleichlichen Weisen ergreifen alle drei Übel – Hitze, Wünsche und Sünde – die Flucht.

(Subhashita Ratna Bhandagara 3.6)

5. Die heiligen Flüsse, die nur aus Wasser, und Götterfiguren, die nur aus Stein und Lehm bestehen, sind nicht so machtvoll wie die Weisen. Es dauert lange, bis man davon rein wird, während man durch den Blick eines Weisen sofort rein wird.

(Srimad Bhagavatam 48.31.10)

6. Schüler: „Wer ist Gott?"
Meister: „Jener, der den Geist erkennt."
Schüler: „Mein Selbst, der Geist (spirit), kennt meinen Geist (mind)."
Meister: „Deshalb bist du selbst Gott. Auch die heiligen Schriften (*Sruti*) erklären, dass es nur einen Gott gibt, welcher der Erkennende ist."

(ein Sanskritvers)

7. Meister: „Welches Licht ermöglicht es dir zu sehen?"
Schüler: „Tagsüber ist es die Sonne und nachts eine Lampe."
Meister: „Und mit welchem Licht nimmst du diese Lichter wahr?"
Schüler: „Mit den Augen."
Meister: „Und mit welchem Licht erkennst du die Augen?"
Schüler: „Mit dem Geist."
Meister: „Und mit welchem Licht erkennst du den Geist?"
Schüler: „Mit meinem Selbst."
Meister: „Dann bist du selbst das Licht allen Lichtes."
Schüler: „Ja, Das bin ich."

(Shankara: Eka Sloki)

---

[82] [Der Kalpaka-Baum aus der indischen Mythologie ist ein Wunderbaum, der alle Wünsche, um die man bittet, erfüllt.]

8. Mitten in der Höhle des Herzens scheint allein das eine Brahman als „Ich-Ich", der Atman. Erreiche das Herz, indem du mit der Suche nach dem Selbst tief hineintauchst oder den Geist mit dem Atem kontrollierst, und bleibe im Atman gegründet.[83]

(Ramana)

9. Im Lotus des Herzens wohnt reines und unveränderliches Bewusstsein in Gestalt des Selbst. Wenn das Ego beseitigt ist, gewährt dieses Bewusstsein des Selbst die Befreiung der Seele.

(Devikalottaram, Vers 46)

10. Der Körper ist empfindungslos wie ein irdener Topf. Weil er kein „Ich"-Bewusstsein hat und wir täglich im körperlosen Tiefschlaf unser wahres Wesen berühren, ist der Körper nicht „Ich". Wer ist dann dieses „Ich"? Wo ist dieses „Ich"? In der Höhle des Herzens derer, die so fragen, erstrahlt als „Ich" Er selbst, der Herr Shiva vom Arunachala.[84]

(Ramana)

11. Wer wurde geboren? Nur jener, der fragt: „Woher komme ich?", wird wahrhaft in Brahman, der ursprünglichen Quelle, geboren. Er ist ewig geboren. Er ist der Herr der Heiligen und immer neu.

(Ramana bei der Feier seines Geburtstags)

---

[83] 1915, als Bhagavan im Skandashram lebte, schrieb der junge Devotee Jagadiswara Sastri in Sanskrit auf ein Blatt Papier: „hridaya kuhara madhye" (im Innern der Höhle des Herzens). Dann ging er fort, um etwas zu erledigen. Als er zurückkam, fand er zu seiner Überraschung einen vollständigen Sanskritvers vor, der mit seinen Worten begann, und erfuhr, dass Bhagavan ihn geschrieben hatte. Dieser Vers wurde später von Bhagavan ins Tamil übersetzt und in den Anhang zu den Vierzig Versen eingefügt. Kavyakanta Ganapati Muni fügte den Vers ebenfalls in seiner ‚Sri Ramana Gita' II,2 ein.
[84] Bhagavan hat diesen Vers ursprünglich in Sanskrit geschrieben und ihn später ins Tamil übersetzt.

12. Wirf die Vorstellung von dir, dass du dieser wertlose Körper bist, und suche die immerwährende Seligkeit des Selbst! Wenn man das Selbst sucht, während man diesen vergänglichen Körper hegt und pflegt, ist das so, als würde man versuchen, einen Fluss zu überqueren, indem man sich an einem Krokodil festklammert.

(Der erste Teil stammt von Ramana, der zweite Teil aus dem Vivekachudamani, Vers 84.)

13. Wenn man Wohltätigkeit übt, Buße tut, Opfer darbringt, seine Pflichten erfüllt, Yoga und *bhakti* übt mit dem Ziel, den Himmel, die Wirklichkeit, Friede, Wahrheit, Gnade, Stille, Beständigkeit, den todlosen Tod, Erkenntnis, Entsagung, Befreiung und Seligkeit zu erlangen, bedeutet das nichts anderes als dass man damit aufhört, den Körper für das Selbst zu halten.

(Ramana)

14. Was ist Handeln, Hingabe, Vereinigung und Erkenntnis? Es ist die Ergründung: „Wer handelt, wer ist gleichmütig, getrennt oder unwissend?" Stellt man diese Fragen, verschwindet das Ego. Wenn man als das Selbst verbleibt, in dem diese acht nie gewesen sind, ist das die wahre Existenz.[85]

(Ramana)

15. Manche Dummköpfe verstehen nicht, dass sie von einer Kraft (*shakti*) bewegt werden, die nicht ihre eigene ist, und wollen Wunderkräfte erlangen. Ihre Possen sind wie die Prahlerei eines Krüppels,

---

[85] [Alternativ: Die Erforschung, wem Handlung (*karma*), fehlende Hingabe (*vibhakti*), Getrenntheit von der Wirklichkeit (*viyoga*) und Verblendung (*ajnana*) angehören, ist alleine *karma*, *bhakti*, Yoga und *jnana*. Wenn man das ergründet, verschwindet das Ego, und man verbleibt als das Selbst, in dem es weder den Sucher noch die vier Yoga-Arten gibt.
Die vier klassischen Yogaarten sind: *karma* = der Weg des wunschlosen Handelns, *bhakti* = der Weg der Hingabe an Gott, *Yoga* = der Weg der Vereinigung und *jnana* = der Weg der Erkenntnis.]

der zu seinen Freunden sagt: „Wenn ihr mich nur auf meine Beine stellt, dann werdet ihr schon sehen, wie ich den Feind besiege!"

(Ramana)

16. Da der Geistesfriede die wahre Befreiung ist und man ohne die Aktivität des Geistes keine Wunderkräfte erlangen kann, wie können dann jene, die auf solche Kräfte erpicht sind, die Seligkeit der Befreiung erlangen, die das Ende aller Betriebsamkeit des Geistes bedeutet?

(Ramana)

17. Obwohl Gott die Last der Welt trägt, tut das falsche Ich so, als würde es sie tragen, und schneidet eine Grimasse wie die Figur am Tempelturm, die den ganzen Turm auf ihrem Kopf zu tragen scheint. Wer ist daran schuld, wenn der Reisende sein Gepäck nicht im Wagen ablegt, der jede Last tragen kann, sondern es auf dem Kopf behält und darunter leidet?

(Ramana)

18. Zwischen den Brustwarzen, im unteren Brustbereich über dem Magen, sind sechs Organe von verschiedener Farbe. Eines davon gleicht einer Lilienknospe und ist das Herz. Es liegt von der Mitte der Brust aus zwei Fingerbreit rechts.

(Ashtanga Hridayam in Malayalam)

19. Es ist geschlossen. In seinem Innern herrscht tiefste Finsternis. Es ist voller Wünsche und Neigungen (*vasanas*). Alle großen Nervenbahnen kommen hier zusammen. Es ist die Wohnstatt des Atems, des Geistes und des Lichts der Erkenntnis.

(Ashtanga Hridayam in Malayalam)

20. Der Herr, der im Innern der Herzenshöhle wohnt, wird als der Herr der Herzenshöhle gepriesen. Wenn sich durch die intensive Praxis das Empfinden: „Ich bin Er, ich bin der Herr der Höhle" verfestigt und so beständig wird, wie deine gegenwärtige Wahrnehmung, dass

du das Ego bist, das tief im Körper verwurzelt ist, und du somit zum Herr der Höhle wirst, verschwindet die Illusion, der vergängliche Körper zu sein wie die Dunkelheit vor der aufgehenden Sonne.

(Ein Vers von Ramana, in dem er die Gedanken der Verse 45 und 46 aus dem Prabhulinga Leela in Kanaresisch aufgenommen hat.)

21. Als Rama fragte: „Was ist der große Spiegel, in dem wir diese Bilder der Dinge sehen? Was ist es, das man als das Herz aller Lebewesen in der Welt bezeichnet?", antwortete Vasishta: „Wenn wir nachdenken, erkennen wir, dass alle Lebewesen in der Welt zwei verschiedene Herzen haben."

(Yoga Vasishta, 5.78.32 und 33)

22. „Das eine sollte man annehmen, das andere zurückweisen. Höre, worin sie sich unterscheiden. Das Herzensorgan, das sich in der Brust des physischen Körpers befindet, muss man zurückweisen. Das Herz, das die Gestalt reinen Gewahrseins hat, muss man annehmen. Es ist sowohl innen als auch außen. Es kennt kein Innen und Außen."

(Yoga Vasishta, 5.78.34 und 35)

23. „Das ist das wirkliche Herz. In ihm ruht die ganze Welt. Es ist der Spiegel, in dem wir alle Dinge sehen. Es ist die Quelle allen Reichtums. Deshalb kann man das Gewahrsein als das Herz aller Lebewesen bezeichnen. Das Herz ist kein Teil des vergänglichen Körpers, der unbewusst wie ein Stein ist."

(Yoga Vasishta, 5.78.36 und 37)

24. „Wenn man durch Übung das Ego im reinen Herzen, das Gewahrsein ist, aufgehen lässt, werden die Neigungen des Geistes und auch der Atem bezwungen."

(Yoga Vasishta, 5.78.38)

25. Wenn man beständig im Herzen meditiert: „Dieses reine, bedingungslose Bewusstsein ist Shiva, und Das bin ich", werden alle Anhaftungen des Egos beseitigt.

(Devikalottaram, 47)

26. Wenn du die verschiedenen Seinszustände [von Wachen, Traum und Tiefschlaf] untersucht und diesen Zustand der höchsten Realität mit dem Geist fest ergriffen hast, dann spiele deine Rolle in der Welt, oh Held. Du kennst die Wahrheit, die im Herzen aller Arten von Erscheinungen wohnt. Ohne dich jemals von dieser Wirklichkeit abzuwenden, spiele deine Rolle in der Welt, oh Held, als ob du sie lieben würdest.

(Yoga Vasishta, 5.18.20-23)

27. Mit scheinbarer Begeisterung und Freude, mit Eifer und Missfallen, Initiative und Durchhaltevermögen spiele deine Rolle in der Welt, oh Held, doch ohne daran zu haften. Befreit von allen Banden der Anhaftung und mit einem gleichmütigen Geist handle äußerlich in allen Situationen, wie es deiner Rolle, die du angenommen hast, entspricht. Oh Held, spiele deine Rolle in der Welt wie es dir beliebt.

(Yoga Vasishta, 5.18.24-26)

28. Wer durch die Erkenntnis des Selbst (Atman) in der Wahrheit gefestigt ist und die fünf Sinne überwunden hat, den nenne das Feuer der Weisheit, den Herrn des Gewitters der Erkenntnis, den Überwinder der Zeit und den Held, der den Tod besiegt hat.

(Yoga Vasistha)

29. Wenn der Frühling kommt, bekommen die Bäume frisches Laub und werden immer schöner. Ebenso ist es mit dem, der die Wahrheit erkannt hat. Er gewinnt an Ausstrahlung, Intelligenz und Kraft.

(Yoga Vasishta, 5.76.20)

30. Wie einer, dem man eine Geschichte erzählt, während er mit den Gedanken ganz woanders ist, nicht zuhört, so ist der Geist, der frei von Anhaftung ist, nicht aktiv während er handelt. Doch der anhaftende Geist ist aktiv, auch wenn er nicht handelt, wie ein Schläfer, der bewegungslos daliegt und träumt, dass er einen Berg erklimmt und in den Abgrund stürzt.

(Yoga Vasishta, 5.56.13 und 14)

31. Dem Reisenden, der im Wagen schläft, ist es einerlei, ob sich der Wagen bewegt, ob er steht oder ob die Tiere ausgespannt werden. Genauso ist es auch dem Weisen einerlei, der im Wagen seines Körpers schläft, ob er handelt, meditiert oder schläft.

(Ramana)

32. Wenn man die Zustände von Wachen, Träumen und Tiefschlaf untersucht, entdeckt man, dass es einen Zustand jenseits von diesen dreien gibt, einen Wach-Schlaf, einen Vierten Zustand, der *turiya* heißt. Weil das allein der wirkliche Zustand ist und die drei anderen rein illusorisch sind, ist der vierte Zustand der transzendente.

(Ramana)

33. Wenn man sagt, dass der *jnani* zwar *prarabdha* (das gegenwärtige Karma) hat, aber kein vergangenes und zukünftiges Karma (*sanchita* und *agami*), so ist das nur die Antwort auf die entsprechende Frage des Unwissenden. Keine der Frauen, deren gemeinsamer Mann gestorben ist, kann der Witwenschaft entkommen. Ebenso verschwinden alle drei Arten von Karma, wenn der Täter verschwunden ist.[86]

(Ramana)

34. Das einfache Volk hat nur eine Familie bestehend aus Frau, Kindern und anderen, die von ihnen abhängig sind. Aber im Geist der

---

[86] *Sanchita* ist das in der Vergangenheit angesammelte Karma, *agama* ist das Karma, das in der Zukunft abgearbeitet wird, und *prarabdha* wird in der Gegenwart abgearbeitet.

Gelehrten tummeln sich viele Familien von Büchern, Theorien und Meinungen als Hindernisse fürs Yoga.

(Subhashita Ratna Bhandagara, Prakarana VI, Shanta Rasa Nirdesha, Vers 13)

35. Was nützt den Gelehrten die Kenntnis der Schriften, wenn sie nicht versuchen, die Schrift des Schicksals durch die Ergründung: „Woher komme ich?" auszulöschen? Oh Herr Arunachala, was sind sie anderes als Grammophone? Sie lernen und wiederholen Wörter, ohne ihre Bedeutung zu verstehen.

(Ramana)

36. Die Ungebildeten werden eher gerettet als die Gelehrten, die ihr Ego nicht unterworfen haben. Sie bleiben von den Klauen des Dämons Stolz, von den krankhaft umherwirbelnden Gedanken und Worten und vom verrückten Streben nach Wohlstand bewahrt. Sie bleiben von sehr vielen Krankheiten bewahrt.

(Ramana)

37. Wenn ein Mensch die Welt gering schätzt, als wäre sie nur ein Bündel Stroh, und die heilige Überlieferung in Händen hält, dabei aber der niederträchtigen Hure Schmeichelei nachgibt, ist es für ihn schwierig, der Knechtschaft zu entkommen.

(Sadhaka Avasta von Sadasiva Brahmendra)

38. Wenn man nicht glaubt, getrennt von den anderen zu sein, von seinem wahren Zustand nicht abweicht, wenn man immer in seinem Selbst verweilt, wer ist einem dann fremd? Was spielt es für eine Rolle, was die Leute über einen sagen? Was spielt es für eine Rolle, ob man sich selbst lobt oder tadelt?

(Ramana)

39. Bewahre dir Advaita im Herzen, aber wende es nicht im täglichen Leben an. Selbst wenn du es auf alle drei Welten anwendest, mein Sohn, solltest du es nicht auf den Guru anwenden.

(Tattvopadesa Vers 87 von Shankara)

40. Ich lege hiermit die Essenz der endgültigen Lehre des Vedanta dar: Wenn das Ego stirbt und zu DEM wird, zum Selbst des reinen Gewahrseins, dann bleibt nur DAS.

(ein Sanskritvers)

(Englische Übersetzung von Prof. K. Swaminathan)

7. Fünf Verse über das Selbst (Ekatma Panchakam)

Das sind die letzten Verse, die Bhagavan gedichtet hat. Er hat sie auf Drängen von Suri Nagamma, der Autorin der ‚Briefe aus dem Ramanashram' geschrieben. Zuerst verfasste er sie in Telugu, wobei er das tamilische Venba-Metrum gebrauchte. Dann übersetzte er sie ins Tamil. Da es bereits ein Gedicht von Shankara gibt, das ‚Atma Panchakam' heißt, beschloss Bhagavan, sein Gedicht ‚Ekatma Panchakam' zu nennen.

1. Wenn man das Selbst vergisst, glaubt man,
dass man der Körper ist,
und geht durch unzählige Geburten.
Schließlich erinnert man sich und wird zum Selbst.
Wisse, das ist nur wie das Erwachen aus einem Traum,
in dem man um die ganze Welt gewandert ist.

2. Man ist immer das Selbst.
Wenn man sich fragt:
„Wer bin ich und wo bin ich?",
ist das wie wenn ein Betrunkener fragt:
„Wer und wo bin ich?"

3. Der Körper ist im Selbst.
Und doch denken wir,
dass wir in diesem trägen Körper sind,
wie ein Zuschauer, der annimmt, dass die Leinwand,
auf die das Bild geworfen wird, im Bild ist.

4. Kann ein goldenes Schmuckstück
ohne Gold existieren?
Kann der Körper unabhängig vom Selbst existieren?
Der Unwissende glaubt: „Ich bin der Körper",
während der Erleuchtete weiß: „Ich bin das Selbst."

5. Das Selbst allein ist die einzige Wirklichkeit
und existiert für immer.
Wenn der erste Lehrer in alten Zeiten [Dakshinamurti]
es durch ununterbrochenes Schweigen enthüllt hat,
sag, wer könnte es dann in Worten enthüllen?

(Englische Übersetzung von Prof. K. Swaminathan)

8. Verschiedene Verse

Das Lied vom Papadum (Appalam)

1914 und 1915 lebte Bhagavan mit seiner Mutter in der Viruspaksha-Höhle. Sie war die Hauptköchin. Er selbst war ein begabter Koch. Damals und später halfen beide oft bei der Zubereitung des Essens. Einmal machte seine Mutter Papadums (Appalams), dünne, runde Fladen aus schwarzem Linsenmehl, die knusprig gebraten werden. Sie bat ihn, ihr dabei zu helfen. Doch stattdessen dichtete er dieses Lied und gab ihr mit der Symbolik der Herstellung von Papadums seine spirituelle Unterweisung.

Refrain:

Streng dich an und mach Papadums,
iss sie, und dein Verlangen ist gestillt.

1. Durchwandere nicht trostlos diese Welt.
Beherzige das unausgesprochene, einzigartige Wort
des wahrhaften Meisters,
der die Wahrheit von Sein-Bewusstsein-Seligkeit lehrt.

2. Nimm die schwarzen Linsen[87],
das Ego, das auf dem Feld der fünf Hüllen des Körpers[88] wächst,
und zermahle es in der Mühle,
der Frage der Weisheit: „Wer bin ich?",
zum feinsten Mehl.

---

[87] [gemeint ist eine schwarze Bohnensorte, die v. a. für Dhal etc. verwendet wird.]

[88] Die hinduistische Lehren sprechen von subtileren Körpern des Menschen, von denen jeder nachfolgende auf eine feinere Weise funktioniert. Die fünf Hüllen sind in den drei menschlichen Körpern, dem mentalen, subtilen und kausalen enthalten und bestehen aus der physischen, vitalen, mentalen und intellektuellen Hülle sowie aus der Hülle der Seligkeit. (s. Fußnote 6)

3. Gib Pirandai-Saft[89] hinzu, das ist gute Gesellschaft,
und Kreuzkümmel, das ist Geisteskontrolle,
den Pfeffer der Selbstbeherrschung,
das Salz der Nicht-Anhaftung
und als Gewürz Asant[90], die Liebe zur Tugend.

4. Gib den Teig in den Mörser des Herzens,
und mit der Mörserkeule des nach innen gerichteten Geistes
zerstoße ihn kräftig mit den Schlägen von „Ich", „Ich".
Dann welle ihn aus mit dem Wellholz der Stille
auf der Steinplatte des Seins!
Arbeite unermüdlich, beständig und guten Mutes.

5. Lege das Papadum in die zerlassene Butter von Brahman
in die Pfanne des unendlichen Schweigens,
und brate es über dem Feuer der Erkenntnis!
Wenn dann das „Ich" zum Selbst geworden ist,
iss und koste das Selbst als das Selbst,
und bleibe das Selbst allein.

(Englische Übersetzung von Prof. K. Swaminathan)

Selbsterkenntnis (Atma-Vidya)

Ein Devotee hatte auf einen Zettel geschrieben, dass Selbsterkenntnis sehr leicht sei, da man ja bereits das Selbst ist. Er überreichte ihn Bhagavan und bat ihn, ein Gedicht über das Thema zu schreiben. Bhagavan antwortete mit folgendem Gedicht:

---

[89] [eine Sorte ganzjähriger Kletterpflanzen, die in den trockenen Gegenden Indiens wächst]
[90] [Asant schmeckt ähnlich wie Knoblauch und wird in der indischen Küche gern als Gewürz verwendet.]

Refrain:

Sieh, Selbsterkenntnis ist ganz leicht,
sie ist ganz einfach.
Sogar für den ganz Schwachen
ist das Selbst so wirklich,
dass im Vergleich dazu eine Stachelbeere[91],
die man in der Hand hält,
eine reine Illusion ist.

1. Wahr, stark und immer neu ist das Selbst.
Aus ihm entspringen die Phantome des Körpers und der Welt.
Wenn dieses Trugbild vernichtet ist
und keine Spur mehr davon übrig bleibt,
erstrahlt die Sonne des Selbst hell und wirklich
in der unermesslichen Weite des Herzens.
Dunkelheit und Not haben ein Ende,
und Seligkeit steigt empor.

2. Der Gedanke „Ich bin der Körper" ist der Faden,
auf dem sich die verschiedenen Gedanken aneinanderreihen.
Wenn man sich nach innen wendet und fragt: „Wer bin ich,
und woher kommt dieser Gedanke?",
verschwinden alle anderen Gedanken.
Das Selbst erstrahlt dann von selbst
als „Ich, Ich" in der Herzenshöhle.
Solches Selbst-Gewahrsein ist der einzige Himmel,
ist Stille, ist die Wohnstatt der Seligkeit.

3. Was nützt es, die Dinge zu erkennen
und nicht das Selbst?
Wenn man dagegen das Selbst erkennt,
was gibt es dann außerdem noch zu erkennen?
Dieses eine Licht, das in den vielen Lebewesen erstrahlt,
dieses Selbst als aufblitzendes Bewusstsein
im Innern zu erkennen,

---

[91] Die Metapher von der indischen Stachelbeere (der *amlaka-* oder *nelli-Frucht*) wird traditionell für etwas benutzt, das offensichtlich ist.

ist das Spiel der Gnade, der Tod des Egos
und das Erblühen der Seligkeit.

4. Für jene, die sich aus den Banden des Karmas befreien
und den Geburten ein Ende bereiten wollen,
ist dieser Weg leichter als alle anderen Wege.
Bleib in dieser Stille, ohne Regung von Zunge, Geist und Körper,
und sieh den Glanz des Selbst im Innern.
Das ist die Erfahrung der Ewigkeit,
die Abwesenheit aller Furcht
und das unendliche Meer der Seligkeit.

5. Annamalai (Arunachala), du bist das Selbst,
das Auge hinter dem Auge des Geistes,
welches das Auge und alle anderen Sinne erkennt
sowie den Himmel und die anderen Elemente.
Du bist das Sein, das den inneren Himmel, der im Herzen erstrahlt,
enthält, enthüllt und wahrnimmt.
Wenn der gedankenfreie Geist sich nach innen wendet,
erstrahlt Annamalai als mein eigenes Selbst.
Zwar ist Gnade nötig und wir müssen Liebe hinzufügen.
Doch dann steigt die Seligkeit empor.

(Englische Übersetzung von Prof. K. Swaminathan)

Verse zu Bhagavans Geburtstag

Bhagavan wurde am 30. Dezember 1879 geboren. Nach dem Tamilkalender liegt sein Geburtstag im Monat dhanurmasa[92], wenn der Mond im Sternbild Punarvasu steht. Nach dem westlichen Kalender fällt dieser Tag auf Dezember-Januar. Als Devotees 1912 zum ersten Mal vorschlugen, Bhagavans Geburtstag zu feiern, drückte er seinen

---

[92] [Dhanurmasa beginnt etwa am 14.-16. Dezember und dauert bis Mitte Januar.]

Einwand in folgenden beiden Versen aus. Doch seine Schüler ließen sich nicht davon abschrecken, und seitdem ist sein Geburtstag (Jayanti) eines der größten jährlichen Feste im Ashram.

1. Ihr, die ihr Geburtstag feiern wollt, findet zuerst heraus, wer es ist, der geboren wurde. Unser wahrer Geburtstag ist der Tag, an dem wir ins ewige Sein eintreten, das immer besteht und das weder Geburt noch Tod erreichen kann.

2. Besonders an den jährlichen Geburtstagen sollten wir beklagen, dass wir ins *samsara* gefallen sind. Wenn man dieses Ereignis als ein Fest feiert, ist es, als würde man einen Leichnam schmücken und verherrlichen. Die Weisheit besteht darin, das eigene Selbst zu suchen und darin aufzugehen.

Beschwerde des Magens

Eines Tages wurde im Ashram ein Fest gefeiert. Viele hatten wegen der reichen Mahlzeit Magenbeschwerden. Jemand zitierte die Tamilpoetin Avvayar: „Oh du erbärmlicher Magen, du kannst nicht einmal für einen Tag ohne Nahrung auskommen oder Nahrung für zwei Tage auf einmal zu dir nehmen. Du hast ja keine Ahnung, welche Probleme ich deinetwegen habe. Es ist unmöglich, mit dir weiterzuleben."

Bhagavan antwortete darauf mit einer Parodie, in der sich der Magen beim Ego beschwert:

„Du gönnst mir keine Stunde Ruhe! Jeden Tag, jede Stunde isst du. Du hast ja keine Ahnung, wie sehr ich darunter leide, du Unruhe stiftendes Ego! Es ist unmöglich, mit dir weiterzuleben."

Neun einzelne Verse

Somasundara Swami, ein alter Devotee, bat Bhagavan, wenigstens eine Silbe (akshara) in sein Notizbuch zu schreiben. Akshara bedeutet auch „unvergänglich" und bezieht sich auf Brahman. Bhagavan schrieb einen kurzen Sinnspruch über die Schwierigkeit, ein akshara niederzuschreiben. Das ist der erste Vers unten. Die anderen Verse schrieb er bei verschiedenen Anlässen. Muruganer fügte sie in einigen seiner Gedichte ein. Die Reihenfolge schlug Bhagavan vor.

1. Eine Silbe (*akshara*) scheint für immer im Herzen als das Selbst. Wer kann sie niederschreiben?

2. Das *japa*, das die Quelle des Klangs erreicht, ist der beste Weg für jene, die nicht im Bewusstsein, der Quelle des „Ichs", gefestigt sind.

3. Wer seinen Körper, der Exkrete hervorbringt, für das Selbst hält, ist schlimmer dran als einer, der als Schwein geboren wurde, das Exkrete frisst.

4. Die unablässige Suche nach dem Selbst nennen wir die höchste Liebe für Gott. Denn Er allein wohnt als Selbst im Herzen aller.

5. Was der nach innen gekehrte Geist Friede nennt, zeigt sich außen als Macht.

Jene, die diese Wahrheit erreicht und gefunden haben, haben ihre Einheit erkannt.

6. Wer mit seinem Los zufrieden ist, der ist frei von Eifersucht. Er ist ausgeglichen im Wohlstand und wenn ihn ein Unglück trifft und nicht an Handeln gebunden.

7. Nur jener, der sich gerettet hat, kann anderen Menschen zur Freiheit verhelfen.

Wenn andere helfen, ist es, als würde ein Blinder einen Blinden führen.

8. Frage und Antwort gehören der Sprache und damit dem Bereich der Zweiheit an.
In der Einheit kann man sie nirgends finden.

9. Es gibt weder Schöpfung noch Vernichtung, weder einen, der gebunden ist, noch einen, der nach Freiheit sucht, nach ihr strebt und sie erlangt. Wisse, das ist die höchste Wahrheit.

Entschuldigung bei den Hornissen

Als Bhagavan eines Tages den Berg hinaufstieg, stieß er an ein Hornissennest und wurde von ihnen angegriffen und am Bein und Oberschenkel gestochen. Er empfand Reue, da er sie aufgestört hatte.

Muruganar fragte ihn im folgenden Vers:

Venkata trat auf einen verwilderten, grünen Busch. Die Hornissen stachen ihn, sodass seine Beine geschwollen waren. Er war ungewollt in ihre Behausung eingedrungen. Warum wurde er ohne Erbarmen behandelt, als hätte er mutwillig eine Sünde begangen?

Sri Bhagavan antwortete, ebenfalls in Versform:

Ich wurde aus Vergeltung von den Hornissen auf das Bein gestochen, bis es entzündet war. Obwohl ich nur aus Versehen auf ihr Nest getreten war, das sie in einem Strauch gebaut hatten, musste ich nicht dafür Buße tun?

Antwort an die Mutter

Als Bhagavan sein Zuhause verließ, versuchte seine Familie vergeblich, ihn aufzuspüren. Erst einige Jahre später machten sie ihn in Tiruvannamalai ausfindig. Seine Mutter war noch nicht reif genug, um der Welt zu entsagen und sich ihm anzuschließen. Im Dezember 1898 versuchte sie, ihren Sohn dazu zu überreden, nach Hause zurückzukehren. Zu dieser Zeit sprach Bhagavan nicht und reagierte nicht auf ihre Bitten. Pachaiappa Pillai, der in der Nähe war, gab Bhagavan Papier und Bleistift und bat ihn, wenigstens ein paar Worte des Trostes für seine Mutter aufzuschreiben. Er schrieb, dass was auch immer geschehen soll, auch geschehen wird.

Die folgende poetische Übertragung stammt von Major A.W. Chadwick (Sadhu Arunachala). Sie wurde von Sri Bhagavan überprüft.

Das Schicksal aller Seelen wird von Gott bestimmt,
wie es ihren vergangenen Taten entspricht.
Was bestimmt ist, nicht erlangt zu werden,
wird keiner erlangen,
so sehr er es auch versucht.
Was bestimmt ist zu geschehen,
muss sich eines Tages ereignen,
was immer du auch dagegen unternehmen magst.
Das ist gewiss. Schließlich sehen wir ein,
dass es das Beste ist zu schweigen.

Für die Genesung der Mutter

1914 machte Bhagavans Mutter auf dem Rückweg von einer Pilgerreise nach Tirupati einen kurzen Besuch bei ihm in Tiruvannamalai. In dieser Zeit bekam sie hohes Fieber. Einige dachten, es sei Typhus. Ihre Lage war kritisch, und Bhagavan schrieb folgendes Gedicht für ihre Genesung. Es braucht nicht erwähnt zu werden, dass sie wieder gesund wurde. Zwei Jahre später kam sie, um ständig in Bhagavans Ashram auf dem Berg zu wohnen.

1. Oh Berg meiner Zuflucht, der Du uns von der Krankheit der Wiedergeburt heilst. Oh Herr, es ist jetzt an Dir, das Fieber meiner Mutter zu heilen.

2. Oh Gott, der Du den Tod vernichtest! Meine einzige Zuflucht! Gewähre meiner Mutter Deine Gnade und bewahre sie vor dem Tod. Was ist der Tod, wenn man ihn genau erforscht?

3. Arunachala, Du loderndes Feuer der Erkenntnis (*jnana*)! Umfasse meine Mutter in Deinem Licht und mache sie eins mit Dir. Wozu ist dann noch eine Verbrennung nötig?[93]

4. Arunachala, Du Vertreiber der Illusion (*maya*)! Warum zögerst Du, den Fieberwahn meiner Mutter zu vertreiben! Gibt es einen außer Dir, der mit mütterlicher Besorgnis die flehende Seele beschützt und von ihr die Schicksalsschläge abwenden kann?

(Englische Übersetzung von Prof. K. Swaminathan)

Arunachala Ramana

Der Devotee Amritanatha Yati fragte Bhagavan schriftlich in einem Vers in Malayalam, ob er Hari (Vishnu), Sivaguru (Subrahmanya), Yativara (Shiva) oder Vararuchi sei. Bhagavan schrieb die Antwort im selben Metrum in Malayalam auf dasselbe Stück Papier.

In der Tiefe des lotusförmigen Herzens aller, von *Vishnu* abwärts, erstrahlt der *Paramatman* (das höchste Selbst) als reiner Intellekt (absolutes Bewusstsein). Er ist dasselbe wie Arunachala Ramana. Wenn der Geist in Liebe zu Ihm zerfließt und den innersten Bereich des Herzens erreicht, wo Er als der Geliebte wohnt, öffnet sich das

---

[93] Ramanas Mutter starb am 19. Mai 1922 und wurde verbrannt.

subtile Auge des absoluten Bewusstseins, und Er offenbart sich als reine Erkenntnis.

Das Selbst im Herzen

Dies ist eine poetische Version des achten Verses des Anhangs zu den Vierzig Versen. Wie es zu diesem Vers kam, wird in der dortigen Fußnote erklärt.

Im Innersten strahlt das Herz
allein als Brahman,
als „Ich-Ich", das bewusste Selbst.
Tritt tief in dieses Herz ein,
indem du mit kontrolliertem Atem das Selbst suchst
oder tief nach Innen tauchst,
und bleibe so immer im Atman.

9. Gelegentliche Verse

Tiruchuli

Nachdem Bhagavan einen Vers über Tiruchuli von Manikkavachagar gehört hatte, dichtete er folgenden Vers:

Du Selbst, das als beständige Seligkeit im Herzen der Devotees tanzt, Du einzigartiger Shiva, das höchste Licht, das unaufhörlich im hellen Tiruchuli erstrahlt, gewähre mir Deine Gnade und strahle als Herz in meinem Herzen.
(Englische Übersetzung von Prof. K. Swaminathan)

Hara und Uma

Easwara Swami fragte eines Tages Bhagavan in Versform:
Du Unberührter, nenne mir bitte den Namen des fließenden Stroms, des tanzenden Hara (Shiva) und der Uma im immerwährenden Tiruchuli.
Bhagavan schrieb folgende Antwort in Versform:

Da der Fluss, der durch Tiruchuli fließt, die Sünden jener vernichtet, die in ihm baden, nennt man ihn Pavahari. Da der Herr von der ganzen Welt verehrt wird, nennt man ihn Bhumisa. Der Name der weiblichen Gottheit ist Tunaimalai Ammai.[94]

---

[94] [Pavahari = pava (reinigen) + Hari (wörtl.: Beseitiger des Übels, Vishnu) Gemeint ist der Gandiniyar, der durch Tiruchuli fließt. Die örtlichen Gottheiten sind Bhuminathar und seine Gemahlin Tunaimalai Ammai.]

Heimatort und Eltern

Als Sri Bhagavan auf dem Arunachala wohnte, schrieb Easwara Swami folgenden Vers, in dem er nach Sri Bhagavans Heimatort und den Namen seiner Eltern fragte:

Ramana, der du auf dem blühenden Aruna wohnst, du solltest darüber nachdenken, ob du mir sofort deine Geschichte erzählst. Nenn mir deinen Heimatort und die Namen deiner Eltern. Die Welt wird es dir danken.

Bhagavan schrieb als Antwort:

Der Geist des wahren Sehers bleibt immer beim Einen, der die Farbe der untergehenden Sonne trägt [i.e. Arunachala]. Doch mein Vater war Sundara aus den von Bäumen umgebenen Tiruchuli und meine Mutter Alagamma, die seine Füße verehrte.

Die Merkmale Murugas

Ramana antwortete auf eine Frage, warum die Merkmale Murugas[95] in ihm nicht sichtbar seien:

Der Speer, der helle östliche Berg,
die mütterliche Milch der Gnade, die zwölf Arme,

---

[95] [Muruga ist auch identisch mit Skanda und Subrahmanya, dem Hindu-Gott des Krieges und Sohn Shivas und Parvatis, über den es viele Legenden gibt. Er hat einen Speer als Waffe (womit er die Unwissenheit vernichtet), und sein Reittier ist ein Pfau. Manchmal wird er auch mit zwölf Armen dargestellt. Er wurde lange von seiner Mutter gestillt. Sie (Parvati) gilt allerdings auch als *maya* (Illusion). Somit würde die „Furcht vor Ramanas Mutter" (als Parvati) die Furcht vor *maya* bedeuten. Der helle östliche Berg ist Arunachala.]

der große blaue Pfau, der den Geist betört,
sie alle sind in dem Maß da, als man in der Welt
in Furcht vor Ramana, der Mutter (oder: in Furcht vor Ramanas Mutter) lebt.

Über Subrahmanya

T.K. Sundaresa Iyer wünschte sich die tamilische Übersetzung eines Sanskrit-Verses über die Gottheit Subrahmanya, in dem Subrahmanya durch Ramana ausgetauscht wäre. Sri Bhagavan schrieb folgendes:

Der bei den Tugendhaften die Dunkelheit (des Nichtwissens) vernichtet, der in der Höhle (des Herzens) wohnt, der unvergängliche Eine aus Licht, die ewige Sonne, der den Speer des Gewahrseins wirft, Ramana in der Herzenshöhle, Ihn wollen wir verehren.
(Englische Übersetzung von Prof. K. Swaninathan)

Virupaksha-Höhle

Das gestaltlose und unvergängliche Sein steht enthüllt als mein Aruna-Berg da, in der verkörperten Gegenwart des Gottes mit den drei Augen.[96] Da die Virupaksha-Höhle die Devotees erhält, die in der Herzenshöhle dieses Gottes wohnen, können wir sie Mutter nennen.
(Englische Übersetzung von Prof. K. Swaminathan)

---

[96] [Shiva hat drei Augen – mit dem dritten Auge auf der Stirn.]

Die Kuh Lakshmi

Am Freitag, dem 5. im Monat Ani im Jahr Sarvadhari, am zwölften Tag des zunehmenden Mondes im Sternzeichen Visakha [18. Juli 1948], hat die Kuh Lakshmi die Befreiung erlangt.

Ganesha

Dies ist ein Gebet an den Herrn Ganesha, der alle Hindernisse beseitigt. Es bezieht sich auf die Geschichte aus dem Purana, die erzählt, dass Ganesha Vyasa[97] *als Sekretär diente und das Mahabharata niederschrieb. Es ist eine Bitte um Ganeshas Gnade für den Schutz der Vedanta-Philosophie.*

Oh Vinayaka (Ganesha), der Du die Worte des großen Weisen (Vyasa) auf eine Schriftrolle (d.h. die Ausläufer des Berges Meru) schriebst und auf dem siegreichen Arunachala den Vorsitz führst, beseitige diese Krankheit (d.h. *maya*), die die Ursache wiederholter Geburten ist, und schütze in Deiner Gnade den großen, edlen Glauben, der vom Honig des Selbst überfließt.

Vishnu

Wenn immer das *dharma* nachlässt und *adharma* zunimmt, wirst Du geboren, um die Tugend und Tugendhaften aufzurichten und die Bosheit zu entkräften. So erneuerst Du das Leben auf der Erde, oh

---

[97] [Vyasa ist ein Weiser, der die altindischen Schriften geordnet und das Vedanta begründet haben soll. Er ist zudem der Verfasser des Mahabharata.]

Geheimnisvoller. Wer sind wir, dass wir Deine Gestalt wahrnehmen könnten?

Dipavali

Die folgenden beiden Verse erklären die Bedeutung von Dipavali, dem Lichterfest.

Der Dämon Naraka[98] (Ego), der in der Hölle regiert,
denkt: „Ich bin dieser Körper."
Stell mit dem Diskus von *jnana* die Frage:
„Wo ist dieser Dämon?",
dann vernichtet Narayana (Vishnu) den Dämon.
Dieser Tag ist Naraka-Chaturdasi.

Wenn der niederträchtige Sünder, der viel gelitten hat,
weil er glaubte, dass die erbärmliche Heimat der Schmerzen,
der Körper aus Fleisch, das „Ich" ist,
als Selbst in all seiner Herrlichkeit erstrahlt,
nachdem er Naraka bezwungen hat,
dann ist das das Lichterfest Dipavali.

(Englische Übersetzung von Prof. K. Swaminathan)

---

[98] [dämonische Gottheit der Hindu-Mythologie. An Naraka-Chaturdasi, dem zweiten Tag von *Dipavali* (dem Lichterfest), wird der Sieg Krishnas über Naraka gefeiert.]

Das Wunder Dakshinamurtis

Wer ist der jugendliche Guru unter dem Banyan-Baum?
Die Schüler, die ihn aufsuchen, sind sehr alt.
Die Sprache des schönen Lehrers ist Schweigen.
Alle Zweifel der Schüler sind beseitigt.

Unter dem wunderbaren Banyan-Baum erstrahlt der jugendliche Guru.
Alte Schüler kommen zu ihm.
Schweigen ist des Lehrers Sprache.
Verschwunden sind die Zweifel der Schüler.

Das Selbst

Wenn man seine wahre Natur im Herzen verwirklicht,
ist das die Fülle von Sein-Bewusstsein-Seligkeit
ohne Anfang und Ende.

Befreiung

Die Taube, die der Hand des Jägers entkommt,
entkommt auch dem Wald, so sagt man.
Wenn der Jäger, der nach dem „Ich" jagt, Freiheit erlangt,
schrumpft der Wald in ein Zuhause zusammen.

Schweigen

Ein Devotee hatte über Bhagavan einen Artikel mit dem Titel „Wo Stille eine inspirierende Predigt ist" geschrieben. Nachdem Bhagavan ihn gelesen hatte, schrieb er folgenden Tamil-Vers:

Stille, die einzigartige Sprache, die immer im Herzen wogt,
ist der Zustand der Gnade.

Ein Buchstabe (Akshara)

[Devaraja Mudaliar berichtet in seinem Tagebuch, Eintrag vom 8.8.1946 Nachmittag: „Yogi Ramiah gab Bhagavan sein Notizbuch, deutete auf Muruganar und sagte: ‚Leute wie er schreiben Gedichte für das Jubiläum[99], aber Leute wie ich sind dazu nicht in der Lage. Dafür wünsche ich mir, dass Bhagavan etwas in mein Notizbuch schreibt.'

Da schrieb Bhagavan auf die Rückseite des Umschlags einen Vers, den er einst gedichtet hatte, als Somasundaraswami ihn gebeten hatte, für ihn ‚einen Buchstaben' zu schreiben. In Sanskrit bedeutet akshara sowohl Buchstabe als auch etwas Unvergängliches.]

Akshara ist ein einzigartiger Buchstabe. Du willst ernsthaft, dass ich ihn in dieses Buch schreibe. Da dieser einzigartige Buchstabe beständig und von sich aus als das Selbst im Herzen erstrahlt, wer könnte ihn da niederschreiben?

---

[99] das 50jährige Jubiläum der Ankunft Ramanas in Tiruvannamalai

Schlaf während des Wachens

Tiefschlaf kann man auch haben, während man ganz wach ist, indem man nach dem Selbst sucht. Verfolge ununterbrochen die Suche nach dem Selbst im Traum- und Wachzustand, solange die Unwissenheit des Schlafs sie durchdringt.

Der Jnani und sein Körper

Das schrieb Sri Bhagavan in seinen letzten Tagen:

Wie man das Blatt nach dem Essen wegwirft, so wirft der Seher seinen Körper ab.

Teil 2: Übersetzungen

10. Das göttliche Lied
(Die Essenz der Bhagavad Gita)

Bhagavan führte einmal mit einem Gelehrten ein Gespräch über den großen Wert der Bhagavad Gita. Ein Devotee klagte, dass es schwer sei, alle 700 Verse im Gedächtnis zu behalten, und fragte, ob es nicht einen Vers gäbe, den man sich als die Essenz der Gita merken könne. Bhagavan erwähnte Vers 20 im zehnten Kapitel: „Ich bin das Selbst, oh Gudakesa, das im Herzen aller Lebewesen wohnt. Ich bin der Anfang, die Mitte und auch das Ende aller Lebewesen."

Später wählte er 42 Verse aus, in denen auch der oben erwähnte Vers enthalten ist, und ordnete sie, damit sie als Anleitung dienen konnten. Er übersetzte sie auch ins Tamil und Malayalam.

Sanjaya (der Erzähler):

1. Krishna, der Besieger von Madhu[100], sprach voller Mitgefühl folgende Worte zu Arjuna, der niedergeschlagen war und Tränen in den Augen hatte. (II,1)

Sri Bhagavan (Krishna) sagte:

2. Dieser Körper, oh Sohn von Kunti (Arjuna), nennt man das Feld. Die Weisen nennen denjenigen, der dieses Feld (*kshetra*) kennt, den Kenner des Feldes. (XIII,1)[101]

3. Wisse zudem, dass Ich der Kenner des Feldes in allen Feldern bin, oh Bharata (Arjuna). Ich erachte das Wissen über das Feld und denjenigen, der es erkennt, als die wahre Erkenntnis. (XIII,2)

---

[100] [Krishna gilt als der Vernichter des Dämons Madhu, hier auch im Sinn von Vernichter der Unwissenheit.]
[101] [Mit „Feld" ist der Körper gemeint.]

4. Ich bin das Selbst, oh Gudakesa, das im Herzen aller Lebewesen wohnt. Ich bin der Anfang, die Mitte und auch das Ende aller Lebewesen. (X,20)

5. Denn für den Geborenen ist der Tod gewiss und für den Gestorbenen die Geburt. Deshalb sollst du dich nicht über das Unvermeidliche betrüben. (II,27)

6. Es (das Selbst) wurde weder geboren noch stirbt Es jemals. Da Es immer schon existiert, wird Es auch nicht zu existieren aufhören. Dieses ungeborene, ewige, beständige und uranfängliche Sein wird nicht getötet, wenn der Körper getötet wird. (II,20)

7. Dieses Selbst ist unverwundbar. Es kann nicht verbrannt und nicht nass werden. Es kann nicht verdorren. Es ist ewig, allgegenwärtig, alldurchdringend, unveränderlich, unbeweglich und immerwährend. (II,24)

8. Wisse, dass DAS [das Selbst], das alles durchdringt, unzerstörbar ist. Niemand kann das Unwandelbare vernichten. (II,17)

9. Das Unwirkliche hat kein Sein und das Wirkliche kein Nicht-Sein. Diese beiden Tatsachen werden von den Sehern der Wahrheit erkannt. (II,16)

10. Wie der allgegenwärtige Äther nicht beeinträchtigt (befleckt oder von etwas verunreinigt) werden kann, weil er nicht greifbar ist, so bleibt auch das Selbst, das den ganzen Körper durchdringt, unbefleckt (XIII,32).

11. Dieser Zustand, von dem es keine Rückkehr gibt, wird weder von der Sonne noch vom Mond noch vom Feuer erhellt. Er ist Meine höchste Wohnstatt. (XV,6)

12. Diesen höchsten Zustand nennt man das unmanifeste Unvergängliche (*avyakto akshara*). Es ist Meine höchste Wohnstatt. Für jene, die ihn erlangt haben, gibt es keine Rückkehr. (VIII,21)

13. Wer sich nicht täuschen lässt, frei von Stolz und Täuschung ist und die schädlichen Auswirkungen der Anhaftung überwunden hat, wer immer dem Selbst hingegeben ist, sich von den Wünschen abge-

wandt und die Gegensätze Freude und Leid völlig überwunden hat, der erlangt diesen unvergänglichen Zustand. (XV,5)

14. Doch wer die Anweisungen der Schriften missachtet und den Impulsen seiner Wünsche folgt, erlangt weder Vollkommenheit noch Glück noch den höchsten Zustand der Befreiung. (XVI,23)

15. Wer erkennt, dass der Höchste Herr in allen Lebewesen gleichermaßen wohnt, das Unvergängliche im Vergänglichen, sieht wirklich. (XIII,27)

16. Nur durch unerschütterliche Hingabe kann man Mich in dieser Gestalt erkennen und sehen, oh Arjuna, und sogar in Mich eingehen, oh du Peiniger der Feinde. (XI,54)

17. Das Vertrauen eines jeden Menschen entspricht seinem Wesen, oh Bharata. Der Mensch hat grundsätzlich die Fähigkeit zu vertrauen. Wie sein Vertrauen, so ist auch er. (XVII,3)

18. Der Mensch, der Vertrauen hat, sich konzentrieren kann und seine Sinne unterworfen hat, erlangt Erkenntnis. Hat er einmal Erkenntnis erlangt, erhält er schnell den höchsten Frieden. (IV,39)

19. Jenen, die Mich beständig mit Liebe verehren, gebe ich den Yoga des Verstehens, durch den sie Mich erlangen. (X,10)

20. Aus Mitleid mit ihnen vertreibe Ich, der Ich in ihrem Herzen weile, die aus Unkenntnis entstandene Dunkelheit mit dem strahlenden Licht der Erkenntnis. (X,11)

21. Bei jenen, deren Unwissenheit durch Weisheit vernichtet wurde, offenbart diese Weisheit das Höchste (*param*) wie die Sonne. (V,16)

22. Es heißt, dass die Sinne mächtig seien. Noch mächtiger als sie ist der Geist, noch mächtiger als er der Verstand, aber am Machvollsten ist Es (das Selbst). (III,42)

23. Wenn du Es (das Selbst) erkennst, das den Verstand überschreitet, oh Schwerbewaffneter, kontrolliere dein Ego durch das Selbst und schlage den Feind, der in Gestalt von Wünschen auftritt, wenn es auch schwierig ist. (III,43)

24. Wie ein loderndes Feuer den Brennstoff verzehrt, oh Arjuna, so verbrennt das Feuer der Erkenntnis alle Handlungen zu Asche. (IV,37)

25. Die Erkennenden nennen jenen einen Weisen, dessen Unternehmungen frei von Wünschen sind und dessen Handlungen im Feuer der Weisheit gereinigt worden sind. (IV,19)

26. *Brahma nirvana* (das Eingehen in Brahman) ist jenen zugesichert, die sich von Ärger und Wünschen befreit, ihren Geist unterworfen und das Selbst erkannt haben. (V,26)

27. Man sollte ganz allmählich still werden, indem man den Verstand (*buddhi*) festhält, den Geist ins Selbst sinken lässt und keinem Gedanken erlaubt, sich zu erheben. (VI,25)

28. Wohin auch der unruhige und unstete Geist wandert, man sollte ihn prüfen und kontrolliert zum Selbst zurückbringen. (VI,26)

29. Somit ist der Weise, der seine Sinne, seinen Geist und Verstand unterworfen hat und der hingebungsvoll die Befreiung sucht, der frei ist von Wunsch, Angst und Zorn, tatsächlich immer befreit. (V,28)

30. Der wirkliche Yogi sieht alle unvoreingenommen. Er sieht sich selbst in allen Geschöpfen und alle Geschöpfe in sich selbst. (VI,29)

31. Ich garantiere jenen Menschen die Erfüllung ihrer Bedürfnisse und Sicherheit, die Mich mit einem auf eins gerichteten Geist verehren. (IX,22)

32. Der Weise (*jnani*), der immer standhaft und dem Einen hingegeben ist, übertrifft alle anderen. Ich bin ihm überaus lieb, und er ist Mir überaus lieb. (VII,17)

33. Am Ende vieler Geburten kommt der Weise zu Mir. Er weiß: Vasudeva (Krishna) ist alles. Solch eine große Seele ist sehr schwer zu finden. (VII,19)

34. Wenn ein Mensch alle Wünsche des Geistes über Bord geworfen hat und in sich selbst zufrieden ist, sagt man von ihm, dass er in der

Weisheit gefestigt ist, oh Sohn der Pritha.[102] (II,55)

35. Wer alle Wünsche aufgibt, ohne Anhaftung handelt, frei von „ich" und „mein", der erlangt den Frieden. (II,71)

36. Wer weder die Welt plagt noch von ihr geplagt wird, wer frei ist von Freude und Ärger, Sorge und Angst, der ist Mir lieb. (XII,15)

37. Wer derselbe ist in Ehre und Schande, für Freund und Feind und alles persönliche Bestreben aufgegeben hat, von dem sagt man, dass er die Neigungen[103] überwunden hat. (XIV,25)

38. Wer sich allein am Selbst erfreut, ist mit dem Selbst völlig zufrieden. Für ihn gibt es nichts zu tun. (III,17)

39. Für ihn gibt es nichts, das er durch Handeln erlangen müsste, noch gibt es etwas, das er verlieren würde, wenn er nicht handelt. Er ist von niemandem abhängig, um etwas zu bekommen. (III,18)

40. Zufrieden mit dem, was immer die Gelegenheit bringen mag, frei von den Gegensätzen, frei von Neid, gleichmütig in Erfolg und Misserfolg ist er durch seine Handlungen nicht gebunden. (IV,22)

41. Der Herr wohnt im Herzen aller Lebewesen, oh Arjuna, und wirbelt sie durch seine natürliche Kraft (*prakriti*) umher, als wären sie an eine Maschine montiert. (XVIII,61)

42. Unterwirf dich Ihm mit deinem ganzen Sein, oh Bharata. Durch Seine Gnade wirst du den höchsten Frieden und die beständige Wohnstatt erlangen. (XVIII,62)

(Übersetzung von Arthur Osborne und Prof. Kulkarni)

---

[102] [Pritha ist Kunti, Arjunas Mutter.]
[103] [Die drei grundlegenden Neigungen (*gunas*) sind Reinheit, Leidenschaftlichkeit und Trägheit.]

11. Übersetzungen aus den Agamas

Die Agamas sind traditionelle Hindu-Schriften, die nicht weniger verbindlich und authentisch sind als die Veden. Sie gelten als göttlich offenbarte Lehre und nicht als von Menschen geschrieben. Vor allem die Tempelverehrung gründet auf ihnen.

Es gibt 28 Agamas, die als verbindlich betrachtet werden. Unter ihnen sind das Sarva Jnanottara und das Devikalottara hervorragende Beispiele für die rein advaitische Sichtweise oder Nicht-Zweiheit. Das Atma Sakshatkara ist der wichtigste Teil des Sarva Jnanottara.

Der Maharshi übersetzte diese beiden Agamas spontan in Tamilverse, das Devikalottara in seinen frühen Tagen, als er in der Virupaksha-Höhle lebte, und das Atma Sakshatkara 1933, als er bereits im Ashram am Fuß des Berges lebte. Beide Agamas sind Shivas Anweisungen für den Weg der Erkenntnis. Das letzte ist an seinen Sohn Guha (Subrahmanya) und das erste an seine Frau Parvati gerichtet.

Die Verse 70-72 im Devikalottara, die sogar die Verletzung von Pflanzen verbieten, gelten nicht für jene, die dem Weg der Erkenntnis folgen. Von ihnen wird keine extreme Disziplin oder extremes Verhalten verlangt. Beide Agamas stellen heraus, dass für den Weg der Erkenntnis die Fragen der Disziplin, der Rituale und des Verhaltens weniger wichtig sind als für die anderen Wege, da es ein Weg ist, der direkt auf das Herz einwirkt und spirituelle Erkenntnis hervorbringt.

Atma Sakshatkara (die allumfassende Erkenntnis)[104]

<u>Segensspruch von Sri Bhagavan</u>

Das ist das direkte Gewahrsein des Selbst,
das Ishwara [Shiva], der vorderste und höchste Herr,
(seinem Sohn) Guha in seiner Gnade erläuterte.
Jetzt lehrt er, der als das Selbst in meinem Herzen wohnt,
es in Tamil.

Shiva sagt:

1. Guha! Ich erkläre dir nun einen anderen Weg,
um die Wirklichkeit zu erreichen, die alles durchdringt
und zu subtil ist, als dass der Geist sie erfassen könnte.

2. Dadurch erlangst du die Erkenntnis des Gewahrseins,
die darin besteht, Shiva selbst zu werden.
Diese Lehre habe ich noch keinem anderen dargelegt.
So höre heute diese Weisheit von mir!

3. Sie wurde von der Linie der Gurus übermittelt
und überschreitet den Horizont der Logiker.
Sie dient der Befreiung von der Bindung
an den Kreislauf von Geburt und Tod.
Diese höchste Sichtweise erstrahlt überall.

4. Er, der Eine, das alle Dinge durchdringt,
Er, der sich als alles manifestiert,
Er, der Gesichter hat, die in alle Richtungen blicken,
Er, der jenseits der Gedanken ist,
Er, der alle Kategorien beinhaltet und sie auch überschreitet,
Er ist das Selbst.

---

[104] Dieses Gedicht enthält das Kapitel über die Selbstverwirklichung (Atma Sakshatkara) aus einem Text der Agamas, das als Sarva Jnanottara (der Höhepunkt allen Wissens) bekannt ist. Bhagavan Sri Ramana übersetzte ihn aus dem Sanskrit-Original ins Tamil.

5. Er überschreitet alle Wahrheiten,
Er ist jenseits von Sprache, Geist und Namen.
„Ich bin DAS (Shiva-Selbst)."
So solltest du mit einem völlig undifferenzierten Geist meditieren.

6. Fest gegründet als das ewige Sein,
unvergänglich und ohne Unterschiede,
als die alldurchdringende, unteilbare Erkenntnis,
die vom Geist nicht ergründet werden kann,
strahlt Es in Seiner Ursprünglichkeit.
Nichts kann sich mit Ihm vergleichen.

7. Makellos, unzerstörbar und völlig heiter
überschreitet die Erkenntnis alle Objekte
jenseits der Grenze der Gedanken, Vorstellungen und Zweifel.
Dieses (Höchste) bin ich.
Darüber besteht überhaupt kein Zweifel.

8. Diese höchste Gottheit, Shiva, bin tatsächlich ich.
Sie ist dem Wesen nach alle Mantren
und überschreitet sie alle,
Sie ist frei von Auflösung und Schöpfung.

9. Das Sichtbare, das Unsichtbare,
das Bewegte und das Unbewegte –
das alles wird von Mir durchdrungen.
Ich bin der Herr dieses Weltalls.
Alles scheint wegen Mir.

10. Erfüllt von einer Vielzahl von Formen,
eine anders als die andere,
erfüllt von einer Galaxie von Universen
ist das ganze Weltall,
von Shiva abwärts bis zur Erde,
in Mir gegründet.

11. Was immer in dieser Welt gesehen wird,
was immer in dieser Welt gehört wird,
was immer erstrahlt,

sei es in Begriffe von innen oder außen gefasst,
das alles wird von Mir durchdrungen,
dem alldurchdringenden Einen.
Wisse das!

12. Wenn jemand das Selbst betrachtet,
dabei aber Shiva, das höchste Selbst,
als etwas Getrenntes erlangen will
und in diesem Irrglauben über Shiva meditiert,
wird er durch eine solche Kontemplation
das Shiva-Sein nicht erreichen.
Wisse das!

13. „Shiva ist von mir verschieden.
Ich bin von Shiva verschieden" –
entwurzle diese Haltung der Unterscheidung.
„Ich bin wahrhaftig dieser Shiva" –
diese nichtduale Überzeugung sollst du immer üben.

14. Erfüllt von dieser nichtdualen Überzeugung,
soll er, der überall immer das Selbst ist,
in allen Dingen und in allen Körpern
nur das Shiva-Selbst sehen.
Darüber besteht überhaupt kein Zweifel.

15. Wer diese Überzeugung vom einen Selbst immer hat,
soll sich von der Täuschung und der dualen Sichtweise befreien.
Dieser Yogi erlangt Allwissenheit – so sagen es die Veden.
Das solltest du wissen.

16. Er, der in allen Schriften als der Ungeborene,
als Ishwara gepriesen wird,
dieses gestalt- und eigenschaftslose Selbst
bin tatsächlich Ich.
Darüber besteht überhaupt kein Zweifel.

17. Nur wer sein wahres Wesen nicht kennt, ist ein *jiva*
und den *dharmas* (Eigenschaften) von Geburt, Tod usw. unterworfen.
Wer sein wahres Selbst kennt, ist ewig.

Er ist rein. Er ist Shiva.
Darüber besteht überhaupt kein Zweifel, wisse das!

18. Deshalb muss der Mensch, der Unterscheidung übt,
das Selbst sorgfältig untersuchen und direkt verwirklichen.
Es erstrahlt auf zweifache Weise:
transzendent und nieder,
grobstofflich und subtil.

19. Das höchste *nirvana* ist das Höhere,
das Niedere manifestiert sich als die Schöpfung.
Mantren sind grobstofflich.
Was im unveränderlichen Gewahrsein bleibt,
ist das Subtile.

20. Shanmukha (Gott mit den sechs Gesichtern)!
Was helfen endlose Erklärungen,
ohne Es (Atman) zu erkennen, sag mir?
Das alles sind nur wunderbare Worte,
die Ursache der Täuschung des Geistes.

21. Alle *dharmas* (Eigenschaften, *nama-rupa*) wohnen im Selbst.
Welche von ihnen sich der *jiva* vorstellt
und worauf er sich immer wieder konzentriert,
die erlangt er.
Darüber besteht überhaupt kein Zweifel.

22. Was ich dir gesagt habe, ist die Erkenntnis des Selbst.
Ich habe es bündig zusammengefasst.
Alles ist gewiss das Wesen des Selbst.
Verstehe das und sei immer im Gedanken an das Selbst gestärkt!

23. Götter, Veden, Feueropfer,
die verschiedenen Gaben an die Priester während dieser Riten –
nichts davon existiert im Wesen des Selbst.
Sei auf die makellose, alles enthaltende,
beständige Erkenntnis des Selbst eingestellt!

24. Der *jiva*, der im unermesslichen Meer des Kreislaufs
von Geburt und Tod ertrinkt

und eine Zuflucht sucht,
der findet sie nur in der Erkenntnis des Selbst,
und in nichts anderem.
Wisse das!

25. Wer zum Höchsten wird
und sein Wesen, wie es wirklich ist, erkennt,
wird ohne Anstrengung in der Freiheit ruhen,
obwohl er all diese wechselnden Zustände erlebt.
Sei dir dessen gewahr!

26. Es gibt keinen größeren Segen,
als das Selbst zu gewinnen.
Meditiere immer über das Selbst!
Wer das Selbst ist,
ist tatsächlich das eine, alldurchdringende, höchste Selbst.
Sei dir dessen gewahr!

27. Das Selbst ist weder *prana* (der zirkulierende Lebensatem)
noch *apana* (die Luft, die sich nach unten bewegt)
noch die übergeordneten Organe noch die Sinne
noch der Geist und so fort.
Erreiche immer das Allwissende und Vollkommene
im Gedanken an das Selbst!

28. Es ist weder innen noch außen,
weder weit weg noch in der Nähe,
noch passt es an irgendeinen Ort.
Dieses Höchste ist gestaltlos,
es durchdringt alles und ist strahlend hell.
Richte deine Gedanken immer darauf!

29. Innen und außen durchdringend,
sich von (Vorstellungen wie) quer, oben und unten unterscheidend,
überall und immer fest gegründet
ist die Leere, das selbst strahlende Selbst.
Meditiere stets darüber und immer mehr!

30. Es ist keine Leere.
Es ist keine Nicht-Leere.
Es ist Leere und Nicht-Leere,
alles durchdringend, aber ohne Vorlieben.
Denk immer an dieses Selbst!

31. Das makellose, eigenschaftslose Selbst
ist frei von Leid und ohne etwas anderes, das es stützt,
frei von Kaste, Name und Form.
Meditiere ununterbrochen darüber!

32. Das Selbst kennt keine Zuflucht und nichts, was es stützt.
Man kann es nicht erfassen.
Nichts lässt sich mit ihm vergleichen.
Es ist makellose und ewig.
Meditiere immer voller Freude über dieses Selbst!

33. Man sollte die Leidenschaftslosigkeit umarmen,
auf diese Weise von aller karmischen Aktivität ablassen
und vor der Gesellschaft zurückscheuen.
Danach sollte man immer über das Selbst,
das in einem wohnt und allein existiert, meditieren.
Sei dir dessen gewahr!

34. Der Weise sollte die Gedanken an Land und Abstammung,
traditionelle Kasten und Lebensweise auslöschen
und täglich über sein Wesen meditieren.

35. „Man muss über dieses Mantra meditieren",
„Man muss diese Gottheit verehren",
„Das ist Meditation", „Das ist *tapas*" –
wirf diese Gedanken weit von dir
und konzentriere dich auf das Wesen deines eigenen Selbst!

36. Das Selbst ist ohne das Denken.
Gib den aufsteigenden Gedanken keinen Raum,
den früheren Verstrickungen in Gedanken!
Festige den denkenden Geist im Selbst
und mach das Denken zunichte!

37. Das Selbst kann weder gedacht werden
noch kann es nicht gedacht werden.
Es ist nicht das Denken.
Es ist das Denken.
Das Höchste, das Selbst tendiert zu keinem von beidem.
Meditiere immer über es!

38. Meditiere immer über DAS,
was das Denken nicht erreichen kann!
Erlaube dem Geist keine Zuflucht!
Die Freude, die man in Fülle in diesem Selbst erlangt,
ist jenseits von allen *tattvas* und vollkommen.

39. Sie ist ohne Unterscheidung
und außerhalb der Reichweite der Gedanken,
ohne etwas, das ihr vorausgeht (eine Ursache) oder ihr gleicht.
Sei im Absoluten versunken,
das als die höchste Seligkeit gepriesen wird!

40. Wirf jeden Wunsch nach Objekten von dir,
vernichte die Wirkweisen des Geistes!
Den nicht-dualen Zustand des Seins,
wenn der Geist zu existieren aufhört,
nennt man die höchste Seligkeit.

41. Für das Yoga des Selbst
sind alle Richtungen, alle Orte und alle Zeiten förderlich,
so sagen es die Schriften.
Die verschiedenen Kasten, Lebensformen und anderes
können für das Wesen der Erkenntnis keinen Unterschied machen.

42. Milch ist immer von derselben Farbe.
Die Kühe haben dagegen verschiedene Farben.
So ist es auch mit dem Wesen der Erkenntnis. Beobachte die Weisen.
Die Weisen sind in ihrer Art und in ihren Eigenschaften verschieden
wie die Kühe.
Ihre Verwirklichung ist dagegen dieselbe.
Das ist ein Beispiel, das wir kennen sollten.

43. Brahman ist allen vertraut und durchdringt alle.
Es erstrahlt in alle Richtungen.
Sei beständig in Ihm gegründet
und denk an keine unterschiedliche Region oder Richtung!

44. Der Weise, der ins Selbst eingegangen ist, muss in dieser Welt
nichts Besonderem, keiner Lebensform und Tradition folgen.
Für ihn gibt es nichts durch Handeln zu erlangen.
Kein Tun wird von ihm verlangt,
noch muss er sich an Vorschriften halten.
Wisse das!

45. Ob er sich bewegt, steht oder schläft,
ob er geht, isst oder trinkt,
ob er dem Sturm, der Kälte oder der Sonne ausgesetzt ist,
nichts beeinträchtigt ihn jemals.

46. Selbst wenn einer, der im Selbst gegründet ist,
von Angst, Armut, Fieber
oder einer Magenverstimmung betroffen ist,
ist er in Frieden und strahlt.
Er ist nie ratlos.
Versunken im Selbst genießt er Zufriedenheit.

47. „Ob ich nach vorne gehe oder zurückkehre,
ich bin nicht derjenige, der sich vorwärts oder zurück bewegt.
Wenn man nachforscht, gibt es kein Kommen und Gehen.
Ich war nie in das ständig wechselnde *dharma* von *prakriti*,
der Ursache der illusorischen Schöpfung, untergetaucht
und bin es auch jetzt nicht."

48. „Alles vorgeschriebene Tun ist das Werk von *prakriti*,
der Illusion.
Dieses *prakriti* ist die Ursache allen Handelns.
Ich bin der Makellose, ich handle nicht",
so denkt der Weise. Er erkennt die Wahrheit.

49. Wer es verdient hat, ein Befreiter genannt zu werden,
ist nicht an das illusorische *prakriti* gebunden.

Er wird nie von den Mängeln berührt,
die sich aus *prakriti* entfalten.

50. Wie der Strahl der Lampe die Dunkelheit
mit ihrem Licht vertreibt,
so erstrahlt das Selbst, das reine Licht der Erkenntnis
und vernichtet die verhüllende Dunkelheit,
die aus der unerklärlichen Unwissenheit kommt.

51. Wie das Feuer ins Nicht-Manifeste verschwindet,
wenn es alles verbrannt hat,
so erlangt auch der Yogi,
der ununterbrochen über das Selbst meditiert,
das Nicht-Manifeste.

52. Wenn man einen leeren Topf
von einem Platz auf einen anderen stellt,
scheint auch der Raum in ihm weggetragen zu werden.
Doch trägt man nicht nur den Topf weg?
So bleibt auch das Selbst, wie der Raum im Topf, unbeweglich.

53. Wenn der Topf zerbricht,
vereint sich der Raum in ihm mit dem großen Raum.
Wenn der träge Körper stirbt,
vereint sich das Selbst im Körper sofort mit dem höchsten Selbst.

54. So sprach der allwissende Herr,
die Macht, die hinter der Schöpfung steht,
zu seinem Sohn Guha:
„Wer von allen Bindungen frei ist,
verwirklicht die Allgegenwart
und das endlose, absolute Bewusstsein."

55. Wirf alle heiligen Schriften (*agamas*) weg!
Erlange das makellose *samadhi* des Eingehens ins Selbst!
Erkenne, dass nichts weiter zu tun übrig bleibt!
Vernichte alle falschen Vorstellungen von Unterschieden!

56. Der Yogi, der ununterbrochen
die besondere Erkenntnis des Selbst ergründet,

erlangt für immer den Zustand,
in dem die Wirklichkeit des Körpers verneint wird.
Dieser reine *jnani*,
der zur Aufrechterhaltung dieses richtigen *dharmas*
(nämlich dass die auf den Körper basierte Zweiheit falsch ist)
verpflichtet ist,
strahlt innen und außen.
Der Befreite geht, wohin er will.

57. Wenn er Allwissenheit, Seligkeit und Weisheit,
Unabhängigkeit und grenzenlose Stärke erlangt hat,
erstrahlt er als das Selbst ohne Leid.
Mit einem makellosen Körper geht er in Shiva ein.

58. Weder das *japa* des Namens, Verehrung,
das Baden im heiligen Wasser, rituelle Opfer
noch andere Praktiken sind hier relevant.
Weder die Früchte des *dharmas* und *adharmas*
noch Opfergaben an die Vorfahren
sind für ihn nötig.

59. Für ihn gibt es keine Regeln zu befolgen,
kein Fasten, nichts, was er erlangen würde,
indem er etwas tut oder etwas nicht tut,
kein Keuschheitsgelübte.
Wisse das!

60. Für einen, der körperlos ist, während er noch lebt,
ist es irrelevant, ob seine körperliche Existenz
dadurch beendet wird, dass er verbrennt, ertrinkt
oder von einer Klippe stürzt.
Genieße das Fest der Erkenntnis Shivas, der ewig und rein ist!
Sei frei von den Regeln, die die ganze Schöpfung befolgen muss,
und gehe umher, wie es dir gefällt!

61. Ich sage dir: „Das ist die Wahrheit, die Wahrheit, die Wahrheit."
Guha, ich sage es dir dreimal!
Es gibt nichts, was größer wäre,

nichts Größeres zu erkennen,
nichts, nirgends, niemals.

62. Er (der Yogi), dessen Überzeugung (durch die Haltung der Nicht-Zweiheit) gereinigt worden ist,
beachtet das Heilige in allem, was er sieht,
und meditierte über das Makellose.
Er wird (mein höchstes) Gewahrsein erlangen.

(Englische Übersetzung von Dr. H. Ramamurthy)

Devikalottara

Einleitung von Sri Bhagavan

Dieses Werk ist eines der kleinen Agamas. Der höchste Herr Shiva erklärt Devi Parvati, wie reife Seelen die höchste Weisheit erlangen können und wie sie leben müssen. Das ist die essenzielle Lehre aller Agamas über die spirituelle Erkenntnis. Es ist wirklich das Boot, das die Sterblichen retten kann, die kämpfen und im sorgenvollen Meer von *samsara* in endlosen Kreisen von Geburten und Toden versinken und wieder auftauchen. Es führt sie auf den direkten Pfad ans Ufer der Befreiung. Mögen alle ernsten Sucher nach der Wahrheit, anstatt verwirrt im Dunkeln umherzutappen und ihren Weg zu verlieren, die Hilfe dieses direkten Wegs annehmen und den höchsten Zustand von Glück und Frieden erreichen!

Anrufung

Meditiere im Herzen über den Herrn Ganesha – den stillen, einen, universalen Zeugen[105] – welcher der Nektar der göttlichen Seligkeit und gnadenvoll ist! Er erstrahlt als die reiche Blüte der Sucher, die dem Weg der spirituellen Weisheit folgen, den der Herr Ishwara der Göttin Ishwari im Devikalottara enthüllt und dargelegt hat.

Der Text

Devi:

1. Oh Herr aller himmlischer Lebewesen! Ich sehne mich danach, den Weg der höchsten Weisheit und die Verhaltensregeln zu kennen,

---

[105] Im Originaltext in Tamil steht hier das Wort *kari*. Es bedeutet Elefant und bezeichnet traditionsgemäß Ganesha. Aber *kari* bedeutet auch Zeuge, was sich auf das Universelle Selbst bezieht, wie es der advaitischen Erfahrung entspricht.

wodurch man Befreiung erlangen kann, damit die ganze Menschheit erlöst wird. Ich bitte dich, mich in Deiner Gnade zu belehren.

Ishwara:

2. Oh Königin unter den Frauen! Damit jeder Erkenntnis erlangen kann, erkläre ich dir heute in aller Klarheit die höchste Erkenntnis und die Regeln, die man befolgen muss. Dadurch werden die Schüler, die Unterscheidung üben, die Befreiung erlangen, die makellos und schwer beschreibbar ist.

3. Oh du Schöne! Wisse, dass derjenige, der nicht die Wahrheit in seinem Herzen durch diese spirituelle Weisheit, die man in diesem Agama findet, erkennen kann, sie nicht einmal durch das Studium von Millionen Bücher (*sastras*), die sich so weit wie der Himmel erstrecken, erlangen kann.

4. Wirf deshalb alle Angst von dir (diesem Weg zu folgen) und lege alle Zweifel ab! Gib die Anhaftung und den Wunsch nach irgendetwas auf, suche leidenschaftlich die höchste Erkenntnis mit aufrichtiger Hingabe und einem klaren Geist (ohne eine Spur von Verwirrung)!

5. Nichts als „mein" zu beanspruchen, mitleidsvoll allen Lebewesen Schutz anzubieten, sodass kein Lebewesen dich fürchtet, nach Befreiung zu streben, ins Yoga (der Vereinigung von *jiva* und *para*, der Verschmelzung des individuellen Selbst mit dem universalen Selbst) vertiefe, studiere dieses Werk und folge mit ganzem Herzen und beständig dem einzigen Weg, der hier aufgezeigt wird!

6.-7. Wenn man den Menschen beschreiben will, der seinen Geist, der rastlos und unruhig wie ein Wirbelwind ist, unter Kontrolle bringen kann und ihn still hält, muss man von ihm sagen, dass er tatsächlich Brahma (der Weltenschöpfer), Shiva (der Retter, der den Weg zur Befreiung aufzeigt) und Vishnu (der Erhalter der Welt) ist. Er ist Indra, der König der *devas*, und Subrahmanya (der Anführer aller himmlischen Mächte). Er ist Brihaspati, der Guru aller *devas*. Er ist der höchste Yogi und erntet den Erfolg seiner Enthaltsamkeit. Er ist ein großer Gelehrter (der alle Veden und Schriften gemeistert hat) und ein hervorragender Mensch. Er hat das wahre spirituelle Ziel erreicht.

8.-9. Das Mittel, womit der Geist, der rastlos ist und schneller als der Wind, kontrolliert werden kann, ist tatsächlich das Mittel, um Befreiung zu erlangen. Es ist gut für alle, die die beständige Wirklichkeit suchen. Es ist reines Bewusstsein und der Zustand der Festigkeit. Es ist zudem die einzig richtige Pflicht, die der Suchende, der Unterscheidung übt, befolgen muss. Es allein ist die Pilgerreise zu heiligem Wasser. Es allein ist Wohltätigkeit. Es allein ist Entsagung. Wisse, dass darüber überhaupt kein Zweifel besteht!

10. Wenn der Geist sich auch nur ein wenig bewegt, ist das *samsara* (weltliche Bindung). Wenn der Geist (im Zustand des Selbst) fest und bewegungslos bleibt, ist das die Befreiung (*mukti*). Das ist gewiss. Deshalb wisse, dass der Weise seinen Geist durch höchstes Selbst-Gewahrsein festhalten muss.

11. Das Glück, das in diesem Alleinsein erlangt wird, ist die höchste, grenzenlose Seligkeit. Welche gelehrte Person will nicht diese höchste Wirklichkeit genießen, in der es überhaupt kein Tun gibt, sag mir?

12. Frei von weltlichem Wissen wird der große Held, der reine Weisheit erlangt hat, in der es keine Sinnesobjekte gibt, die alles durchdringt und gestaltlos ist, auf alle Fälle unveränderliche Befreiung (*moksha*) erlangen, selbst wenn er keinen Wunsch nach Befreiung hat.

13. Das Bewusstsein (*chaitanya*), das mit dem „Bin"-Aspekt verbunden ist, nennt man *shakti*. Das Universum strahlt durch ihr Licht. Die ganze Schöpfung ist der Gedanke (*sankalpa*) der *shakti*. Der Zustand des Geistes, der völlig von Anhaftung frei ist, ist die reine Weisheit, die erlangt werden muss.

14. Die Leere, die das unendliche, allumfassende Ganze ohne ein Zweites ist, der Glanz der reinen Weisheit, die völlig ohne sichtbare Phänomene ist und im „Ich"-Aspekt besteht, ist der Same, der als Befreiung Frucht trägt. Sie gewährt Erlösung, indem sie einen befähigt, sich mit dem Höchsten zu vereinen.

15. Anstatt diesem direkten Weg zu folgen, meditiere nicht über die Chakren (die in den sechs *adharas*, den Zentren im Körper lokalisiert sind), nicht über die *nadis* (die subtilen Nerven, welche die zehn göttlichen Klänge wie *pranava* hervorbringen), nicht über die Götter mit ihren Lotus-Sitzen (in den *adhara*-Chakren, beginnend mit Vinayaka, d.h. Ganesha), nicht über die Mantra-*ksharas* (die machtvollen Silben für die Verehrung dieser Götter) und nicht über die verschiedenen Mandala-*murtis*, die göttlichen Aspekte, beginnend mit dem Sonnen-Mandala (*surya mandala*), Mond-Mandala (*chandra mandala*) und Feuer-Mandala (*agni mandala*)![106]

16. Jene, die dauerhafte Befreiung suchen, brauchen nicht zahlreiche Mantren (machtvolle Worte oder Texte aus den Schriften) zu wiederholen (um verschiedene Ziele zu erreichen) und auch nicht Yoga-Methoden wie Atemkontrolle (*pranayama*), Zurückhalten des Atems (*kumbhaka*) und Konzentration zu üben.

17. Es gibt keinen Raum für die Ausübung von *puja* (Verehrung von Gottheiten), *namaskaram* (Verneigung), *japa* (Rezitation), *dhyana* (Kontemplation) usw. Lass dir von mir sagen, dass die höchste Wahrheit, die in den Veden verkündet wird, nur durch *jnana* (Erkenntnis) erlangt werden kann! Deshalb ist es überhaupt nicht nötig, etwas anderes zu erkennen, das außerhalb einem selbst ist.

18. Bei jenen, deren Geist sich beständig ausweitet und sich an äußeren Objekten festhält, werden immer Umstände eintreten, die zunehmende Bindung bewirken. Wenn der nach außen wandernde Geist nach innen gerichtet wird, um in seinem natürlichen Zustand zu bleiben, dann wird man in der Welt nicht leiden. Wisse das!

19. Vereinige dich mit dieser einen Gesamtheit, die alles durchdringt, die kein Innen und Außen hat, die allen Vorstellungen von Richtungen wie oben, unten und zwischen beraubt ist, die alle Formen in der

---

[106] Manche Sucher üben strenge Entsagung und machen anstrengende Übungen. Sie meistern verschiedene Techniken und erlangen nebenbei auch übernatürliche Kräfte. Das alles muss gemieden werden, da es nicht zum letzten Frieden und zur Freude führt. Andererseits ist der Weg, der hier beschrieben wird, ein direkter Weg zur Befreiung.

Schöpfung annimmt und doch selbst formlos ist, die nur durch sich selbst erkannt werden kann und aus sich selbst erstrahlt!

20. Die Menschen handeln, indem sie ihre eigenen Ziele verfolgen. Entsprechend ernten sie die Konsequenzen ihres Tuns, wenn sie diese Ziele erreichen. Engagiere dich nicht in solchem Tun, das nicht frei von Fehlern ist (und zur Bindung führt)! Lenke deine Aufmerksamkeit völlig von äußeren Objekten weg und konzentriere dich nur auf das Selbst, das unsichtbar ist!

21. In unserem natürlichen Zustand existieren weder Handlungen, Ursache und Wirkung solcher Handlungen noch alle anderen Theorien, die (in den Schriften) dargelegt werden. Tatsächlich existiert nicht einmal die vielfältige Welt. Auch das weltliche Individuum, das an die vielfältigen Dinge dieser Welt gebunden ist, existiert nicht.

22. Das ganze Universum hat keine äußere Stütze (*niralamba*[107]). Es erstrahlt, indem es von diesem *niralamba* erleuchtet wird. Der Yogi, (der seinen Geist nach innen gerichtet hat,) vereinigt sich mit diesem Ganzen und wird eins mit ihm, indem er jedes Objekt in dieser Welt eins mit sich macht. Wisse das!

23. Wenn jemand nicht über diese große, alldurchdringende Leere, die der Raum des Bewusstseins (*chidakasa*) ist, meditiert, ist er ein *samsari* (ein weltliches Individuum), das immer an weltliche Dinge gebunden ist wie die Seitenraupe in ihrem selbstgesponnenen Kokon. Verstehe das!

24. Alle Lebewesen, welcher Gattung sie auch angehören, erleiden immer und immer wieder großes Leid. Höre meine Worte! Um all dieses Leid und diese Sorgen zu vermeiden, meditiere beständig und ununterbrochen über diese große Leere!

25. Gutes Handeln und Benehmen wurden nur deshalb vorgeschrieben, um den Sucher zum Weg der Erkenntnis zu führen. Gib sogar

---

[107] *Niralamba* ist die Wirklichkeit, die ohne eine Stütze/Grundlage existiert.

Salamba Yoga[108] auf, bei dem über ein Objekt (wie ein Mantra oder eine Gestalt Gottes) meditiert wird! Bleibe fest in deinem wirklichen Zustand (*sahaja swarupa*), in dem die äußere Welt nicht wahrgenommen wird![109]

26. Jemand, der mit dem Pfeil von *sunyabhava* alle *tattvas* (Prinzipien) zerstören kann, von der niedersten Welt (*patalaloka*) bis zur *shakti* (eines der höchsten *tattvas*), die alle miteinander verflochten sind, ist ein heldenmütiger Mensch. Er hat die höchste Weisheit erlangt, die die Materie übersteigt.[110]

27. Der Geist, der sich nach den Dingen dieser Welt sehnt, ist rastloser als ein Affe. Wenn man ihn von der Jagd nach äußeren Dingen abhält und ihn in der Leere der Nicht-Materie festhält, wird man direkt Befreiung erlangen.

28. Das volle Bewusstsein (*purna chit*), das nichts anderes als die wahre Bedeutung des Wortes „Ich" ist, durchdringt alle Prinzipien (*tattvas*), obwohl es sich von der falschen Überzeugung, der Körper zu sein, unterscheidet. Es ist die alldurchdringende Wirklichkeit.

29. Diese völlige Ganzheit durchdringt alle Geschöpfe innen und außen wie der Äther, vereint sich mit ihnen und ist selbst gestaltlos. Wer in dieser höchsten Seligkeit versunken ist, wird selbst zur höchsten Seligkeit. Sieh nur, wie wundervoll das ist!

30. Der sich ausdehnende Geist erlangt Friede und wird von selber still, wenn ihm alles entzogen wird, an dem er sich festhalten kann. Er

---

[108] Salamba Yoga bedeutet wörtlich Yoga mit Unterstützung (*alamba*), d.h. jede spirituelle Übung, in der sich der Geist als Unterstützung an ein Objekt hält, siehe auch die Verse 35, 38, 40 und 41.
[109] Mit den vorgeschriebenen Handlungen sind die Verehrung Shivas sowohl im Geist als auch äußerlich gemeint. Mit gutem Verhalten sind die verschiedenen Zeremonien, die in den Agamas vorgeschrieben werden, um Shiva in Gestalt (*saguna*) in einem Tempel zu verehren, gemeint.
[110] In *sunyabhava* ist sich das Individuum nur seines Bewusstseins gewahr, während alles andere für ihn wie eine Leere (*sunya*) und ohne Existenz ist.

ist wie das Feuer, das allmählich verlöscht, weil es nicht mehr genährt wird.

31. Du musst verstehen, dass die vier Zustände von Verblendung, Täuschung, Ohnmacht (aufgrund eines Schocks) und Träume wie auch Schlafen und Wachen vertrieben werden müssen.

32. Wenn man darüber meditiert, dass das eine Bewusstsein (*chit*) sich von *prana* (der Lebenskraft), das sich subtil an diesen grobstofflichen Körper angehängt hat, vom Geist, vom Intellekt und vom Ego unterscheidet, dann wird man in diesem Bewusstsein gefestigt.

33. Aufgrund des Schlafs und des Denkens verliert der Verstand immer seine Schärfe, seine Torheit nimmt zu, und er wird zerstörerisch. Erwecke diesen Geist mit Anstrengung, gestatte ihm nicht umherzuwandert und festige ihn im Zustand des Selbst! Übe das beharrlich, indem du den Geist immer und immer wieder in seinem natürlichen Zustand festmachst!

34. Wenn der Geist einmal beständig geworden ist, sollte er nicht mehr beunruhigt werden. Es gibt nicht die geringste Notwendigkeit, an etwas anderes zu denken und Zweifel zu unterhalten. Festige den Geist in diesem Zustand (des Selbstgewahrseins) und halte ihn still!

35. Entziehe dem Geist, der sich immer an irgendeinen Halt (an die Sinnesobjekte) klammert, diesen Halt! Mach den Geist, der rastlos ist, weil er sich an äußeren Dingen festhält, bewegungslos, und störe diese Stille nicht im Geringsten!

36. Meditiere über das unvergleichliche Selbst, das alle Formen durchdringt und doch unbefleckt bleibt (und sich nicht von ihnen beeinträchtigen lässt), wie der Äther, der alle Geschöpfe, die aus den fünf Elementen bestehen, durchdringt, unbefleckt zurückbleibt, wenn sie sich auflösen!

37. Wenn man diese Übung (*sadhana*) anwendet, in der der Geist, der rastlos wie der Wind ist, beständig zur Ruhe gebracht wird, dann ist der Zweck dieser Geburt als ein menschliches Lebewesen erfüllt. Das ist auch das Merkmal eines wahren Schülers.

38. Meditiere nicht, indem du den Geist auf die sechs *adhara*-Chakren fixierst, die unten, oben, in der Mitte oder irgendwo anders sind! Gib diese Meditationen auf und entziehe dem Geist stets jeden Halt, (sei er innen oder außen)!

39. Wenn der Geist einschläft, weck ihn auf! Wenn er beginnt umherzuwandern, mach ihn still! Wenn du den Zustand erreichst, in dem es weder Schlaf noch Bewegung des Geistes gibt, bleibe still in diesem natürlichen (wirklichen) Zustand!

40. Der Zustand, in dem der Geist jeden Halts beraubt ist, der immer makellos und rein ist und frei von weltlichen Anhaftungen, ist das Wesen der Befreiung, das man durch Erkenntnis erlangt. Behalte das fest im Gedächtnis!

41. Wenn du alle Anhaftung völlig vertrieben und diesen Geist im Herzen gefestigt hast, beharre immer auf deiner Übung, um das Gewahrsein zu stärken, das dann mit großer Strahlkraft und Klarheit leuchtet!

42. Wisse, dass jener, der immer über diese höchste Leere meditiert und in ihr durch die Kraft der beständigen Übung fest verankert ist, gewiss den großartigen Zustand erlangen wird, der jenseits von Geburt und Tod ist!

43. Götter und Göttinnen, Verdienste, Fehler und ihre Früchte, die ebenfalls *anya* (von einem selbst verschieden sind), Objekte der Anhaftung und die Erkenntnis dieser Objekte – all das führt einen zur Gebundenheit im mächtigen *samsara*.

44. Alle Objekte der Anhaftung sind Gegensatzpaare (wie Glück und Leid, gut und schlecht, Gewinn und Verlust, Sieg und Niederlage usw.). Wenn man sich über diese Gegensatzpaare erhebt, verwirklicht man das Höchste. Solch ein Yogi ist ein *jivanmukta*, der von der Bindung befreit ist. Wenn er den Körper abwirft, wird er zum *videhamukta*.

45. Ein Weiser sollte den Körper nicht aus Aversion für ihn aufgeben. Wisse, dass wenn einmal das *prarabdha* Karma (das Ergebnis der

angehäuften Handlungen), das für die Schöpfung dieses Körpers verantwortlich ist, aufhört, die körperlichen Lasten von selbst abfallen.

46. Das Bewusstsein, das als „Ich" im Herzenslotus erstrahlt, ist rein (makellos) und vollkommen unbewegt (ohne die Spur von Bewegung). Wird das Ego, das sich (aus diesem Bewusstsein) erhebt, zerstört, gewährt dieses Bewusstsein selbst die höchste Freude der Befreiung. Sei dir dessen sicher!

47. Vertreibe all deine Anhaftungen, indem du mit großer Hingabe beständig meditierst: „Ich bin dieser Shiva, die Gestalt des einen Bewusstseins, das immer unbefleckt von jedem Anhängsel ist!"

48. Gib jede Vorstellung von Land, Kaste, makelloser Gemeinschaft, *asrama* (die vier Lebensstufen von Schüler, Familienvater, Asket und Weltentsager) und ähnlichem auf! Bleibe fest und übe stets Meditation über das Selbst, deinen eigenen, natürlichen Zustand!

49. Ich allein bin. Keiner gehört zu mir, noch gehöre ich zu jemand anderem. Ich sehe keinen, dem ich gehöre, noch sehe ich jemand, der mir gehört. Ich bin ganz allein.

50. Wisse, dass der Mensch, der die feste Überzeugung erlangt: „Ich bin das höchste Brahman, ich bin der Herr des Universums!" der wahre Befreite (*mukta*) ist und dass derjenige, der widersprüchlichen Wegen folgt, gebunden ist.

51. An dem Tag, an dem man fähig ist, sich selbst mit dem inneren Auge als nicht der Körper wahrzunehmen, verschwinden alle Wünsche, und man erfährt vollkommenen Frieden.

52. Er, der in den Schriften als der Ungeborene und der Herr beschrieben wird, bin ich, der Atman (das Selbst), der für immer ohne Gestalt und Merkmale ist. Darüber besteht überhaupt kein Zweifel.

53. Ich bin reines Bewusstsein, makellos, völlig befreit und überall stets anwesend. Ich bin undefinierbar. Keiner kann mich erfassen oder verlassen. Ich bin frei von Sorge. Ich bin immer dem Wesen nach Brahman (*brahmamayam*).

54. Ich bin das Selbst, das Bewusstsein ist, vollkommen, unsterblich und in mir selbst gegründet, das sich vom empfindungslosen Körper unterscheidet, der auf den Bereich vom Kopf bis zur Sohle beschränkt ist, und beginnend mit den *antahkaranas* (den inneren Instrumenten wie der Geist und der Intellekt) von der Haut begrenzt ist.

55. Der nach Befreiung Suchende denkt: „Ich bin der Herr aller Schöpfung, sei sie bewegt oder unbewegt. Ich bin für das Universum Vater, Mutter und die Großeltern." Er meditiert konzentriert und leidenschaftlich nur über Mich, der Ich der große Zustand von *turiya* (der vierte Zustand, das Substrat von Wachen, Traum und Tiefschlaf) bin.

56. Ich werde durch Opfer und Bußübungen von allen himmlischen Wesen verehrt, von Brahma (dem Schöpfer), den begehrten himmlischen Jungfrauen, von Menschen, Yakshas (Naturgeister), Gandharvas (himmlischen Wesen), Nagas (heiligen Schlangen) und anderen halb-menschlichen Lebewesen und auch von vielen anderen. Wisse, dass jeder nur Mich verehrt!

57. Jeder verehrt durch viele Arten von Enthaltsamkeit und Wohltätigkeit nur Mich. Wisse, dass diese enorme Schöpfung, sei sie bewegt oder unbewegt, und alle Objekte nichts anderes als Ich, der Unendliche bin!

58. Ich bin weder der grobstoffliche noch der subtile Körper. Ich bin auch nicht der kausale Körper. Ich gehöre dem Universum an. Ich bin der Eine, der dem Wesen nach transzendente Erkenntnis ist. Ich bin zudem der ewige Eine, der Herr, der makellose Eine, der frei von den Zuständen (von Wachen, Traum und Tiefschlaf) und vom Universum ist.

59. Das anfangslose Bewusstsein ist ungeboren, ganz und wohnt für immer in seiner natürlichen Wohnstatt der Herzenshöhle. Es ist frei von Gestalt, Welt und Unreinheit. Es ist unvergleichlich und völlig ohne Anhaftung. Es kann vom Geist weder erfasst noch von den Sinnen gesehen oder gefühlt werden.

60. „Ich bin Es, die ewige, allgegenwärtige Wirklichkeit, die Brahman ist." Wer auf diese Weise lange Zeit meditiert und unerschütterlich bleibt, wird zum höchsten Brahman und erlangt Unsterblichkeit.

61. Nachdem ich das Wesen der Erkenntnis beschrieben habe, um jeden dazu zu befähigen, Befreiung zu erlangen, die immer verfügbar ist, will ich jetzt das Verhalten eines Suchers beschreiben. Edle Frau, höre mir still zu!

62. Oh Königin der Frauen, wisse, dass Baden in heiligem Wasser, Wiederholen heiliger Namen oder Worte (Mantren), tägliche Opfer (*homa*, heiliges Opfer in geweihtem Feuer), Verehrung, andere Feueropfer oder andere Arten von *sadhana*, die man nach dem sorgfältigen Studium der Schriften üben muss, nicht von jenem verlangt werden, der ernsthaft nach Befreiung sucht!

63. *Niyamas* (strenge Verhaltensregeln, was man essen soll und wann, wie man essen soll, was man tragen soll, wo man sich hinsetzen soll usw.), Verehrung von Göttern an heiligen Orten, *nama archanas* (die Verehrung der Götter durch die Rezitation heiliger Namen), *pitru karmas* (Opfer usw., die für die Ahnen ausgeführt werden, um ihnen zu einem hohen Zustand zu verhelfen), Pilgerreisen zu heiligen Orten, die auf der Erde entstanden sind, und Befolgung großer Gelübde sind nicht für den ernsthaften Sucher gedacht, wenn man genau darüber nachdenkt.

64. Er erntet nicht die Früchte seines Handelns, seien sie gut oder schlecht. Wichtige Feste und besondere Regeln, die von der Welt eifrig befolgt werden, sind nicht für ihn gedacht. Gib alles Handeln und alle Arten weltlicher Verhaltensregeln auf!

65. Gib alle religiösen Verordnungen und Regeln völlig auf! Da jede Art von Handeln zu Bindung führt, gib alle Pläne, geistigen Konflikte und jede Anhaftung an Kastenregeln auf!

66. Selbst wenn der Sucher viele Arten von übernatürlichen und magischen Kräften erlangt hat, wie etwa zu sehen, was unter der Erde vergraben ist, und sie der Welt zeigen kann, sollte er doch geistig nicht an ihnen haften.

67. All diese Kräfte bedeuten nur Bindung für die individuelle Seele. Zudem ziehen sie einen zu einem niederen Weg hin. Die höchste Freude der Befreiung liegt nicht in ihnen, sondern nur im unendlichen Bewusstsein.

68. Man muss sich unermüdlich und in allen Lagen mit Yoga (der Übung der Versunkenheit ins Selbst) befassen, ohne dass man zulässt, dass ein besonderes Ereignis einen ungünstig beeinflusst. Wenn durch Zweifel (und aufgrund früherer Übungen und *vasanas*) die Verlockung entsteht, sich zu heiligen Orten und Tempeln hingezogen zu fühlen, um Verehrung zu üben, so weise das sofort zurück!

69. Edle Frau, höre auf mich! Wisse, dass nur der Weise, der nichts tut, was zur Zerstörung von irgendeiner Lebensform wie Insekten, Würmer, Vögel und Pflanzen führt, ein Mensch ist, der wahre Erkenntnis sucht!

70. Der wirkliche Sucher soll nicht zarte Wurzeln duftender Pflanzen ausreißen (wie man es oft für die rituelle Verehrung tut). Er soll keine Blätter pflücken. Er soll aus Ärger nichts Lebendes verletzen. Er soll nicht einmal herzlos Blumen pflücken.

71.-72. Er soll den Herrn Shiva nur mit Blumen verehren, die abgefallen sind. Er soll keine Nachsicht für abscheuliche Praktiken zeigen wie *marana* (die Feinde durch den Gebrauch bestimmter Mantren zu vernichten), *uchadana* (jemanden mit der Kraft der Mantren zu vertreiben), *vidveshana* (gegenseitigen Hass zwischen Freunden zu schüren), das bekannte *sthambana* (das Lähmen), Fieber zu verursachen, böse Geister zu aktivieren, Aufruhr zu schüren, andere unberechtigt unter Kontrolle zu bringen, andere anzuziehen und zu betören usw. Er sollte die Verehrung von Steinen, Objekten aus Holz und ähnliches aufgeben.

73. Er hat die großen *mudras*, mithilfe derer man den Geist auf die *devatas* (Gottheiten) richtet, die in heiligen Orten und Tempeln wohnen, aufgegeben wie auch die damit verbundenen Opferhandlungen. Er ist die *vasanas* losgeworden, die sich in der Vergangenheit durch

solche Praktiken angesammelt haben, und hält sich nur am Selbst fest, dem alldurchdringenden, wahren Bewusstsein.

74. Sei allem gegenüber neutral! Lass dich von nichts betören! Sei gleichmütig im Glück und Leid! Sei für Freund und Feind derselbe! Behandle die Scherbe eines zerbrochenen Topfs gleich wie ein Stück Gold!

75. Wisse, dass der makellose Yogi einer ist, der nicht zulässt, dass er vom Wunsch nach Sinnesvergnügen beeinflusst wird, der sich selbst von *mamakara* (Dinge als Eigentum zu betrachten) befreit hat, der einen beständigen Geist hat, der frei ist von Wunsch und Furcht und der immer das Selbst genießt!

76. Er ist von Lob und Verleumdung unberührt, behandelt alle Geschöpfe gleich und betrachtet alle gleich (*sama drishti*), indem er alle Lebewesen in der Welt als sich selbst ansieht.

77. Vermeide unnötige Argumente und weltliche Gesellschaft! Schaffe kein Missverständnis zwischen den anderen! Schließe dich keinen religiösen Gemeinschaften an, die in den Schriften (*sastras*) bewandert sind! Gib sowohl Beleidigung als auch Lob auf!

78. Werde allmählich Eifersucht, Verleumdung, Prunk, Leidenschaft, Hass, Begehren, Ärger, Furcht und Sorge völlig los!

79. Wenn ein Mensch von allen Gegensatzpaaren frei ist und immer in Einsamkeit (allein in sich selbst gegründet) lebt, erlangt er vollkommene Weisheit, selbst wenn er im Körper lebt, und erstrahlt mit großem Glanz.

80. Befreiung wird nur durch Erkenntnis (*jnana*) erlangt. Solch eine Frucht ist durch andere Kräfte (*siddhis*) nicht zu erlangen. Trotzdem lassen sich die Sucher von schändlichen weltlichen Vergnügungen und Wunderkräften (*siddhis*) bezaubern und verfolgen sie mit Begehren.

81. Wisse, dass der reine, makellose Mensch den makellosen Herrn (das höchste Brahman) erfahren wird und Befreiung erlangt, ob er nun übernatürliche Kräfte besitzt oder nicht!

82. Der Körper besteht aus den fünf Elementen (Erde, Wasser, Feuer, Luft und Äther). Der alldurchdringende Shiva hat auch hier seine Wohnstatt. Deshalb ist das ganze Universum, vom Unsichtbaren, alldurchdringenden *sivam* (dem höchsten und abstraktesten *tattva* oder Prinzip) bis hin zur Welt die Gestalt Shankaras[111].

83.-84. Meine geliebten, ernsthaften Sucher, die den Erleuchteten sehen und ihn mit den drei Instrumenten (Geist, Wort und Körper) einmütig verehren, ihm mit Liebe süß duftendes Sandelholz, Früchte, Blumen, Räucherwerk, gutes Badewasser, Kleidung und Nahrung, darbringen, werden auf diese Weise Befreiung erlangen. Wisse, dass jene, die den *jnani* verehren, die Frucht seiner gerechten Taten ernten und jene, die ihn beleidigen, die Frucht seiner Sünden!

85. Ich habe dir die Wahrheit über die Erkenntnis und das entsprechende Verhalten enthüllt, wie du mich gebeten hast. Dieser ganze Weg ist *kalottara jnana* (die Erkenntnis, die am Ende der Reife offenbart wird). Oh edle Frau, sag mir, willst du noch weitere Fragen stellen?

(Englische Übersetzung von T.K. Jayaraman)

---

[111] [ein Name Shivas]

12. Übersetzungen von Shankara

Im achten Jahrhundert n. Chr. war die reine Vedanta-Lehre, die Lehre des Advaita oder der Nicht-Zweiheit, die die Essenz des Hinduismus ist, nur noch spärlich vorhanden. Sie wurde vom großen spirituellen Meister Shankara, der auch als Shankaracharya (der Lehrer Shankara) bekannt ist, wiedererweckt. Ramana Maharshi, der vollkommene jnani, d.h. einer, der von der Illusion befreit und in der absoluten Erkenntnis gegründet ist, nahm Shankaras Lehre als seine eigene an. Immer wieder übersetzte er das eine oder andere Werk entweder spontan oder weil Devotees, die kein Sanskrit konnten und eine Übersetzung ins Tamil wollten, ihn darum baten.

[Arthur Osborne berichtet darüber:

„Sri Bhagavan machte auch noch einige Übersetzungen, hauptsächlich von Shankara. Ein Besucher hatte Shankaras Vivekachudamani in der Virupaksha-Höhle liegengelassen. Sri Bhagavan las es und empfahl es Gambiram Seshayyar. Jener konnte jedoch kein Sanskrit. Palaniswami lieh sich eine tamilische Übersetzung aus. Daraufhin schrieb Seshayyar an den Verleger mit der Bitte um ein Exemplar, erhielt jedoch die Nachricht, dass das Buch vergriffen sei. Also bat er Sri Bhagavan um eine einfache Darstellung des Inhalts in tamilischer Prosa. Sri Bhagavan hatte kaum damit begonnen, als Seshayyar die lyrische Ausgabe erhielt, die er bestellt hatte. Die Übersetzung blieb deshalb unvollendet. Wenige Jahre später nahm er die Arbeit daran auf Bitte eines anderen Schülers wieder auf und beendete sie. Der Schüler wollte sie veröffentlichen. Deshalb schrieb Sri Bhagavan auch ein Vorwort dazu, das eine Inhaltsangabe des Buches sowie eine knappe Darstellung seiner Lehre enthält.

Die Übersetzung von Shankaras Atma Bodha war das letzte seiner Werke. Er besaß das Buch bereits in seiner frühen Virupaksha-Zeit, hatte aber nie daran gedacht, es zu übersetzen. 1949 erhielt der Ashram eine tamilische Übersetzung davon, die vermutlich nicht sehr gut war. Wenig später fühlte sich Sri Bhagavan gedrängt, eine eigene Übersetzung zu machen. Einige Tage lang ignorierte er den Impuls, aber die Worte kamen ihm von selbst in den Sinn, Vers für Vers, als habe er sie bereits geschrieben. Also bat er um Papier und Bleistift und schrieb sie auf. Die Arbeit fiel ihm so leicht, dass er scherzte, ein anderer Autor könne daherkommen und behaupten, dass es sein Werk sei und er es nur abgeschrieben habe."][112]

---

[112] Osborne: Ramana Maharshi und der Weg, S. 200f

Dakshinamurti Stotra (Das Preislied für Dakshinamurti)

Sri Bhagavans Einleitung zum Dakshinamurti Stotra:

Brahma, der Gott mit den vier Gesichtern, erschuf aus seiner Geisteskraft vier Söhne: Sanaka, Sanandana, Sanatsujata und Sanatkumara. Er bat sie, die Arbeit der Schöpfung der Welt, ihren Erhalt usw. zu übernehmen, aber sie zeigten daran kein Interesse, da sie völlig ohne Anhaftung waren. Auf der Suche nach Frieden und Stille wanderten sie umher. Da sie völlig leidenschaftslos waren und reif (um spirituelle Unterweisung zu erhalten) manifestierte sich Shiva, der große Gott des Erbarmens, vor ihnen in menschlicher Gestalt als Dakshinamurti (der Gott, der nach Süden schaut). Er saß still und in sich versunken unter einem Banyan-Baum. Mit der rechten Hand machte er die Geste des *chinmudra*.[113] Die vier Sucher wurden von ihm angezogen wie Eisen von einem Magneten. Sie saßen vor ihm und waren wie er ins Selbst vertieft. Sogar fortgeschrittene spirituelle Sucher können diesen Zustand der Stille nicht leicht verstehen. Die Welt, der Seher und das Gewahrsein, das es ermöglicht, die Welt wahrzunehmen, sind Hindernisse auf ihrem Weg. Aber da es die eine Kraft (*shakti*) ist, die sich als diese drei manifestiert und sie wieder in sich hineinzieht, ist alles diese Kraft, die das Selbst ist. Shankara hat diese Wahrheit in folgendem Loblied ausgeführt.

Shankaras Hymne an Dakshinamurti

(übersetzt nach Sri Bhagavans Übertragung ins Tamil)

Nach der hinduistischen Mythologie ist Dakshinamurti (was „nach Süden blickend" bedeutet) Gott oder Shiva, der sich als jugendlicher, göttlicher Guru manifestiert und Schüler, die älter als er sind, durch den stillen Einfluss auf ihre Herzen führt. Der Name wird auch als Dakshina-amurti getrennt und bedeutet „gestaltlose Macht".

---

[113] **Chinmudra** bedeutet wörtlich „Geste des reinen Bewusstseins", in welcher der Daumen und der Zeigefinger sich berühren und die anderen Finger ausgestreckt sind. Diese Geste symbolisiert die Einheit hinter der Vielfalt sowie die Identität der individuellen Seele mit dem höchsten Selbst.

Der Maharshi war die Manifestation Shivas, der göttliche Guru, der durch Stille lehrte, und wird deshalb mit Dakshinamurti gleichgesetzt.

Anrufung

Dieser Shankara, der als Dakshinamurti in Erscheinung trat, um den großen Asketen (Sanaka, Sanandana, Sanatkumara und Sanatsujata) Frieden zu schenken, der seinen wahren Zustand der Stille enthüllte und das Wesen des Selbst in dieser Hymne zum Ausdruck brachte, er wohnt in mir.

Die Hymne

Ihn [Dakshinamurti], der durch Stille das Wesen des höchsten Brahman lehrt, der jung und der bedeutendste Guru ist, der von den fähigsten Schülern umringt wird, die standhaft in Brahman bleiben, dessen Hand die Geste der Erleuchtung zeigt,[114] dessen Wesen Seligkeit ist, der sich seiner selbst erfreut, der ein gütiges Antlitz hat – den Vater in der Gestalt des Nach-Süden-Schauenden[115] verehren wir!

Vor ihm, der aufgrund von *maya* wie in einem Traum in sich das Weltall wie eine Stadt in einem Spiegel sieht[116], das sich aber zeigt, als sei es außen, vor ihm, der beim Erwachen sein eigenes, einziges Selbst wahrnimmt, vor ihm, dem ersten Guru Dakshinamurti verneigen wir uns!

Ihn, der wie ein Magier oder wie ein großer Yogi durch seine eigene Kraft dieses Weltall zur Schau stellt, das anfangs undifferenziert ist wie der Keim im Samen, aber unter den verschiedenen Bedingungen

---

[114] Es gibt viele *mudras* oder Gesten der Hände, die im indischen Tanz und in der bildenden Kunst vorkommen und von denen jede ihre eigene Bedeutung hat.
[115] Der höchste Guru ist nach der traditionellen Sichtweise der spirituelle Nordpol und schaut deshalb traditionsgemäß nach Süden.
[116] Die Stadt, die man im Spiegel sieht, ist eine beliebte Metapher für *maya*, die Illusion.

von Raum, Zeit und Karma vielfältig wird und sich ihm durch *maya* zeigt, den Guru Dakshinamurti verehren wir!

Ihn, dessen Leuchtkraft, die dem Wesen nach Sein ist, allein erstrahlt und in die objektive Welt eintritt, die wie das Nichtexistierende ist, ihn, der denjenigen, die bei ihm Zuflucht suchen, die große Aussage „Das bist Du" lehrt, ihn, den sie erkennen, womit es für sie kein Zurückfallen ins Meer der Geburt mehr gibt, ihn, der die Zuflucht der Asketen ist, den Guru Dakshinamurti verehren wir!

Ihn, der wie die Lampe in einem Topf mit vielen Löchern erstrahlt, ihn, dessen Erkennen sich durch die Augen und die anderen Sinnesorgane nach außen bewegt, ihn, der als „Ich weiß" glänzt, wodurch das ganze Weltall erstrahlt, ihn, den unbeweglichen Guru Dakshinamurti verehren wir!

Jene, die das "Ich" als Körper, Atem, Sinne, Intellekt und die Leere betrachten, sind wie Frauen, Kinder, Blinde und Dumme irregeführt und reden viel. Ihn, der die große Illusion, die von der Unwissenheit herrührt, vernichtet, der die Hindernisse der Erkenntnis beseitigt, den Guru Dakshinamurti verehren wir!

Ihn, der schläft, wenn der manifeste Geist sich auflöst, da er von *maya* verschleiert wird wie die Sonne oder der Mond bei einer Sonnen- oder Mondfinsternis, und der beim Erwachen die Existenz des Selbst in Gestalt von „Ich habe bis jetzt geschlafen" erkennt, ihn, den Guru von allem Bewegten und Unbewegten, ihn, Dakshinamurti verehren wir!

Ihn, der durch die Geste seiner Hand die Erleuchtung andeutet, der seinen Devotees sein eigenes Selbst offenbart, das für immer innen als „Ich" erstrahlt, beständig und in allen veränderlichen Zustanden wie Kindheit (Erwachsensein und Alter), Wachen (Träumen und Tiefschlaf), ihn, dessen Auge die Gestalt des Feuers der Erkenntnis hat, den Guru Dakshinamurti verehren wir!

Das Selbst, das von *maya* irregeführt wird und das Weltall im Traum und im Wachen mit seinen Unterschieden wie Ursache und Wirkung,

Meister und Diener, Schüler und Lehrer, Vater und Sohn wahrnimmt, ihn, den Guru der Welt, Dakshinamurti, verehren wir!

Ihn, dessen achtfache Gestalt das ganze bewegte und unbewegte Weltall ist, das als Erde, Wasser, Feuer, Luft, Äther, Sonne, Mond und die individuelle Seele erscheint, jenseits von dem, der das Höchste ist und alles durchdringt, es für denjenigen, der Ergründung übt, nichts anderes gibt, ihn, den gnädigen Guru Dakshinamurti verehren wir!

In dieser Hymne wurde der Atman erklärt. Wenn du sie hörst, über ihre Bedeutung nachdenkst, über sie meditierst und sie rezitierst, stellt sich zusammen mit dem höchsten Glanz des Atman die Herrschaft ein. Dadurch werden die acht übernatürlichen Kräfte[117] wiedererlangt.

---

[117] [Die acht übernatürlichen Kräfte sind: seinen Körper unendlich zu verkleinern oder zu vergrößern, unbeschreiblich schwer oder nahezu gewichtslos zu werden, überallhin gehen zu können, sich alle Wünsche erfüllen zu können, völlige Herrschaft und die Kraft, sich alles zu unterwerfen und zu besitzen.]

Guru Stuti (Das Preislied für den Guru)

Einleitung von Sri Bhagavan

Als Shankara durchs Land zog, debattierte er mit den Vertretern verschiedener philosophischer Richtungen und besiegte sie alle. Einmal kam er in die Stadt Mahishmati im Norden, wo Mandana Mishra, ein Vertreter der vedischen Rituale, lebte. Er besiegte ihn in der Debatte, aber seine Frau weigerte sich, den Sieg anzuerkennen, solange er nicht auch sie besiegt hatte. Also debattierte Shankara mit ihr und besiegte sie bei allen Themen, außer der Erotik. Er bat sie um eine Frist von einem Monat, ließ seinen Körper unter Bewachung seiner Schüler in einer Höhle zurück und nahm den toten Körper von König Amaruka an. Dann hielt er sich bei den hundert Königinnen in Gestalt ihres Gemahls auf. Als seine Schüler bemerkten, dass die Frist, die ihr Guru festgesetzt hatte, verstrichen war, bekamen sie Angst. Einige von ihnen verkleideten sich als Musikanten und sangen folgendes Lied, um ihn an seine Rückkehr zu erinnern:

Der Text

1. Das ist die Wahrheit, die der Weise als das Selbst verwirklicht. Es ist das, was übrig bleibt, nachdem er sich von äußeren Objekten zurückgezogen hat, seien sie mit oder ohne Gestalt (Äther, Luft, Feuer, Wasser und Erde), und die Anweisung in den Schriften: „Nicht dies, nicht dies" sorgfältig anwendet. Das bist du!

2. Das ist die Wahrheit, die sich unter den fünf Hüllen verbirgt, nachdem sie die Grundlagen (Äther, Luft, Feuer, Wasser und Erde) erschaffen hat und in die Welt eingetreten ist. Der Weise hat sie mit dem Dreschflegel des Urteilsvermögens herausgedroschen, so wie man durch Dreschen und Auslesen die Spreu vom Weizen trennt. Das bist du!

3. Wie wilde Pferde durch Peitschenhiebe und Bestallung gezähmt werden, so werden auch die ungezügelten Sinne, die unter den Objekten umherstreunen, durch die Peitsche der Unterscheidung gezügelt,

indem nachgewiesen wird, dass die Objekte unwirklich sind, und sie werden vom Weisen mit dem Seil des reinen Intellekts ans Selbst gebunden. Das ist die Wahrheit. Das bist du!

4. Der Weise versichert, dass die Wahrheit im Substrat besteht, das sich von den Zuständen des Wachens, Traums und Tiefschlafs, seinen eigenen ausgedehnten Zuständen, unterscheidet, die von ihm zusammengehalten werden wie die Blumen in einer Girlande. Das bist du!

5. Das ist die Wahrheit, welche die Schriften als erste Ursache von allem aufzeigen und durch Aussagen wie „Der *Purusha* ist das alles", „wie das Gold im Schmuck" usw. verdeutlichen. Das bist du!

6. Die Wahrheit wurde von den Schriften machtvoll verkündet wie etwa in den Aussagen: „Er, der in der Sonne ist, ist auch im Menschen", „Er, der in der Sonne erstrahlt, strahlt auch im rechten Auge" usw. Das bist du![118]

7. Das, was die reinen Brahmanen so begierig suchen, indem sie die Veden wiederholen, religiöse Gaben spenden, ernsthaft ihre hart erarbeitete Erkenntnis anwenden und Entsagung üben, ist die Wahrheit. Das bist du!

8. Das ist die Wahrheit, die die Tapferen erlangt haben, indem sie mit einem kontrollierten Geist gesucht und Enthaltsamkeit und Buße geübt haben und indem sie durch das Ich hinabgetaucht sind. Da sie das Selbst verwirklicht haben, werden sie als Helden betrachtet, die das höchste Ziel erreicht haben. Das ist das transzendente *satchidananda* (Sein-Bewusstsein-Seligkeit). Wenn man es erlangt hat, gibt es nichts, worüber man sich noch sorgen müsste, da vollkommener Friede herrscht. Das bist du!

Als der Acharya (Shankara) dieses Lied hörte, bat er seine Schüler wegzugehen. Er trat sofort aus dem Körper des Königs aus und wieder in seinen eigenen ein. Dann ging er zu der Frau von Mandana

---

[118] [Diese Zitate gehen auf Gaudapada und die Ursprünge der Advaita-Lehre zurück. Das rechte Auge ist das, was den Atman erkennt. Die Sonne ist ein Name für den kosmischen Atman.]

Mishra, schlug sie in der Debatte und machte sie und ihren Mann zu seinen Schülern. Anschließend ging er seiner Wege und erleuchtete die ganze Welt.

Hastamalaka Stotra (Das Preislied des Hastamalaka)

Einleitung von Bhagavan

Als Shankara, der Guru der Welt, in den westlichen Teilen Indiens unterwegs war und die Vertreter verschiedener philosophischer Schulen in der Debatte besiegte, kam er einmal in das Dorf Srivali. Als der Brahmane Prabhakara, ein Einwohner des Dorfes, von seiner Ankunft hörte, ging er mit seinem dreizehnjährigen Sohn zu ihm. Er verneigte sich vor Shankara und hieß auch seinen Sohn, sich zu verneigen. Dann erklärte er ihm, dass der Junge von Kindheit an taub sei, dass er weder Vorlieben noch Abneigungen habe, weder Ehrgefühl noch ein Empfinden von Schande und dass er völlig passiv sei. Der Guru hob den Jungen hoch und stellte ihm freundlich folgende Frage:

Text

1. „Wer bist du? Wessen Kind bist du? Wohin gehst du? Wie heißt du? Woher kommst du? Oh Kind, ich würde gern deine Antwort auf diese Fragen hören", sprach Sri Shankara zu dem Jungen, und Hastamalaka antwortete:

2. „Ich bin weder ein Mensch noch ein Gott noch ein Yaksha (Naturgeist) noch ein Priester (Brahmane) noch ein Kshatriya (Angehöriger der Kaste der Regierenden) noch ein Vaishya (Bauer) noch ein Shudra (Diener), weder ein *brahmachari* (Schüler) noch ein Familienvater noch einer, der im Wald lebt, noch ein *sannyasi*. Ich bin nur reines Gewahrsein.

3. Wie die Sonne alles weltliche Treiben verursacht, so bin ich, das stets gegenwärtige und bewusste Selbst, die Ursache dafür, dass der Geist aktiv ist und die Sinne arbeiten. Wie der Äther alles durchdringt und doch keine besonderen Merkmale besitzt, so besitze auch ich keine Merkmale.

4. Ich bin das bewusste Selbst, allgegenwärtig und mit allem verbunden, so wie Hitze immer mit dem Feuer verbunden ist. Ich bin dieses

ewige, unterschiedslose, unerschütterliche Bewusstsein, aufgrund dessen der empfindungslose Geist und die Sinne funktionieren, jeder auf seine Weise.

5. Ich bin dieses bewusste Selbst, von dem das Ego nicht unabhängig ist, so wie das Bild in einem Spiegel nicht unabhängig von dem Objekt ist, das er reflektiert.

6. Ich bin das uneingeschränkte, bewusste Selbst, das sogar nach der Auslöschung von *buddhi* (dem Intellekt) weiterexistiert, so wie das Objekt dasselbe bleibt, auch nachdem der reflektierende Spiegel beseitigt worden ist.

7. Ich bin das ewige Bewusstsein, das vom Geist und den Sinnen getrennt ist. Ich bin der Geist des Geistes, das Auge des Auges, das Ohr des Ohrs usw. Man kann mich nicht durch den Geist und die Sinne erkennen.

8. Ich bin das ewige, einzige, bewusste Selbst, das sich in verschiedenen Intellekten reflektiert, so wie die Sonne sich auf der Oberfläche verschiedenen Gewässers reflektiert.

9. Ich bin das einzige, bewusste Selbst, das alle Intellekte erhellt, so wie die Sonne gleichzeitig alle Augen erhellt, damit sie die Objekte wahrnehmen können.

10. Nur jene Augen, die das Licht der Sonne empfangen, können Objekte sehen, die anderen nicht. Die Quelle, aus der die Sonne ihre Kraft bekommt, bin ich.

11. Wie die Reflexion der Sonne auf bewegtem Wasser gebrochen wird, aber auf der stillen Wasseroberfläche vollkommen ist, so bin auch ich, das bewusste Selbst, in aufgewühlten Intellekten nicht erkennbar, doch erstrahle in aller Klarheit in denen, die still sind.

12. Wie ein Narr glaubt, dass die Sonne völlig verschwunden ist, wenn sie von dichten Wolken verborgen wird, so glauben die Leute, dass das immer freie Selbst gebunden ist.

13. Wie der Äther alles durchdringt und doch von jeder Berührung unbeeinflusst bleibt, so durchdringt auch das stets bewusste Selbst

alles, ohne von ihm auf irgendeine Weise beeinflusst zu werden. Ich bin dieses Selbst.

14. Wie ein durchsichtiger Kristall die Linien seines Hintergrunds annimmt, aber dadurch auf keine Weise verändert wird, und wie der unveränderliche Mond sich zu bewegen scheint, wenn er von einer welligen Oberfläche reflektiert wird, so ist es auch mit dir, dem all-durchdringenden Gott."

15. Da dieses Stotra das Selbst so klar wie die *Amalaka*-Frucht, die man auf der offenen Handfläche (*hasta*) liegen hat, offenbart, erhält es den Titel ‚Hastamalaka Stotra'. Der Junge, der über eine ausgezeichnete Erkenntnis (*jnana*) verfügte, wurde von allen Menschen dieser Welt als Hastamalaka (einer, der die *Amalaka*-Frucht in seiner Hand hat) gerühmt.

Der Vater des Jungen staunte über diese Worte und war sprachlos. Aber der Acharya (Shankara) sagte zu ihm: „Er ist dein Sohn geworden, da seine Entbehrungen in seinen vergangenen Leben unvollständig geblieben sind. Das ist dein Glück. Er wird dir in dieser Welt von keinem Nutzen sein. Lass ihn bei mir bleiben." Er bat den Vater, nach Hause zu gehen, und nahm den Jungen mit sich auf Wanderschaft. Seine Schüler fragte ihn: „Wie hat dieser Junge diesen Zustand von Brahman erlangt, ohne jemals belehrt worden zu sein?" Der Guru antwortete: „Seine Mutter hatte ihren zweijährigen Sohn in der Obhut eines großen Yogis gelassen, der am Ufer des Yamuna Entsagung übte, um mit anderen Frauen im Fluss zu baden. Das Kind tapste zum Wasser und ertrank. Aus Mitleid mit der untröstlichen Mutter gab der Yogi seinen Körper auf und trat in den des Kindes ein. Deshalb hat dieser Junge diesen hohen Zustand erreicht."

Atma Bodha (Die Erkenntnis des Selbst)

Nachdem ein muslimischer Devotee Bhagavan eine tamilische Übersetzung dieses Sanskritgedichts [Atma Bodha] von Shankara geschickt hatte, bereitete Bhagavan folgende neue Übersetzung ins Tamil vor. Er machte die Übersetzung sehr schnell und arbeitete sogar nachts mithilfe einer Taschenlampe daran.

Kann Shankara, der das Selbst erstrahlen ließ, vom eigenen Selbst verschieden sein? Wer außer er, der als das innerste Selbst in mir wohnt, spricht diese Worte heute in Tamil?

(Sri Bhagavan)

1. Dieses Atma Bodha ist dazu gedacht, die Sehnsucht der nach Befreiung Suchenden, die sich durch langes *tapas* bereits von allen Unreinheiten befreit haben und geistig friedvoll und wunschlos geworden sind, zu erfüllen.

2. Von allen Mitteln zur Befreiung ist die Erkenntnis das einzig direkte Mittel, so wichtig wie Feuer zum Kochen. Ohne sie kann keine Befreiung erlangt werden.

3. Karma vernichtet nicht die Unwissenheit, da es sich ihr nicht entgegenstellt. Andererseits vernichtet die Erkenntnis die Unwissenheit so gewiss wie das Licht die Dunkelheit.

4. Wegen der Unwissenheit erscheint jetzt das Selbst, als sei es verborgen. Wird die Unwissenheit beseitigt, erstrahlt das reine Selbst aus sich selbst wie die Sonne, wenn die Wolken sich aufgelöst haben.

5. Der *jiva* ist in die Unwissenheit verwickelt. Durch beständige Übung der Erkenntnis wird der *jiva* rein, da die Erkenntnis (zusam-

men mit der Unwissenheit) verschwindet wie die Klarwassernuss[119] mit der Unreinheit im Wasser.

Aber wie kann das Selbst allein hier in der Welt wirklich und nicht-dual sein?

6. Samsara ist voller Vorlieben und Abneigungen und anderer Gegensätze. Wie ein Traum scheint es wirklich zu sein, solange es andauert, aber beim Aufwachen verschwindet es, weil es unwirklich ist.

Weil der Traum beim Aufwachen zunichte gemacht wird, weiß ich, dass er unwirklich ist. Aber die Welt besteht fort, und ich finde, dass sie wirklich ist.

7. Solange die Essenz von allem, das nicht-duale Brahman, nicht gesehen wird, scheint die Welt wirklich zu sein wie das scheinbare Silber im Perlmutt.

Aber die Welt ist so unterschiedlich. Trotzdem sagst du, dass es nur das Eine gibt.

8. Wie Blasen auf der Oberfläche des Meeres entstehen, so erheben sich alle Welten aus dem höchsten Sein (*Paramesa*), bleiben in ihm und lösen sich in ihm wieder auf. Es ist die Ursache und Stütze von allem.

9. In Sein-Bewusstsein-Seligkeit, das alles durchdringt, dem ewigen Vishnu, erscheinen all diese verschiedenen Objekte und Individuen (als Phänomene) wie die verschiedenen Schmuckstücke, die aus Gold gemacht werden.

Ja, aber was ist mit den unzähligen individuellen Seelen?

10. Wie der alldurchdringende Äther (*akasa*) scheinbar in verschiedene Objekte zerstückelt ist (wie etwa in eine Grube, einen Krug, ein Haus, eine Theaterhalle usw.), aber unterschiedslos bleibt, wenn die Begrenzungen wegfallen, so ist es auch mit dem einen, nicht-dualen

---

[119] [Die Klarwassernuss (Kataka) ist die Frucht einer Heilpflanze, die im alten Indien zur Reinigung von Wasser benutzt wurde.]

Herrscher über die Sinne (der scheinbar als die Götter, Menschen, das Vieh usw. wirkt).

Aber die Individuen haben verschiedene Charakterzüge und wirken aufgrund verschiedener Gegebenheiten.

11. Die Charakterzüge usw. sind auch nur überlagert. Reines Wasser (von Natur aus geschmacklos) schmeckt süß, bitter, salzig usw. je nachdem, was ihm beigemischt wird (*upadhis*). Ähnlich überlagern auch Rasse, Name, Status usw. das nicht-duale Selbst von allem. Was sind diese *upadhis*, die dem Selbst solche Streiche spielen? Sie sind grobstofflich, subtil und sehr subtil, wie es im Folgenden beschrieben wird.

12. Der grobstoffliche Körper, der aus den fünf grobstofflichen Elementen (Erde, Wasser, Feuer, Luft und Äther) besteht, ist dafür gedacht, die Früchte vergangener Taten in Form von Vergnügen und Schmerz zu ernten.

13. Der subtile Körper besteht aus den fünf Atem[120], dem Geist, dem Intellekt, den zehn Sinnesorganen[121] und subtilen Elementen und ist auch für den Genuss gedacht (wie in den Träumen).

14. Der kausale Körper wird als unbeschreibliche und anfangslose Unwissenheit bezeichnet (wie im Tiefschlaf). Wisse, dass das Selbst etwas anderes ist als diese drei *upadhis*!

Warum ist dann das Selbst für mich nicht offensichtlich erkennbar? Andererseits sagen die Srutis: „Dieser Purusha besteht aus annarasa (der Essenz der Nahrung)."

15. Wie ein klarer, farbloser Kristall rot, blau, gelb usw. erscheint, je nach seinem Hintergrund, so scheint auch das reine und makellose Selbst mit den fünf Hüllen (*panchakosas*) des Körpers, der Sinne, des

---

[120] [Die fünf Atem sind *prana* (Atem), *apana* (Ausscheidung), *vyna* (Sprechen), *udana* (Verdauung) und *samana* (Kreislauf).]

[121] [Die zehn Sinnesorgane sind die fünf Sinnesorgane der Wahrnehmung (Auge, Ohr, Haut, Zunge, Nase) und die fünf Tätigkeitsorgane (Mund, Arme, Beine, Ausscheidungsorgan und Genitalien).]

Geistes, des Intellekts und der seligen Unwissenheit identisch zu sein, wenn es in Kontakt mit ihnen tritt.

16. Wie beim Schälen des Reises das Korn im Reis zum Vorschein kommt, so sollte man auch mit Bedacht den reinen Atman von den ihn umgebenden Hüllen trennen.

Es heißt, dass der Atman überall ist. Warum sollte man ihn dann mit Bedacht in den fünf Hüllen (koshas) suchen?

17. Obwohl das Selbst immer und überall da ist, erstrahlt es nicht überall. Wie das Licht in einem Kristall reflektiert wird, so kann auch das Selbst nur im reinen Intellekt (*buddhi*) klar gesehen werden.

18. Das Selbst wird im reinen Intellekt als der Zeuge aller Handlungen des Körpers, der Sinne, des Geistes, des Intellekts und der grobstofflichen Natur (*prakriti*) erkannt und ist doch von ihnen getrennt wie ein König von seinen Untergebenen.

Das Selbst scheint an ihren Tätigkeiten teilzuhaben. Somit kann es sich weder von ihnen unterscheiden noch ihr Zeuge sein.

19. Wie der Mond sich zu bewegen scheint, wenn sich die Wolken um ihn herum bewegen, so scheint auch das Selbst für den, der nicht unterscheidet, aktiv zu sein, wenn tatsächlich die Sinne aktiv sind.

Um aktiv zu sein, müssen der Körper und alles andere auch intelligent sein. Man sagt von ihnen, sie seien träge. Wie können sie handeln, ohne dass das intelligente Selbst an ihren Handlungen beteiligt ist?

20. Wie die Menschen ihre Tätigkeiten beim Licht der Sonne verrichten, (ohne dass die Sonne sich daran beteiligt,) so funktionieren auch der Körper, die Sinne usw. im Licht des Selbst, ohne dass es sich daran beteiligt.

Gewiss, das Selbst allein ist Intelligenz. Ich weiß, dass ich geboren wurde, aufgewachsen bin, verfalle, glücklich oder unglücklich bin usw. Habe ich nicht Recht?

21. Nein. Die Merkmale des Körpers und der Sinne (wie Geburt, Tod usw.) überlagern Sein-Bewusstseins-Seligkeit wie das Blau im Himmel, das jene sehen, die nicht unterscheiden.

22. So werden auch die Merkmalen des Geistes wie Tätigkeit usw. durch Unwissenheit dem Atman aufgesetzt, wie die Bewegungen des Wassers dem Mond, der sich darin reflektiert.[122]

23. Erst wenn der Intellekt sich zeigt, werden Vorlieben und Abneigungen, Freude und Leid gefühlt. Im Tiefschlaf, wenn der Intellekt latent bleibt, werden sie nicht empfunden. Deshalb gehören sie dem Intellekt und nicht dem Atman (dem Selbst) an. Das ist das wahre Wesen des Atman.

24. Wie Licht die wirkliche Sonne, Kälte das Wasser und Hitze das Feuer ist, so ist auch ewiges, reines Sein-Bewusstsein-Seligkeit das wirkliche Selbst.

Irgendwann erfährt jedes Individuum: „Ich bin glücklich", und damit wird die Erfahrung von Sein-Bewusstsein-Seligkeit deutlich. Wie kann man diese Erfahrung dauerhaft und beständig machen?

25. Sein-Bewusstsein ist dem Wesen nach das Selbst. Der „Ich"-Zustand oder die „Ich"-Modifikation ist dem Wesen nach der Intellekt. Sie sind voneinander verschieden. Doch das Individuum vermischt sie aufgrund seiner Unwissenheit, denkt „ich weiß" und handelt dementsprechend.

26. Es gibt nie eine Veränderung (oder Handlung) im Atman noch eine Erkenntnis im Intellekt. Nur der *jiva* lässt sich täuschen, indem er glaubt, selbst der Erkennende, Handelnde und Seher zu sein.

27. Wenn man den *jiva* für das Selbst hält wie die Schlange für das Seil, ist man ein Opfer der Angst. Wenn man dagegen weiß, dass man nicht der *jiva* ist, sondern das höchste Selbst, ist man frei von aller Angst.

---

[122] [Durch die Bewegung des Wassers entsteht der Eindruck, dass der Mond sich bewegen würde.]

28. Nur das Selbst erhellt die Sinne, den Intellekt usw. wie eine Lampe Objekte wie Töpfe erhellt. Das Selbst wird nicht von ihnen erhellt, da sie träge sind.

Wenn das Selbst nicht vom Intellekt erkannt werden kann, gibt es keinen, der das Selbst erkennen kann. Somit kann das Selbst nicht erkannt werden.

29. Um Licht zu sehen, ist kein anderes Licht nötig. So ist es auch mit dem Selbst, das aus sich selbst strahlt. Es benötigt kein anderes Mittel der Erkenntnis. Es strahlt aus sich selbst.

Wenn das so ist, dann müsste jeder ohne Anstrengung selbstverwirklicht sein, aber so ist es nicht.

30. Mit der Kraft der vedantischen Lehre, die sagt: „Nicht dies, nicht dies", beseitige alle Anhängsel (*upadhis*) und verwirkliche mithilfe der vier großen Aussagen (*makavakyas*)[123] die Identität des individuellen Selbst (*jivatman*) mit dem höchsten Selbst (*Paramatman*)!

31. Die ganze objektive Welt, wie auch der Körper, ist aus der Unwissenheit geboren und vergänglich wie eine Wasserblase auf dem Wasser. Wisse, dass das Selbst sich von ihm unterscheidet und mit Brahman (dem Höchsten) identisch ist!

32. Da ich mich vom grobstofflichen Körper unterscheide, gehören Geburt, Tod, Alter, Schwäche usw. nicht zu mir. Da ich nicht die Sinne bin, habe ich keine Verbindung mit den Objekten der Sinneswahrnehmung wie Klang usw.

33. Die heiligen Schriften (*Srutis*) erklären: „Ich bin weder die Lebenskraft (*prana*) noch der Geist, sondern ich bin reines Sein." Da ich nicht der Geist bin, bin ich von Vorlieben und Abneigungen, Angst usw. frei.

34. „Ich bin frei von den Merkmalen und ohne Handeln, ewig, unterschiedslos, makellos, unveränderlich, gestaltlos, immer frei und rein."

---

[123] [Die vier *mahavakyas* (große Aussagen der *Upanishaden*) lauten: 1. Das bist du. 2. Ich bin Brahman. 3. Das Selbst ist Brahman. 4. Die absolute Erkenntnis (*prajnana*) ist Brahman.]

35. „Wie der Äther durchdringe ich immer alles, innen und außen, unentwegt, immer gleich in allem, rein, makellos, klar und unerschütterlich."

36. „Das, was ewig bleibt, rein, immer frei, einzig, die ununterbrochene Seligkeit, nicht-zwei, Sein-Bewusstsein-Seligkeit, das transzendente Brahman, das bin ich."

37. Die andauernde, beständige Übung von „Ich bin nur Brahman" vernichtet alle latenten Neigungen (*vasanas*), die aus der Unwissenheit geboren sind, wie ein wirksames Arzneimittel eine Krankheit beseitigt.

38. Sei leidenschaftslos, halte die Sinne unter Kontrolle und lass den Geist nicht umherwandern! Sitze an einem einsamen Ort und meditiere über das Selbst, das unendlich und nur ein einziges ist!

39. Halte den Geist rein, löse mit einem scharfen Verstand alles Objektive im Selbst auf und meditiere immer über das Selbst, das klar und einzig wie der Äther ist!

40. Da du alle Namen und Formen abgelegt hast, bist du jetzt der Kenner des höchsten Seins und wirst als vollkommenes Bewusstsein und vollkommene Seligkeit verbleiben.

41. Wenn man dasselbe ist wie Bewusstsein und Seligkeit, dann gibt es nicht länger eine Unterscheidung wie die zwischen dem Erkennenden und dem Erkannten. Das Selbst erstrahlt als es selbst.

42. Wenn auf diese Weise im Prozess der beständigen Meditation die beiden Holzscheite, nämlich das Selbst und das Ego, aneinander gerieben werden, verbrennt die Flamme des Feuers der Erkenntnis die ganze Bandbreite der Unwissenheit.[124]

43. Wenn die Erkenntnis auf diese Weise die Unwissenheit vernichtet, wie das Licht bei Sonnenaufgang die Dunkelheit der Nacht ver-

---

[124] [In früheren Zeiten wurde das Opferfeuer entfacht, indem zwei Holzscheite aneinander gerieben wurden.]

treibt, wird das Selbst wie die Sonne in all ihrer Herrlichkeit aufgehen.

44. Es ist wahr, dass das Selbst immer da ist, hier und jetzt. Doch es ist aufgrund der Unwissenheit nicht offensichtlich. Wenn die Unwissenheit vernichtet wird, ist es so, als würde man das Selbst wiedererlangen, so wie die Kette, die man um den Hals trägt.[125]

45. Wie in der Dunkelheit ein Pfosten für einen Menschen gehalten wird, so wird Brahman in der Unwissenheit für den *jiva* gehalten. Wenn man jedoch das wahre Wesen des *jivas* erkennt, verschwindet die Täuschung.

46. Erkenntnis, die bei der Erfahrung von Wirklichkeit entsteht, zerstört sofort die falsche Wahrnehmung von „ich" und „mein", die der Orientierungslosigkeit in der Dunkelheit gleicht.

47. Ein *jnana*, der ein vollkommen selbstverwirklichter Yogi ist, sieht mit dem Auge der Weisheit alle objektiven Phänomene im und als das Selbst und sieht dadurch das Selbst als das einzige Sein.

Wie handelt er dann in der Welt?

48. Wie Ton das einzige Material ist, aus dem verschiedene Gegenstände gemacht werden (wie Töpfe, Krüge usw.), so sieht er, dass das Selbst das ganze Universum ist und es nichts als das Selbst gibt.

49. Um befreit zu sein, während man noch lebt, sollte der Weise auf alle Attribute (*upadhis*) verzichten und so das wahre Wesen von Sein-Bewusstsein-Seligkeit gewinnen wie die Made, die zu einer Wespe wird.

50. Nachdem der Yogi das Meer der Illusion überquert und die Dämonen wie Vorlieben und Abneigungen getötet hat, findet er, der jetzt mit dem Frieden (*shanti*) vereint ist, Freude im Selbst und bleibt so in seiner eigenen Herrlichkeit.

---

[125] Das bezieht sich auf die Geschichte, in der eine Frau eine wertvolle Halskette trägt, plötzlich vergisst, wo sie ist, Angst bekommt, überall nach ihr sucht und andere um Hilfe bittet, bis eine Freundin sie darauf aufmerksam macht, dass sie sie am Hals trägt.

51. Der zu Lebzeiten Befreite (*jivanmukta*), der frei von jedem Wunsch nach vergänglichen, äußeren Vergnügen ist, erfreut sich an seinem eigenen Selbst und bleibt klar und beständig wie eine Lampe, die in einem Topf leuchtet.

52. Wie der Äther (*akasa*) von den Objekten, die in ihm enthalten sind, unberührt bleibt, so bleibt der Weise (*muni*) unberührt von den Attributen (*upadhis*), die ihn bedecken. Da er der Allwissende ist, bleibt er wie einer, der nichts weiß, und geht umher wie die Luft, die von den Objekten, die sie berührt, nicht beeinträchtigt wird.

53. Wenn die Attribute (der Körper, die Sinne usw.) sich auflösen, geht der Weise, der jetzt frei von Besonderheiten ist, ins alldurchdringende Sein (Vishnu) ein wie Wasser in Wasser, Äther in Äther oder Feuer in Feuer.

54. Es gibt keinen zusätzlichen Gewinn, keine zusätzliche Freude und keine zusätzliche Erkenntnis. Wisse, dass das Brahman ist!

55. Wenn man das sieht, was nichts weiter zu sehen übrig lässt, zu dem wird, von dem es keine Rückkehr mehr ins *samsara* gibt, und das erkennt, was nichts weiter zu erkennen übrig lässt, wisse, das ist Brahman!

56. Was alles erfüllt, sei es oben, unten oder rundherum, was Sein-Bewusstsein-Seligkeit ist, nicht-zwei, unendlich, ewig, nur eines, wisse, das ist Brahman!

57. Was als unveränderliche, unzerstörbare Seligkeit übrig bleibt und als das eine Einzige, worauf die Schriften indirekt im Ausschlussverfahren als „nicht dies, nicht dies" hinweisen, wisse, das ist Brahman!

58. Abhängig vom Anteil, den sie an der unerschöpflichen Seligkeit des Atman haben, genießen alle Götter wie etwa Brahma Seligkeit ihrer jeweiligen Stufe entsprechend.

59. Wie die Butter in der Milch ist das objektive Weltall in ihm enthalten. Alle Handlungen gründen allein auf ihm. Deshalb ist Brahman alldurchdringend.

60. Was weder subtil noch grobstofflich ist, weder kurz noch lang, weder erzeugt noch verbraucht, was ohne Gestalt, Eigenschaft, Kaste und Name ist, wisse, das ist Brahman!

61. Durch dessen Licht die Sonne und die anderen Himmelskörper erstrahlen, das aber selbst nicht von ihnen erhellt und in dessen Licht alles gesehen wird, wisse, das ist Brahman!

62. Wie das Feuer das rotglühende Eisen durchdringt, durchdringt Brahman die ganze Welt, innen und außen und durch und durch, bringt sie zum Leuchten und leuchtet auch durch sich selbst.

63. Brahman unterscheidet sich vom Weltall. Trotzdem gibt es nichts, was von Brahman getrennt wäre. Sollte etwas anderes als Brahman auftauchen, ist es nur eine Illusion, wie das Wasser in einer Fata Morgana.

64. Was immer gesehen oder gehört wird, kann nicht von Brahman verschieden sein. Wahre Erkenntnis weiß, dass Brahman Sein-Bewusstsein-Seligkeit und das Eine ohne ein Zweites ist.

65. Nur das Auge der Weisheit kann das allgegenwärtige Sein-Bewusstsein-Seligkeit sehen, nicht aber das Auge der Unwissenheit, denn ein blindes Auge kann die Sonne nicht sehen.

66. Wie das Gold, das von der Schlacke befreit ist, hat der *jiva* (*sadhaka*) alle seine Unreinheiten durch das Feuer der Erkenntnis verbrannt, das durch Hören, Reflektieren und Kontemplieren (*sravana*, *manana* und *nidhidyasana*) entfacht wurde, und erstrahlt jetzt durch sich selbst.

67. Weil die Sonne der Erkenntnis, der Jäger der Dunkelheit, aufgegangen ist, strahlt der Atman in der Weite des Herzens als der allgegenwärtige Erhalter von allem und erleuchtet alles.

68. Er, der im klaren, warmen und stets erfrischenden Wasser von Atman badet, das überall verfügbar ist, hier und jetzt, und nicht an besonderen Orten und zu besonderen Jahreszeiten gesucht werden muss, bleibt für immer ohne Handeln. Er erkennt alles, durchdringt alles und ist immer unsterblich.

Vivekachudamani (Das Kronjuwel der Unterscheidung)

Bhagavan übersetzte dieses Werk von Shankara zusammen mit dem Drik Drisya Viveka in tamilische Prosa, als er noch in der Virupaksha-Höhle lebte. Es ist eine sehr freie Übersetzung. Bhagavan hat sogar die Anordnung der Verse zu einem gewissen Grad verändert.

Einleitung von Sri Bhagavan[126]

Jedes Lebewesen auf der Welt sehnt sich danach, immer glücklich und frei von Sorgen zu sein und will seine körperlichen Krankheiten loswerden, da sie nicht seinem wahren Wesen entsprechen. Zudem hegt jeder die größte Liebe für sich selbst. Diese Liebe ist jedoch ohne Glück nicht möglich. Im Tiefschlaf macht man die Erfahrung von Glück, obwohl man ohne alles ist. Weil die Menschen sich ihrem wahren Wesen, das Glück ist, nicht bewusst sind, taumeln sie im großen Meer der materiellen Existenz umher und verlassen den richtigen Weg, der zum Glück führt. Sie handeln im falschen Glauben, dass er darin besteht, die Freuden dieser und der anderen Welt zu erlangen.

Aber leider gibt es kein solches Glück, das nicht auch den Makel der Sorge trägt. Um den direkten Weg zum wahren Glück aufzuzeigen, erschien Gott Shiva in Gestalt von Sri Shankara, der die Kommentare zu den drei Hauptschriften (*Prasthana Traya*) des Vedanta[127] schrieb, die dieses vortreffliche Glück preisen, und es selbst vorlebte. Seine Kommentare nützen jedoch jenen leidenschaftlichen Suchern wenig, die zwar entschlossen sind, das Glück der Befreiung zu verwirklichen, aber nicht die nötige Gelehrsamkeit besitzen, um diese Kommentare zu studieren. Für sie erläutert Sri Shankara die Essenz seiner Kommentare in der kurzen Abhandlung ‚Das Kronjuwel der Unterscheidung'. Darin beschreibt er ausführlich die wichtigen Punkte, die

---

[126] [s.a. Talk 349 in: Venkataramiah: Gespräche mit Ramana Maharshi]
[127] [Shankaras Kommentare zur Bhagavad Gita, zu den Upanishaden und zum Brahma Sutra]

jene, die nach Freiheit streben, begreifen müssen, und führt sie somit auf den wahren und direkten Weg.

Sri Shankara steigt in das Thema ein, indem er bemerkt, dass es schwer sei, als Mensch geboren zu werden. Wenn man einmal als Mensch geboren wurde, sollte man danach streben, die Seligkeit der Befreiung zu erlangen, welche lediglich das Wesen des eigenen Seins ist. Nur durch Erkenntnis (*jnana*) wird diese Seligkeit verwirklicht. *Jnana* erlangt man jedoch nur durch ständige Ergründung (*vichara*). Um die Methode der Ergründung zu erlernen, sollte man die Gunst eines Gurus gewinnen.

Shankara beschreibt dann die Eigenschaften, die ein Guru und ein Schüler (*sishya*) haben müssen, und wie der Schüler sich seinem Meister nahen und ihm dienen soll. Er betont weiterhin, dass die eigene, individuelle Bemühung ein wesentlicher Faktor für die Verwirklichung der Seligkeit der Befreiung darstellt. Reines Bücherwissen bringt dieses Glück nicht hervor. Es kann nur durch Selbstergründung (*vichara*) verwirklicht werden, die in hingebungsvollem Hören auf die Grundsätze, die der Guru lehrt (*sravana*), in tiefer Kontemplation (*manana*) und in der Kultivierung der ständigen Gelassenheit im Selbst (*nididhyasana*) besteht.

Die drei Körper (physischer, subtiler und kausaler) sind das Nicht-Selbst und deshalb unwirklich. Das Selbst, (*aham*) oder „Ich" ist völlig von ihnen verschieden. Aufgrund der Unwissenheit wird das Gespür für das Selbst oder das „Ich"-Empfinden dem angehängt, was nicht das Selbst ist, und das bedeutet Bindung. Wie aus der Unwissenheit Bindung entsteht, folgt aus dem Wissen Befreiung. Wenn man das vom Guru gesagt bekommt, ist das *sravana*.

Manana, die subtile Ergründung oder tiefe Kontemplation, besteht darin, die drei Körper, die aus fünf Hüllen bestehen (der physischen, vitalen, mentalen und intellektuellen Hülle sowie der Hülle der Seligkeit) als Nicht-„Ich" zurückzuweisen. Wie sich der Grashalm aus seiner Hülle schält, so wird durch die subtile Ergründung „Wer bin ich?" das herausgeschält, was sich von allen drei Körpern unterscheidet und als Eines und Universales im Herzen als *aham* oder „Ich" existiert. Es wird in den Schriften als „*tvam*" (du) bezeichnet, wie in dem Lehrsatz „*tat tvam asi*" (Das bist du).

Die Welt aus Namen und Formen ist lediglich ein Anhängsel des Seins (*tat*) oder Brahmans. Da sie kein von Brahman getrenntes Dasein besitzt, wird sie als eigene Wirklichkeit zurückgewiesen, und es wird gesagt, dass sie nichts anderes als Brahman sei. Die große Aussage der *Upanishaden* (*mahavakya*) „*Tat tvam asi*" verkündet die Identität des Selbst mit dem Höchsten. Dies ist die Unterweisung (*upadesa*), die der Meister dem Schüler gibt. Der Schüler wird eindringlich ermahnt, in der Seligkeit von „*aham Brahmasmi*" (Ich bin Brahman), dem absoluten Ich zu bleiben. Trotzdem brechen die alten Neigungen des Geistes wieder machtvoll hervor und bilden ein Hindernis. Diese Neigungen sind von dreifacher Art, und das Ego ist ihre Ursache. Das Ego gedeiht in dem nach außen gerichteten, differenzierten Bewusstsein, das durch die Kräfte der Projektion aufgrund von *rajas* sowie der Verschleierung (*avarana*) aufgrund von *tamas* verursacht wird.

Die Methode, den Geist im Herzen zu festigen, bis diese Kräfte zerstört sind, und mit unerschütterlicher, beständiger Wachsamkeit die wahre Neigung, die für den Atman charakteristisch ist, zu erwecken, wird *nididhyasana* (Auf-eins-gerichtet-Sein) oder *atmanusandhana* (Beständigkeit im Selbst) genannt. Sie wird durch die großen Aussagen der Upanishaden „Ich bin Brahman" (*aham Brahmasmi*) und „Brahman allein bin ich" (*Brahmaivaham*) ausgedrückt. Man spricht auch von *bhakti*, *Yoga* und *dhyana*.

Atmanusandhana wird auch mit dem Schlagen des Rahms zur Butterherstellung verglichen. Dabei entspricht der Geist dem Butterfass, das Herz dem Rahm und die Übung der Konzentration auf das Selbst dem Buttern. Wie beim Schlagen der Sahne Butter extrahiert und durch Reibung Feuer entfacht wird, so wird durch die unentwegte, wachsame Konzentration auf das Selbst, die beständig ist wie das gleichmäßige Fließen von Öl, der natürliche und unveränderliche Zustand von *nirvikalpa samadhi* bewirkt. Leicht und spontan bringt sie diese direkte, unmittelbare, unverstellte und universelle Wahrnehmung von

Brahman hervor, die zugleich Erkenntnis und Erfahrung ist und Raum und Zeit überschreitet.

Diese Wahrnehmung ist die Selbstverwirklichung. Durch sie wird der Knoten des Herzens (*hridaya granthi*) zerschlagen. Die falschen Illusionen der Unwissenheit, die bösen und uralten Neigungen des Geistes, die den Knoten bilden, werden zerstört. Alle Zweifel werden vertrieben, und die Bindung des Karmas ist durchtrennt.

So beschreibt Sri Shankara in seinem „Kronjuwel der Unterscheidung" *samadhi* oder spirituelle Trance als die unbegrenzte Seligkeit der Befreiung, frei von Zweifel und Zweiheit. Gleichzeitig hat er die Mittel beschrieben, sie zu erreichen. Diesen Zustand der Freiheit von der Zweiheit zu erreichen ist der eigentliche Zweck dieses Lebens. Nur wer ihn erreicht hat, ist ein zu Lebzeiten Befreiter (*jivanmukta*) und nicht derjenige, der nur ein theoretisches Verständnis vom Ziel des Lebens und menschlichen Strebens besitzt.

Sri Shankara definiert den *jivanmukta* als frei von der Bindung des dreifachen Karmas (*sanchita*, *agami* und *prarabdha*). Der Schüler, der diesen Zustand erreicht hat, kann dann über seine persönliche Erfahrung berichten. Der Befreite ist frei zu handeln, wie er will. Wenn er seine sterbliche Hülle verlässt, bleibt er in der Freiheit und wird nicht wiedergeboren, was erneuten Tod bedeuten würde.

Sri Sankara beschreibt die Verwirklichung, die Befreiung ist, als zweifach: nämlich als zu Lebzeiten befreit (*jivanmukti*) und als nach dem Tod befreit (*videhamukti*), wie oben beschrieben. Zudem hat er sich in dieser kurzen Abhandlung, die er in Form eines Gesprächs zwischen Guru und Schüler geschrieben hat, mit vielen anderen wichtigen Themen befasst.

<u>Anrufung</u>

Freue dich ewig! Das Herz freut sich zu Füßen des Herrn, der das Selbst ist, das innen als ewiges „Ich-Ich" erstrahlt, sodass es keinen Wechsel von Nacht und Tag gibt. Daraus entsteht die Beseitigung der Unwissenheit des Selbst.

Lob des Gurus

Sri Shankara, der Guru dieser Welt (*Jagadguru*), erstrahlt in Gestalt des Herrn Shiva. In diesem Werk Vivekachudamani hat er ausführlich das Wesen des Vedanta und seine Bedeutung erklärt, damit die glühenden Verehrer, die reif für die Befreiung sind, sich damit vertraut machen und die Unsterblichkeit erlangen.

Dem stets seligen Govinda *Satguru*[128], der nur durch die höchste Wahrheit des Vedanta und durch nichts anderes bekannt ist, sei Ehre!

Der Text

Es ist tatsächlich sehr schwer, einen menschlichen Körper zu erhalten. Selbst wenn man das erreicht hat, ist es sehr schwer, ein Brahmane zu werden. Selbst wenn man ein Brahmane geworden ist, ist es noch schwerer, den Weg der vedischen Tradition (*vaidika dharma*) zu gehen und die Veden zu singen. Noch schwerer ist es, ein vollkommener Schüler zu werden, und noch viel schwerer, das Selbst und Nicht-Selbst zu ergründen. Doch schwerer als all das ist es, die Weisheit zu erlangen, die aus der Erfahrung des Selbst geboren wird. Befreiung in Gestalt des Verweilens als das Selbst, das aus dieser Weisheit entsteht, kann nur durch richtiges Handeln während unzähliger Geburten erlangt werden. Doch auch wenn man nicht alle der oben erwähnten Voraussetzungen erfüllt, wird die Befreiung durch die Gnade des Herrn jenen zugesichert, die nur drei Voraussetzungen erfüllen: menschliche Geburt, ein intensiver Wunsch nach Befreiung und die Gemeinschaft mit Weisen.

Wenn man durch große Buße den seltenen menschlichen Körper erlangt hat und dadurch fähig ist, die Bedeutung der Schriften zu verstehen, und trotzdem aufgrund der Anhaftung an empfindungslose Dinge keine Anstrengung unternimmt, den unveränderlichen Zustand der Befreiung zu erlangen, welcher der eigene, wahre Zustand ist, dann ist man tatsächlich ein Narr, der Selbstmord begeht. Was für

---

[128] [Govinda war Shankaras Lehrer.]

einen größeren Narren kann es geben als jenen, der nicht sein eigenes Wohl sucht?

Die Befreiung kann nicht durch endloses Lesen der Schriften oder Verehrung der Götter erreicht werden oder durch etwas anderes als die Erkenntnis der Einheit von Brahman und Atman. Wohlstand und Handeln, das durch Wohlstand möglich geworden ist, kann nicht das Verlangen nach Befreiung hervorbringen. Deshalb erklären die Schriften richtig, dass Handeln nie Befreiung hervorbringen kann. Um Befreiung zu erlangen, muss man heldenhaft selbst dem Wunsch nach den Vergnügen dieser Welt entsagen. Dann muss man den vollkommenen Guru suchen, der die Verkörperung des Friedens ist, und sich darauf konzentrieren und ununterbrochen darüber meditieren, worin er einen eingeweiht hat. Diese Meditation führt zum Verweilen in der Weisheit der Erfahrung, die man erlangt hat. Wenn man in das Schiff der Weisheit eingestiegen ist, muss man zum Ufer der Befreiung des Selbst, das im Meer von *samsara* untergetaucht ist, übersetzen. Deshalb sollte der mutige Sucher seine Anhaftung an Frau, Söhne und Besitz sowie alle Aktivitäten aufgeben. Damit wird er sich von der Bindung an den Kreislauf von Geburt und Tod befreien und Befreiung suchen. Handlungen sind nur vorgeschrieben, um den Geist zu reinigen, nicht aber, um das Selbst zu verwirklichen. Die Erkenntnis der Wahrheit des Selbst wird nur durch Selbstergründung erlangt, nicht aber durch Handlungen, so viele es auch sein mögen. Jemand, der ein Seil für eine Schlange hält, hat Angst. Seine Angst und Not kann nur dadurch beseitigt werden, indem er erkennt, dass es sich um ein Seil handelt. Ein Freund, der das weiß, sagt es ihm. Er untersucht es und findet heraus, dass es so ist. Anders geht es nicht. Ähnlich wird die Erkenntnis Brahmans durch die Einweihung durch den Guru und die Ergründung der Wahrheit erlangt. Diese Wahrheit kann nicht durch reinigende Bäder, Opfergaben, Atemkontrolle oder irgendeine andere Übung erkannt werden. Wer Befreiung durch Erkenntnis des Selbst sucht, muss das Selbst mithilfe des vollkommenen Gurus, der frei von Wünschen, ein Kenner Brahmans und ein Meer der Gnade ist, ergründen. Hauptsächlich durch Ergründung erlangt derjenige, der reif ist, die Erkenntnis des Selbst. Umstände, Zeit und die Gnade des Herrn helfen nur dabei.

Um für die Ergründung des Selbst kompetent zu sein, muss ein Mensch einen starken Verstand besitzen und die Fähigkeit, das Essenzielle zu ergreifen und das Nicht-Essenzielle zurückzuweisen. Zudem muss er über die verschiedenen Eigenschaften verfügen, die in den Schriften aufgezählt werden. Welche sind das? Er muss in der Lage sein, zwischen dem Wirklichen und Unwirklichen zu unterscheiden. Er muss einen leidenschaftslosen Geist haben. Er muss sehnlich nach Befreiung verlangen. Und er muss unermüdlich üben. Nur wer das kann, ist kompetent, Brahman zu ergründen. Die Eigenschaften sind folgende:

1. Die Unterscheidung zwischen dem Wirklichen und dem Unwirklichen.

2. Die Abneigung, die Früchte seiner Handlungen zu genießen, sei es jetzt oder in einem späteren Leben.

3. Die sechs Tugenden der Stille, der Selbstkontrolle, des Rückzugs (der Sinne), der Nachsicht, des Glaubens und der Konzentration auf das Selbst.

4. Das intensive Verlangen nach Befreiung.

Der Sucher muss diese Eigenschaften besitzen, um im Selbst wohnen zu können. Ohne sie kann er die Wahrheit nicht erkennen. Welche sind das?

1. Die Unterscheidung zwischen dem Wirklichen und dem Unwirklichen besteht in der festen Überzeugung, dass Brahman allein die Wahrheit ist und dass die Welt unwirklich ist.

2. Wir befolgen und lernen aus den Schriften, dass alle Freuden, die beseelte Lebewesen von Brahma abwärts erfahren, flüchtig und vergänglich sind und Sorgen und Unvollkommenheiten beinhalten. Wenn man den Wunsch nach ihnen aufgibt, ist das Entsagung (*vairagya*) oder Anhaftungslosigkeit.

3a. Stille bedeutet, den Geist auf sein Ziel zu richten, indem man oft über die Unvollkommenheit der Dinge meditiert und mit ihnen unzufrieden wird.

3b. Selbstkontrolle bedeutet, die äußeren und inneren Sinnesorgane zu kontrollieren und sie auf ihr jeweiliges Zentrum zu richten.

3c. Rückzug meint, die äußeren Aktivitäten aufzugeben, indem man den Geist so fest auf das Ziel richtet, dass er nicht von seinen früheren Neigungen dazu verführt wird, bei den Objekten zu verweilen.

3d. Nachsicht bedeutet, alle Sorgen zu erdulden, die einen befallen, ohne zu versuchen, sie zu vermeiden.

3e. Glaube ist die Ursache der Selbstverwirklichung. Er ist die Folge der festen Überzeugung, dass die vedischen Schriften und die Worte des Gurus wahr sind.

3f. Konzentration bedeutet, jede Anstrengung zu unternehmen, den Geist auf das reine Brahman zu richten, obwohl es sein Wesen ist umherzuwandern.

Das sind die sechs Eigenschaften, die für die Übung des *samadhi* nötig sind.

4. Intensive Sehnsucht nach Befreiung entsteht aus dem Wunsch, sich selbst durch die Verwirklichung des eigenen wahren Wesens zu befreien und von der Bindung an den Körper und an das Ego, die durch Unwissenheit entstanden ist, frei zu werden. Diese Sehnsucht kann verschieden stark ausgeprägt sein. Sie kann nur schwach, mittel oder auch durch die sechs zuvor erwähnten Eigenschaften stark ausgeprägt sein. In diesem Fall kann sie Frucht tragen. Wenn jedoch Entsagung und Sehnsucht nur schwach ausgeprägt sind, ist das Ergebnis nur eine Erscheinung wie die einer Luftspiegelung in der Wüste.

Von allen Mitteln, die zur Befreiung führen, ist *bhakti* (Hingabe) die beste. *Bhakti* bedeutet, die Wahrheit des eigenen Selbst zu suchen, so sagen es die Weisen.

Der Sucher, der die nötigen Eigenschaften besitzt und Selbstergründung üben will, muss einen *Satguru* suchen, sich vor ihm in Demut,

Ehrfurcht und Verehrung verneigen und ihm auf verschiedene Weise dienen. Der *Satguru* ist fähig, die Bindung derer, die sich an ihn halten, zu vernichten. Er ist ein Meer unveränderlicher Weisheit. Seine Kenntnis ist allumfassend. Er ist rein wie ein Kristall. Er hat den Sieg über die Wünsche errungen. Er ist der Höchste unter denen, die Brahman kennen. Er ruht still in Brahman wie ein Feuer, das sein Brennmaterial verzehrt hat. Sein Erbarmen ist unermesslich. Es gibt keine Erklärung für seine Barmherzigkeit. Sie ist sein Wesen. Er ist freundlich zu allen *sadhus*, die sich an ihn halten. Der Schüler bittet solch einen Guru: „Ich verneige mich vor dir, mein Meister, du wahrer Freund der Hilflosen! Ich bitte dich, mir zu helfen, das schreckliche Meer der Bindung zu überqueren, in das ich gefallen bin und das mich überwältigt. Allein dein gnädiger Blick ist ein Floß, das mich rettet, oh du fließender Strom der Gnade! Ich werde heftig vom Sturm des verdorbenen Schicksals geschüttelt. Ich weiß nicht, wohin ich mich wenden soll. Ich werde vom unauslöschlichen Feuer des *samsara* gequält, das um mich herum lodert. Ich bitte dich inständig, mich durch den Nektar deiner Gnade zu besänftigen. *Sadhus* wie du, die immer im Frieden wohnen, sind groß und edelmütig und nützen beständig der Welt wie der Frühling. Sie haben nicht nur selbst das Meer des *samsara* überquert, sondern besänftigen auch die Angst anderer. Wie die Welt nach der Hitze durch die brennenden Sonnenstrahlen vom kühlen und gnädigen Mondschein abgekühlt wird, so ist es auch dein Wesen, Menschen wie mich, die bei dir Zuflucht vor dem Meer des *samsara* gesucht haben, ohne Grund zu beschützen. Ich bin hilflos und habe keine andere Zuflucht. Deshalb habe ich die Bürde, mich vor diesem *samsara* von Geburt und Tod zu beschützen, auf dich geworfen, oh Herr! Die Flammen der Feuersbrunst der individuellen Existenz haben mich versengt. Kühle mich durch deine gnädigen Worte. Deine Worte bringen Frieden, da sie von deiner Erfahrung der göttlichen Seligkeit stammen. Gesegnet sind jene, die deinen gnädigen Blick erhalten haben. Gesegnet sind jene, die du angenommen hast. Wie soll ich das Meer überqueren? Welches Mittel gibt es dafür? Ich weiß nicht, was mein Schicksal ist. Du allein musst mich beschützen und mich aus diesem Leid des *samsara* befreien."

Somit nimmt der Schüler Zuflucht beim Guru, wie die Schriften es vorschreiben. Er macht dem Guru seine Aufwartung, unfähig, den brennenden Sturm des *samsara* zu ertragen. Sein Geist wird still, wenn er den Worten seines Gurus folgt. Der Lehrer, der Brahman kennt, wirft auf ihn seinen gnädigen Blick, berührt seine Seele im Innern und gibt ihm die Zusicherung seines Schutzes: „Mein gelehrter Schüler, fürchte dich nicht! Nichts soll dir mehr schaden. Ich gebe dir ein einziges, mächtiges Mittel, mit dem du dieses schreckliche, unergründliche Meer des *samsara* überqueren kannst und die höchste Seligkeit erlangst. Durch dieses Mittel haben es *sadhus*, die der Welt entsagt haben, überquert, und auch deine Bindung wird hier und jetzt vernichtet werden. Die Schriften erklären: ‚Das Mittel zur Befreiung ist für den Sucher Glaube, Hingabe, Meditation und Yoga.' Auch du sollst dieses Mittel erhalten und wirst, wenn du es dauernd anwendest, von der durch Unwissenheit erfolgten Bindung an den Körper befreit werden. Du bist für immer dem Wesen nach *Paramatman*, und diese Bindung des *samsara*, des Nicht-Selbst, hat dich nur aufgrund der Unwissenheit getroffen. Es wird völlig durch die Erkenntnis, die aus der Ergründung des Selbst entsteht, vernichtet."

Der Schüler blickt den Guru an und fragt: „Oh Meister, was ist diese Bindung? Wie ist sie entstanden? Wie kommt es, dass sie bestehen bleibt? Und wie wird sie zerstört? Was ist das Nicht-Selbst? Und was ist das Selbst? Worin besteht die Unterscheidung zwischen Selbst und Nicht-Selbst? Bitte antworte mir in deiner Gnade auf diese Fragen, damit ich gesegnet bin, indem ich deine Antworten höre."

Auf diese Frage des Schülers antwortet der Meister: „Liebe Seele, wenn du den Wunsch verspürst, das Selbst zu sein, frei von der durch Unwissenheit verursachten Bindung, dann bist du tatsächlich gesegnet. Du hast den Zweck dieses Lebens erreicht. Dadurch hast du dein ganzes Geschlecht geheiligt. Wie Söhne und andere Verwandte die Schulden eines Vaters bezahlen, so gibt es andere, die dich davon befreien, die Last auf deinem Kopf zu tragen. Aber der Hunger kann nur dadurch gestillt werden, indem man selber isst, nicht indem andere für einen essen. Und wenn du krank bist, musst du die Arznei selber einnehmen und eine Diät einhalten. Niemand kann das für dich tun. So ist es auch mit der Bindung, die sich durch deine eigene Unwissenheit eingestellt hat. Nur du kannst sie beseitigen. Wie gelehrt ein Mensch auch sein mag, er kann sich nicht von der Unwissenheit, die vom Wunsch und Schicksal kommt, befreien, außer er verwirklicht Brahman mit seiner eigenen, unendlichen Erkenntnis. Was hilft es dir, wenn andere den Mond sehen? Du musst deine Augen öffnen und ihn selber sehen. Befreiung kann nicht durch *sankhya* (indisches philosophisches System), Yoga, Rituale oder Lernen erlangt werden, sondern nur durch Erkenntnis der Einheit von Brahman und Atman. Wie die wunderbare Form der Veena und die Musik ihrer Saiten die Menschen nur erfreuen, ihnen aber kein Königreich geben, so können auch plausible Worte, kluge Argumente, die Fähigkeit, die Schriften auszulegen und die Gelehrsamkeit der Gebildeten nur für den Augenblick Freude geben. Selbst das Schriftstudium ist nutzlos, weil es nicht das gewünschte Ergebnis hervorbringt. Wenn man einmal die Wahrheit des Höchsten kennt, wird das Schriftstudium unnötig, denn es gibt nichts weiter zu erlangen. Deshalb muss man über den großen Wald der Schriften (*sastras*) hinweggehen, da sie den Geist nur verwirren, und muss stattdessen das Selbst durch den Guru, der die Wirklichkeit kennt, erfahren. Einer, der von der Schlange der Unwissenheit gebissen wurde, kann nur durch das Heilmittel der Selbsterkenntnis erlöst werden und nicht durch die Veden, Schriften, Anrufungen oder irgendein anderes Heilmittel. Wie die Krankheit eines Menschen nicht beseitigt wird, wenn er die Arznei nicht einnimmt, so wird auch sein Zustand der Bindung nicht durch Schrifttexte wie „Ich bin Brahman" beseitigt, ohne dass er das Selbst direkt erfährt. Man wird kein König, indem man nur sagt: „Ich bin ein König", seine Feinde nicht besiegt und tatsächlich die Macht erlangt. Ebenso erlangt man keine Befreiung als Brahman, indem man nur den Schrifttext „Ich bin Brahman" wiederholt, ohne die Zweiheit zu zerstören, die von der Unwissenheit verursacht wurde, und das Selbst direkt zu erfahren. Ein Schatz, der in der Erde vergraben ist, wird nicht gehoben, indem man nur von ihm hört, sondern indem einem ein Freund, der es weiß, davon erzählt, den man dann ausgräbt, von der Steinplatte, die ihn verbirgt, befreit und hebt. So muss man vom Guru, der Brahman kennt, über seinen wahren Zustand hören, dann darüber meditieren und ihn durch beständige Meditation direkt erfahren. Die wahre Gestalt des eigenen Selbst, die von *maya* verborgen ist, kann nicht durch reines Argumentieren erkannt werden. Deshalb unternehmen die Weisen jede Anstrengung, die Bindung der individuellen Existenz zu beseitigen und Befreiung zu erlangen, wie sie es auch tun würden, um eine Krankheit loszuwerden.

Geliebter Schüler, die Frage, die du gestellt hast, ist äußerst wichtig und den verwirklichten Seelen, die in den Schriften bewandert sind, willkommen. Für denjenigen, der sich nach Befreiung sehnt, ist das wie ein Aphorismus mit einer subtilen Bedeutung. Höre diese Antwort mit einem stillen und ungestörten Geist, und deine Banden werden sofort zerschnitten! Das hauptsächliche Mittel, Befreiung zu erlangen, ist Leidenschaftslosigkeit (*vairagya*). Andere Eigenschaften wie Ruhe, Selbstkontrolle, Nachsicht und Verzicht auf Handeln kommen später. Später kommt auch das Hören der vedantischen Wahrheit und noch später die Meditation über diese Wahrheit. Schließlich kommt die beständige, anhaltende Meditation über Brahman. Das lässt *nirvikalpa samadhi* entstehen, durch das die Kraft für die direkte Verwirklichung des höchsten Selbst erlangt wird. Diese Kraft der direkten Verwirklichung befähigt die Unterscheidung übende Seele, die Seligkeit der Befreiung hier und jetzt zu erfahren. Solcher Art ist das *sadhana*, das zur Befreiung führt.

Jetzt erzähle ich dir von der Unterscheidung zwischen dem Selbst und dem Nicht-Selbst. Hör mir zu und merke es dir! Ich spreche zuerst über das Nicht-Selbst.

Gehirn, Knochen, Fett, Blut, Haut und Samen sind die sieben Faktoren, die den grobstofflichen Körper bilden. Das sagen jene, die es wissen. Füße, Oberschenkel, Brustkorb, Schultern, Rücken, Kopf usw. sind seine Teile. Die Leute halten sie für das „Ich", da der Geist an ihnen hängt. Sie sind für alle die erste Anziehung und die offensichtlichste. Der Körper besteht aus Äther, Luft, Feuer, Wasser und Erde, die als subtile Essenzen die Sinnesobjekte bilden, sowie die Gruppe der Fünf wie Klang, Berührung, Sehen, Schmecken und Riechen. Das Ego (*jiva*), das auf das Angenehme versessen ist, hält diese für das Mittel zur Freude. Dumme und unwissende Menschen sind durch das Seil des Verlangens an die Sinnesobjekte gebunden und werden aufgrund der Kraft ihres Karmas davon angezogen, was sie Höhepunkte und Tiefschläge erleben lässt und bewirkt, dass sie im Elend umherwandern. Die Schlange und das Reh sterben durch ihre Anhaftung an den Klang, der Elefant durch seine Anhaftung an die Berührung, der Fisch durch seine Anhaftung am Geschmack und die Biene durch ihre Anhaftung am Geruch. Wenn sie durch die Anhaftung an einen einzigen Sinn sterben, wie ist es dann erst um das Schicksal des Menschen bestellt, der an allen fünf haftet? Die schlimmen Auswirkungen der Sinnesobjekte sind schädlicher als das Gift einer Kobra,[129] weil das Gift nur jenen tötet, der es genommen hat, während die Sinnesobjekte sogar jenen vernichten, der sie nur sieht oder nur an sie denkt. Nur jener erlangt Befreiung, der mit dem scharfen Schwert der Anhaftungslosigkeit das starke Seil der Liebe zu den Sinnesobjekten durchtrennt und sich von ihnen befreit. Ansonsten kann ein Mensch, auch wenn er in den sechs *sastras* bewandert ist, nicht die Befreiung erlangen. Verlangen ergreift sofort wie ein Krokodil den nach Befreiung Strebenden, der versucht, das Meer des *samsara* zu überqueren und das Ufer der Befreiung ohne feste Anhaftung zu erreichen. Es zieht ihn direkt auf den Meeresgrund hinab. Nur der Sucher, der das Krokodil mit dem scharfen Schwert der Anhaftungslosigkeit tötet, kann das Meer sicher überqueren und das Ufer der Befreiung erreichen. Jener, dem es an gesundem Menschenverstand fehlt, betritt einen Weg der Anhaftung an Sinnesobjekten nach dem anderen und erfährt nur noch größeres Leid, bis er völlig vernichtet ist. Wer aber Selbstkontrolle übt, geht auf dem Weg der Unterscheidung, wie der Guru ihn ihm dargelegt hat, und erreicht sein Ziel. Das ist die Wahrheit. Wenn du also wirklich Befreiung willst, wirf alle Freuden durch Sinnesobjekte weg als wären sie Gift! Halte die Tugenden Zufriedenheit, Mitleid, Vergebung, Ernsthaftigkeit, Stille und Selbstbeherrschung fest! Gib alles Tun auf, das aufgrund der Anhaftung an den Körper getan wird, und strebe ununterbrochen

---

[129] In Sanskrit ist das ein Wortspiel. *Vishaya* bedeutet Sinnesobjekte und *visha* Gift.

nach der Befreiung von der durch Unwissenheit entstandenen Bindung! Dieser Körper wird letztendlich verzehrt, sei es von der Erde, vom Feuer, von wilden Tieren oder Vögeln. Wer sein wahres Wesen vergisst, hält fälschlicherweise den Körper für das Selbst, haftet an ihm und schätzt ihn. Dadurch wird er zum Mörder des Selbst. Wer sich immer noch um den Körper sorgt, während er das Selbst sucht, ist wie einer, der sich an ein Krokodil klammert, um einen Fluss zu überqueren. Die Vernarrtheit in den Körper ist für den Sucher nach Befreiung fatal. Nur wer diese Vernarrtheit überwindet, erlangt Befreiung. Deshalb musst auch du die Vernarrtheit für den Körper, für Frau und Kinder überwinden. Dann erlangst du Befreiung, d.h. den höchsten Zustand von Vishnu, den auch die großen Weisen erlangt haben. Diesen grobstoffliche Körper, der aus Haut, Fleisch, Blut, Arterien und Venen, Fett, Mark und Knochen besteht und der voller Urin und Exkrete ist, muss man völlig ablehnen. Er wurde aus den grobstofflichen Elementen aufgrund der eigenen vergangenen Handlungen erzeugt. Die subtilen Elemente verbinden sich, um diese grobstofflichen Elemente hervorzubringen. Dadurch wird er für das Ego zur Behausung für den Genuss von Freuden, so wie der Familienvater sein Heim hat. Im Wachzustand erfährt das Ego den grobstofflichen Körper. Nur in diesem Zustand kann er erfahren werden, wenn das Selbst, obwohl es von ihm getrennt ist, sich täuschen lässt, indem es sich mit ihm identifiziert und durch die äußeren Organe die verschiedenen wunderbaren, grobstofflichen Objekte genießt wie Girlanden, Sandelholz, Frauen usw. Wisse, dass das ganze äußere *samsara* den *Purusha* durch das Medium des grobstofflichen Körpers überkommt. Geburt, Heranwachsen, Alter, Zerfall und Tod sind seine Merkmale. Kindheit, Jugend und Alter sind seine Stufen. Kasten und Lebensregeln sind für ihn bestimmt. Er ist auch verschiedenen Arten von Behandlungen unterworfen wie Ehre und Unehre und ist die Wohnstatt aller möglichen Krankheiten.

Ohren, Haut, Augen, Nase und Zunge sind die Erkenntnisorgane, weil sie uns ermöglichen, Objekte zu erkennen. Das Stimmorgan, Hände, Füße usw. sind Tätigkeitsorgane, da sie die ihnen entsprechenden Handlungen vollziehen. Das innere Organ (der Geist) ist ein einziges, wird aber verschieden benannt als Geist, Verstand, Ego oder Verlangen (*chitta*). Der Geist ist die Fähigkeit zu wünschen oder etwas abstoßend zu finden. Der Verstand ist die Fähigkeit, die Wahrheit der Dinge zu bestimmen. Das Ego ist die Fähigkeit, sich mit dem Körper als Selbst zu identifizieren. Der Wunsch (*chitta*) ist die Fähigkeit, die nach Vergnügen sucht. Wie Gold und Silber in verschiedene Formen gebracht werden, so wird der eine Lebensatem zu *prana*, *apana*, *vyana*, *udana* und *samana*. Die Gruppe der fünf Elemente (Äther, Feuer, Wasser, Luft und Erde), die Gruppe der fünf Erkenntnisorgane (Ohren, Augen, Haut, Nase und Zunge), die Gruppe der fünf Tätigkeitsorgane (Sprechorgan, Hände, Füße, Anus und Genitalien), die Gruppe der fünf Lebensatem (*prana*, *apana*, *vyana*, *udana*, *samana*) und die Gruppe der vier inneren Organe (*chitta*, *manas*, *buddhi*, *ahankara*) bilden zusammen den subtilen Körper, der die Stadt der acht Bestandteile heißt. Besessen von Wünschen bildet er sich aus den Elementen, bevor sie sich unterteilen und wechselseitig verbinden. Die Seele hat diese anfangslose Überlagerung durch seine Handlungen über sich gebracht. Dieser Zustand der Erfahrung ist der Traumzustand. In diesem Zustand funktioniert der Geist aus eigenem Antrieb und erfährt sich als der Handelnde, je nach seinen vielfältigen Neigungen und der Wirkung der Erfahrungen des Wachzustands. In diesem Zustand überlagert das Selbst, das durch sein eigenes Licht erstrahlt, den Geist, ohne seinen Handlungen anzuhaften, und bleibt ein reiner Zeuge. Wie die Axt und andere Werkzeuge des Zimmermanns nur Mittel für seine Handlungen sind, so ist dieser subtile Körper nur ein Mittel für die Handlungen des Selbst, das immer gewahr ist. Die inneren Organe handeln nur durch die Nähe zum Selbst, während das Selbst von diesen Handlungen unbeeinflusst und unberührt bleibt. Gutes oder schlechtes Augenlicht hängt vom Zustand der Augen ab, Taubheit vom Zustand der Ohren usw. Sie berühren das Selbst, den Kenner nicht. Jene, die das wissen, sagen, dass Einatmen, Ausatmen, Gähnen, Niesen usw. Funktionen des Lebensatems sind, wie auch Hunger und Durst. Das innere Organ (der Geist) mit seinem Licht des reflektierten Bewusstseins hat seinen Sitz in den äußeren Organen wie den Augen und identifiziert sich mit ihnen. Dieses innere Organ ist das Ego. Das Ego ist der Handelnde und der Genießende und identifiziert sich mit dem Körper als „Ich". Unter dem Einfluss der drei *gunas* nimmt es die drei Zustände von Wachen, Traum und Tiefschlaf an. Wenn Sinnesobjekte ihm zusagen, ist es glücklich, wenn nicht, ist es unglücklich. Deshalb gehören Freude und Leid dem Ego an und sind keine Merkmale für das immer selige Selbst. Objekte erscheinen angenehm aufgrund des Selbst und nicht weil sie irgendein Glück in sich tragen. Das Selbst kennt keinen Kummer. Seine Seligkeit, die von den Objekten unabhängig ist, erfährt jeder im Tiefschlaf, der deshalb für jeden sehr teuer ist. Das erhärtet sich durch die Autorität der Upanishaden und durch eigene, direkte Erfahrung, durch Tradition und Schlussfolgerung.

Das Höchste (Brahman) hat eine wundervolle Kraft (*shakti*), die als das Unterschiedslose, Unwissenheit, *maya* usw. bekannt ist. Sie hat die Gestalt der drei *gunas*. Ihre Existenz wird von denen, die ihre Wirkungen verstehen, gefolgert. Sie steht viel höher als alle Objektivität und erschafft das ganze Weltall. Sie ist weder Sein noch Nicht-Sein noch hat sie am Wesen von beidem teil. Sie besteht weder aus Teilen noch ist sie unteilbar noch beides. Sie hat weder eine Gestalt noch ist sie gestaltlos noch beides. Sie ist nichts von alledem. Sie ist unbeschreiblich, so wie sie ist. Sie ist auch anfangslos. Wie die irrtümliche Angst vor einer Schlange, die in Wirklichkeit ein Stück Seil ist, beseitigt wird, indem man das Seil sieht, so kann auch *maya* durch die vollständige Erkenntnis von Brahman vernichtet werden. Sie hat ihre drei *gunas*, die man an ihrer jeweiligen Wirkungen erkennt. *Rajas*, deren Farbe Rot ist, ist dem Wesen nach Aktivität und die Kraft der Projektion. Sie ist die Ursache für alles Handeln. Aus ihr entstehen die geistigen Modifikationen, die zu Wünschen und Sorgen führen. Lust, Ärger, Habgier, Stolz, Hass, Egoismus sind alles charakteristische Neigungen von *rajas*. Diese Kraft der Projektion ist die Ursache der Bindung, da sie äußere oder weltliche Neigungen erschafft. *Tamas*, deren Farbe Schwarz ist, ist die verhüllende Kraft. Sie lässt Dinge anders erscheinen als sie sind. Durch ihre Verbindung mit der Kraft der Projektion ist sie die Ursache, dass die Menschen beständig wiedergeboren werden. Derjenige, der von dieser verhüllenden Kraft umgeben ist, auch wenn er ein Weiser und Gelehrter ist, klug, ein Experte in der Bedeutung der Schriften und fähig, Wundervolles zu erlangen, wird nicht in der Lage sein, die Wahrheit des Selbst zu erfassen, obwohl der Guru und andere es ihm auf verschiedene Weise erklären. Unter der Macht der verhüllenden Kraft schätzt er Dinge, die von der Illusion und Unwissenheit geprägt sind, und erlangt sie. Obwohl derjenige, der von der verhüllenden Kraft umgeben ist, belehrt wird, fehlt es ihm an klarer Erkenntnis und an Verstehen, ohne die sie nicht beseitigt werden kann. Er zweifelt immer und kommt zu Entscheidungen, die der Wahrheit widersprechen. Gleichzeitig macht ihn die Kraft der Projektion ruhelos. Unwissenheit, Trägheit, Schwerfälligkeit, Schläfrigkeit, Versäumnisse bei der Pflichterfüllung und Dummheit sind die Merkmale von *tamas*. Jemand, der diese Eigenschaften besitzt, versteht nichts und ist wie ein Schlafender oder ein Stein. Jetzt kommen wir zu *sattva*, dessen Farbe Weiß ist. Obwohl es klar ist wie reines Wasser, trübt es sich doch, wenn es sich mit *rajas* und *tamas* verbindet. Das Selbst strahlt durch *sattva*, so wie die Sonne die ganze Welt der Materie erhellt. Sogar das vermischte *sattva* bringt tugendhafte Eigenschaften hervor wie Bescheidenheit, Selbstkontrolle (*yama*) und Disziplin (*niyama*), Glaube, Hingabe und der Wunsch nach Hingabe, göttliche Eigenschaften und das Sich-Abwenden vom Unwirklichen. Die Klarheit des reinen *sattva* bringt Selbstverwirklichung, höchsten Frieden, beständige Zufriedenheit, vollkommenes Glück und das Verweilen im Selbst hervor, das die Quelle ewiger Seligkeit ist. Die unterschiedslose Kraft, von der als eine Verbindung der drei *gunas* gesprochen wird, ist der kausale Körper der Seele. Sein Zustand ist der Tiefschlaf, in dem die Sinnesorgane und Funktionsweisen des Geistes ruhen. In diesem Zustand hören alle Wahrnehmungen auf, und der Geist erfährt in seiner samenförmigen Gestalt höchstes Glück. Das erhärtet sich durch die universelle Erfahrung „Ich habe fest geschlafen und wusste nichts."

Das oben Erwähnte ist eine Beschreibung des Nicht-Selbst. Diese Dinge gehören nicht dem Selbst an. Der Körper, die Sinnesorgane, der Geist, das Ego und seine Zustände, das Glück aufgrund von Sinnesobjekten, die Elemente vom Äther abwärts und die ganze Welt bis hin zum unterschiedslosen *maya*, das alles ist das Nicht-Selbst. Von der kosmischen Intelligenz (*mahat*) bis hinunter zum grobstofflichen Körper ist alles eine Auswirkung von *maya*. Wisse, dass das alles das Nicht-Selbst ist! Das alles ist so unwirklich wie eine Fata Morgana in der Wüste.

Jetzt erzähle ich dir von dem wahren Wesen des höchsten Selbst. Wenn ein Mensch es verwirklicht, erlangt er Befreiung und ist frei von Bindung. Die Verwirklichung des ‚Ichs' ist tatsächlich das Selbst, das als ‚Ich-Ich', das aus sich selbst erstrahlt, erfahren wird. Es ist das absolute Sein, der Zeuge der drei Zustände von Wachen, Traum und Tiefschlaf, unterscheidet sich von den fünf Hüllen, ist sich der geistigen Zustände im Wachen und Träumen gewahr und ihrer Abwesenheit im Zustand des Tiefschlafs. Das Selbst sieht alles von selbst, wird aber von nichts gesehen. Es gibt dem Verstand und Ego Licht, wird aber nicht von ihnen erleuchtet. Es durchdringt das Weltall durch sein Licht, und das ganze empfindungslose Weltall wird durch sein Licht erhellt, aber das Weltall durchdringt es nicht im Geringsten. In seiner Anwesenheit arbeiten Körper, Sinne, Geist und Verstand, als würden sie seinem Befehl folgen. Durch diese ununterbrochene Erkenntnis entstehen alle Dinge, vom Ego bis zum Körper, die Objekte sowie unsere Erfahrung mit ihnen, und werden wahrgenommen. Durch es werden das Leben und die verschiedenen Organe in Bewegung gesetzt. Dieses innere Selbst erstrahlt als der Urgeist, ewig, immer leuchtend, vollkommene und grenzenlose Seligkeit, einzig, untrennbar, ganz und lebendig, in jedem als das beobachtende Bewusstsein. Dieses Selbst in seinem Glanz erstrahlt in der Höhle des Herzens als der subtile, durchdringende und trotzdem unsichtbare Äther und erleuchtet dieses Weltall wie die Sonne. Es ist sich der Veränderungen des Geistes und Egos, der Handlungen des Körpers, der Sinnesorgane und des Lebensatems gewahr. Es nimmt eine Gestalt an wie das Feuer die Gestalt einer erhitzten Eisenkugel annimmt, doch verändert es sich dabei nicht. Dieses Selbst wird weder geboren noch stirbt es, weder wächst es noch vergeht es noch verändert es sich. Wenn ein Topf zerbricht, zerbricht mit ihm nicht der Raum in ihm. Ähnlich bleibt das Selbst in ihm ewig, auch wenn der Körper stirbt. Es unterscheidet sich vom ursächlichen *maya* und seinen Wirkungen. Es ist reines Wissen. Es erleuchtet das Sein und das Nichtsein gleichermaßen und ist eigenschaftslos. Es ist der Zeuge des Verstandes im Wachen, Traum und Tiefschlaf. Es scheint als ‚Ich-Ich', als immer gegenwärtige, direkte Erfahrung. Erkenne dieses höchste Selbst durch den auf eins gerichteten Geist und wisse: ‚Dieses „Ich" ist Brahman.' So erkennst du durch den Verstand das Selbst in dir, überquerst mit diesem Mittel das Meer von Geburt und Tod und wirst zu einem, der das Ziel des Lebens erreicht hat und immer als das Selbst verbleibt.

Wenn man den Körper oder das Nicht-Ich fälschlicherweise als das Selbst oder Ich betrachtet, so ist das die Ursache allen Elends, nämlich aller Bindung. Diese Bindung entsteht, weil man die Ursache von Geburt und Tod nicht kennt, denn es geschieht aus Unwissenheit, dass der Mensch diesen empfindungslosen Körper für wirklich hält, ihn fälschlicherweise als das Selbst betrachtet, ihn mit den Sinnesobjekten aufrechterhält und schließlich von ihnen vernichtet wird. Es ist so wie bei der Seidenraupe, die sich durch die Fäden schützt, die sie absondert, schließlich aber von ihnen vernichtet wird. Denn für jene, die ein Seil für eine Schlange halten, wird der wesentliche, reine Glanz des Urzustands von *tamas* verhüllt, wie der Kopf des Drachens[130] die Sonne bei einer Sonnenfinsternis verschluckt. Das bewirkt, dass der *Purusha* seine Wirklichkeit vergisst. Er wird vom Drachen der Illusion verschlungen, und indem er das Nicht-Selbst für das Selbst hält, wird er von den geistigen Zuständen überwältigt und geht im unergründlichen Meer des *samsara* unter, das voller Gift der sinnlichen Vergnügen ist, geht unter und erhebt sich wieder und findet keinen Ausweg. Solcherart sind die Qualen, welche die projizierende Kraft von *rajas* zusammen mit der verhüllenden Kraft von *tamas* bewirken. Wie die Wolkenschichten, die durch die Strahlen der Sonne entstehen, zunehmen, bis sie die Sonne selbst verbergen, so nimmt die Bindung des Egos, die durch Unkenntnis des Selbst verursacht ist, zu, bis sie das ganze Selbst verhüllt. Wie Frost und ein kalter Wind einen an einem Wintertag quälen, wenn die Sonne von

---

[130] [Der Drache spielt in der vedischen Astrologie eine Rolle.]

Wolken verdeckt ist, so ist es auch, wenn *tamas* das Selbst verdeckt und die projizierende Kraft von *rajas* den Unwissenden täuscht, indem er das Nicht-Selbst für das Selbst hält und ihn mit vielen Sorgen quält. Es geschieht allein durch diese beiden Kräfte, dass das Selbst gebunden wurde. Von diesem Baum des *samsara* ist *tamas* der Same, der Ich-bin-der-Körper-Gedanke ist der Schössling, Verlangen ist das junge Laub, Aktivität ist das Wasser, das ihn wachsen lässt, der Körper ist der Stamm, die aufeinanderfolgenden Leben eines Menschen sind die Äste, die Sinnesorgane sind die Zweige, die Sinnesobjekte die Blüten, und die verschiedenen Sorgen, die von Handlungen stammen, sind die Früchte. Das Ego ist der Vogel, der im Baum sitzt und seine Früchte genießt.

Diese aus der Unwissenheit geborene Bindung des Nicht-Selbst, die durch Geburt, Tod und Alter endlose Sorgen bewirkt, hat keinen Anfang. Trotzdem kann sie auf die Weise, die ich dir erklären werde, völlig vernichtet werden. Hab Vertrauen in die Veden und übe alles, was sie vorschreiben, ohne nach einem Gewinn für dein Tun zu trachten! Das lässt deinen Geist rein werden. Mit diesem reinen Geist meditiere ununterbrochen! Dadurch wirst du direkt das Selbst erkennen. Diese Selbsterkenntnis ist das scharfe Schwert, das die Bindung zerschneidet. Keine andere Waffe kann sie vernichten, weder Wind noch Feuer noch unzählige Taten.

Das Selbst wird von den fünf Hüllen bedeckt, die durch die Kraft der Unwissenheit verursacht wurden. Es ist von der Sicht verborgen wie das Wasser eines Teichs, der mit Schilf bedeckt ist. Wird das Schilf beseitigt, sieht man das Wasser, und man kann es benutzen, um seinen Durst zu stillen oder sich von der Hitze abzukühlen. Auf dieselbe Weise solltest du mit einem scharfen Verstand die objektiven fünf Hüllen vom Selbst als „nicht dies, nicht dies" beseitigen. Wisse, dass das Selbst sich vom Körper und allen Gestalten wie ein Grashalm von seinem Blättermantel unterscheidet. Wisse, dass es in seiner Essenz ewig, rein, einzig und unberührt ist und es keine Pflichten auszuüben hat. Es ist immer selig und erstrahlt aus sich selbst. Der Befreite erkennt, dass die ganze objektive Realität, die das Selbst überlagert wie die Vorstellung einer Schlange das Seil, in Wirklichkeit nichts anderes als das Selbst ist und dass er selbst das Selbst ist. Deshalb sollte der weise Sucher zwischen dem Selbst und dem Nicht-Selbst unterscheiden. Von den fünf Hüllen (Nahrung, Lebensatem, Geist, Verstand und Seligkeit) wird der grobstoffliche Körper aus der Nahrung geschaffen, wächst durch die Nahrung und kommt um, wenn er keine hat. Er ist die Nahrungs-Hülle. Bestehend aus Haut, Blut, Fleisch, Fett, Mark, Ausscheidungen und Urin ist er sehr schmutzig. Er existiert weder vor der Geburt noch nach dem Tod, aber dazwischen. Er verändert sich in jedem Augenblick. Es gibt kein Gesetz, das diese Veränderung beeinflusst. Er ist ein Objekt wie ein Topf, ist empfindungslos und verfügt über eine Vielzahl von Gestalten. Andere Kräfte wirken auf ihn ein. Das Selbst dagegen unterscheidet sich vom Körper und ist einzig, ewig und rein. Es ist unzerstörbar, auch wenn der Körper mit seinen Gliedmaßen vernichtet wird. Das Selbst ist der Zeuge, der die Merkmale des Körpers, seine Art zu handeln und die drei Zustände kennt. Es ist sich seiner selbst gewahr und leitet den Körper an. Wenn der Unterschied zwischen Körper und Selbst so groß ist, wie kann dann der Körper das Selbst sein? Der Narr hält ihn für das Selbst. Derjenige, der weise handelt und ein gewisses Maß an Unterscheidungsvermögen besitzt, hält Körper und Seele zusammen für das „Ich", aber der wirklich Weise, der bei der Ergründung beständig Unterscheidung übt, weiß immer, dass er das höchste Brahman ist, das Sein, das sein eigenes Wesen ist. Der Gedanke, der Körper zu sein, ist der Same für alle Sorgen. Deshalb höre damit auf, das Selbst mit dem Körper aus Haut, Fleisch und Knochen zu identifizieren, wie du es auch nicht mit dem Schatten, dem Körperbild, dem Traumkörper oder dem Körper, den du in deiner Vorstellung hast, tust. Unternimm jede Anstrengung, diesen Irrtum zu entwurzeln, und halte die Erkenntnis der Wahrheit, dass du das absolute Brahman bist, fest! Vernichte den Geist und erlange höchsten Frieden. Dann wirst du nicht mehr geboren werden. Selbst ein gelehrter Schüler, der die Bedeutung des Vedanta völlig versteht, kann nicht auf Befreiung hoffen, wenn er die durch Illusion erlangte Vorstellung, dass der nichtexistierende Körper das Selbst ist, nicht aufgeben kann.

Jetzt kommen wir zum vitalen Körper des Atems (*prana*), welcher der Lebensatem mit den fünf Tätigkeitsorganen ist. Die zuvor erwähnte Hülle aus Nahrung wird aktiv, wenn sie mit dieser Lebenskraft erfüllt wird. Sie ist nichts weiter als eine Veränderung der Luft, und sie tritt wie Luft in den Körper ein und wieder aus. Sie kennt nicht ihre eigenen Wünsche und Antipathien oder die der anderen. Sie ist ewig vom Selbst abhängig. Deshalb kann der vitale Körper nicht das Selbst sein.

Die mentale Hülle ist der Geist mit seinen Erkenntnisorganen. Er ist die Ursache der falschen Wahrnehmung des Selbst als „ich" und „mein". Diese Hülle ist sehr machtvoll und mit einer Vielzahl von Gedankenformen ausgestattet, angefangen mit dem „Ich"-Gedanken. Sie füllt und durchdringt die vitale Hülle. Das stets lodernde Feuer der geistigen Hülle verschlingt diese ganze Welt, entzündet von den fünf Sinnesorganen als Opferpriester, genährt von den Sinnesobjekten als Brennstoff und am Brennen gehalten von den latenten Neigungen. Es gibt keine Unwissenheit, die vom Geist getrennt wäre. Er ist die Ursache der Bindung von Geburt und Tod. Mit dem Erstehen des Geistes ersteht alles andere. Legt er sich, hört alles auf. Im Traumzustand, in dem es keine Objekte gibt, erschafft der Geist durch eigene Kraft seine Traumwelt von Genießern und anderen. Ähnlich ist alles, was er im Wachzustand wahrnimmt, seine eigene Darstellung. Es ist die Erfahrung von allen, dass nichts auftaucht, wenn der Geist im Tiefschlaf verebbt. Deshalb überlagert die Bindung von *samsara* durch den Geist nur das Selbst und ist nicht wirklich. Wie der Wind die Wolken am Himmel versammelt und sie dann wieder vertreibt, so verursacht der Geist Bindung, aber auch Befreiung. Der Geist erschafft im Menschen zuerst eine Anhaftung an den Körper und an alle Sinnesobjekte mit dem Ergebnis, dass er durch seine Anhaftung wie ein wildes Tier von einem Seil gebunden ist. Durch den Einfluss von *rajas* und *tamas* wird er geschwächt und verwickelt den Menschen in den Wunsch nach dem Körper und den Objekten. Doch unter dem Einfluss von *sattva* reißt er sich von *rajas* und *tamas* los, erlangt Nichtanhaftung und Unterscheidungsvermögen und weist Sinnesobjekte zurück, als wären sie giftig. Deshalb muss der Weise, der Befreiung sucht, zuerst sein Unterscheidungsvermögen und seine Wunschlosigkeit festigen. Der Geist ist ein mächtiger Tiger, der frei den großen Dschungel der Sinnesobjekte durchstreift. Deshalb sollten sich Sucher von ihm fernhalten. Es ist nur der Geist, der vor dem Selbst subtile und grobstoffliche Objekte und alle Unterschiede von Körper, Kaste, Lebensstand, Eigenschaften, Handlungen, Ursachen und Wirkungen heraufbeschwört. Damit ködert und täuscht er das Selbst, das unberührte, reine Intelligenz ist, bindet es durch die Eigenschaften des Körpers, der Sinne und des Lebens und täuscht es mit der Vorstellung von ‚ich' und ‚mein' durch die Früchte des Handelns, das er erschafft. Durch diese falsche Darstellung erschafft der Geist den Mythos von *samsara* (Bindung) für den Geist. Darin besteht die erste Ursache des Leids von Geburt und Tod, die jene bindet, die dem Fehler von *rajas* und *tamas* unterliegen und nicht unterscheiden. Wie Wolkenmassen sich durch die Luft bewegen, so bewegt sich die ganze Welt durch den Irrtum des Geistes. Deshalb erklären jene, die die Wirklichkeit kennen, dass der Geist Unwissenheit ist. Wer Befreiung sucht, muss seinen Geist durch eigene Anstrengung untersuchen. Ist der Geist einmal durch solche Innenschau gereinigt, wird Befreiung erlangt und erscheint offensichtlich und natürlich. Aus dem Wunsch nach Befreiung heraus solltest du alle anderen Wünsche entwurzeln, die Handlungen aufgeben und dich beständig mit der Wahrheit durch *sravana* und *manana* beschäftigen, die dann zur beständigen Meditation (*nididhyasana*) führen. Nur dann können sich die Wellen des Geistes legen. Deshalb kann auch diese Hülle des Geistes nicht das wirkliche Selbst sein, da sie einen Anfang und ein Ende hat, Veränderungen unterworfen, von Schmerz und Kummer gekennzeichnet und ein Objekt der Wahrnehmung ist.

Der Verstand mit den fünf Erkenntnisorganen ist die *vijnana-maya*-Hülle und auch die Ursache dafür, dass der Geist gebunden ist. Er ist eine Abwandlung des nicht-manifesten, anfangslosen Selbst, das die Gestalt des Egos angenommen hat und alle Handlungen durch das reflektierte Licht des Bewusstseins leitet. Er ist der bewusste Akteur, und seine Eigenschaften sind Verstand und Handeln. Er hält den Körper und die Sinne für ‚ich' und ihre Lebensweise, Pflichten, Handlungen und Eigenschaften für ‚mein'. Er vollbringt gute oder schlechte Taten, wie es seinen früheren Neigungen entspricht, und kommt als Resultat dieser Handlungen in eine höhere oder niedere Region, wo er umherwandert, bis er von einem Mutterleib angelockt wird, um wiedergeboren zu werden. Er erfährt die Zustände von Wachen, Traum und Tiefschlaf sowie die angenehmen und schmerzhaften Früchte seiner Taten. In dieser Hülle des Wissens pocht das Selbst als das aus sich selbst strahlende Licht, die höchste Seele, homogen, als Wahrheit, der alldurchdringende, vollkommene, unveränderliche höchste Herr. Trotzdem nimmt das Selbst durch die falsche Überlagerung des Verstandes in dieser Hülle Beschränkungen an, da sie ihm nahe steht und das dem Selbst am nächsten stehende Anhängsel (*upadhi*) ist. Daraus ergibt sich, dass es (das Selbst) irrtümlich denkt, dass es diese Hülle ist. Wie ein Topf sich scheinbar vom Ton unterscheidet, so stellt es sich vor, von sich selbst verschieden zu sein, der Handelnde und der Genießer zu sein und auf diese Weise begrenzt zu sein, obwohl es wie das Feuer in der glühenden Eisenkugel ist, das von der Form des Eisens unberührt bleibt."

Der Schüler antwortet seinem Guru: „Meister, ich akzeptiere deine Aussage, dass das höchste Selbst sich als das Ego betrachtet, sei es nun durch eine Täuschung oder nicht. Aber da diese Überlagerung der Ego-Vorstellung anfangslos ist, kann man nicht davon ausgehen, dass sie auch ein Ende nimmt. Wie kann es dann Befreiung geben? Doch ohne Befreiung ist die Ego-Vorstellung ewig und somit auch die Bindung. Bitte kläre mich über diesen Punkt auf."

Der Meister antwortet: „Das ist eine gute Frage, mein gelehrter Schüler. Höre nun konzentriert meiner Erklärung zu! Alles, was durch Illusion hervorgezaubert wurde, muss man im reinen Licht der Vernunft untersuchen. Die Dinge erscheinen als wirklich, so lange diese Illusion vorherrscht, und finden als unwirklich und nicht-existent ihr Ende, sobald sie vergangen ist. Es ist wie die Illusion der Schlange, die man in einem Stück Seil sieht. Sie ist wirklich, solange die Illusion andauert.

In Wirklichkeit ist das Selbst unberührt, ohne Handeln, ohne Eigenschaften, unveränderlich, gestaltlos, Sein-Bewusstsein-Seligkeit und der innere Zeuge. Es ist mit nichts verwandt. Wenn man glaubt, es sei mit etwas verwandt, so ist das eine reine Illusion wie das Blau im Himmel. Die falsche Einstellung des Egos zum Selbst entsteht durch die Beziehung mit dem anfangslosen, falschen Gefährt [Körper], aber sogar dieses Empfinden von Verwandtschaft ist das Ergebnis der Illusion. Obwohl diese Haltung des Egos dem Selbst gegenüber ohne Anfang ist, macht es das noch nicht wirklich. Wie Wasser klar wird, sobald der Schmutz in ihm beseitigt ist, so ist es auch mit dem Selbst, wenn die Auswirkungen des Egos und die falschen Attribute von ihm wegfallen und die Unwissenheit durch Unterscheidung zwischen dem Selbst und dem Nicht-Selbst verschwindet. Dann taucht die wahre, selbstleuchtende Erkenntnis der Einheit von Gott und Selbst auf.

Das Verwerfen der anfangslosen Unwissenheit mit ihren Ursachen und Wirkungen, den Körpern und Zuständen ist, wie wenn das anfangslose Nichtexistente aufhört oder ein Traum, wenn der Wachzustand dazwischenkommt. Die Befreiung von der Bindung der falschen Ich-Vorstellung kann sich nur durch die Erkenntnis einstellen, die man durch die Unterscheidung zwischen dem Selbst und dem Nicht-Selbst erlangt. Deshalb musst du unterscheiden, um das nichtexistente Ego zu beseitigen. Selbst diese Hülle des Verstands ist dem Wandel unterworfen, ist empfindungslos, ein Teil des Ganzen und ein Objekt der Wahrnehmung. Deshalb kann sie nicht der Atman sein. Kann denn das, was nicht ewig ist, jemals ewig werden?

Jetzt kommen wir zur Hülle der Seligkeit. Sie ist nur eine Veränderung der Unwissenheit, auf der sich das höchste Selbst reflektiert. Sie enthüllt sich beliebig in allen drei Zuständen des Wachens, Traums und des Tiefschlafs und bringt die verschiedenen Arten von Glück hervor, das entsteht, wenn man Dinge wahrnimmt, erhält und erfährt. Alle erfahren sie ohne Anstrengung und in einem gewissen Ausmaß im Tiefschlaf, aber *sadhus*, die Unterscheidung geübt haben, erfahren das Glück beständig, ohne sich anzustrengen, und seine Fülle im Tiefschlaf. Trotzdem kann auch diese Hülle der Seligkeit nicht das höchste Selbst sein, da sie sich verändern kann und Merkmale besitzt.

Sie ist die Wirkung von früheren guten Taten und eine Abwandlung von *prakriti*. Sie wohnt in den anderen Hüllen, die ebenfalls Abwandlungen sind. Wenn durch die Zurückweisung falscher Vorstellungen alle fünf Hüllen beseitigt worden sind, wird allein das Selbst als ‚Ich-Ich' erfahren. Es allein bleibt übrig, ganz und seiner selbst gewahr. Es unterscheidet sich von den fünf Hüllen, ist der Zeuge der drei Zustände, erstrahlt aus sich selbst, ist unveränderlich, ist unbefleckt und ewige Seligkeit. Es ist wie Devadatta[131], der weder der Topf ist noch an dem Wesen des Topfs Anteil hat, sondern nur der Zeuge ist. Das Selbst ist weder die fünf Hüllen, die Objekte sind, noch hat es Anteil an ihrem Wesen, sondern bezeugt sie nur."

Der Schüler erwidert: „Oh Meister, nachdem ich die fünf Hüllen als unwirklich zurückgewiesen habe, finde ich, dass nichts als Leere übrig bleibt. Was also ist das ‚Ich-Ich', die Wahrheit des Selbst?"

Der Guru antwortet: „Oh Gelehrter, du bist in der Unterscheidung geübt und hast die Wahrheit gesagt. Die Regel der Ergründung oder Wahrnehmung ist folgende: Wenn jemand anderer etwas wahrnimmt, ist er der Zeuge dieses Etwas. Wenn es keinen Wahrnehmenden gibt, kann es auch nichts Wahrgenommenes geben. Dementsprechend erkennt das Selbst, das Gewahrsein ist, nicht nur sich selbst, sondern auch die Existenz des Egos mit seinen verschiedenen Abwandlungen von vergänglichen Namen und Formen und ihrer Unwissenheit. Das Selbst ist deshalb ihr Zeuge. Jenseits davon gibt es nichts zu wissen. Es ist sich durch sein eigenes Licht seiner selbst gewahr und ist deshalb sein eigener Zeuge. Es ist ein Einziges und unveränderlich im Wachen, Traum und Tiefschlaf. Es äußert sich als Sein-Bewusstsein-Seligkeit und strahlt im Herzen als ‚Ich-Ich' aus sich selbst. Wisse durch deinen scharfen Verstand, dass dieses ewig selige Gewahrsein das Selbst oder ‚ich' ist. Der Narr hält die Reflexion der Sonne in einem Topf voller Wasser für die Sonne. Der Weise beseitigt den Topf, das Wasser und die Reflexion und erkennt die Sonne am Himmel, wie sie wirklich ist, einzig und unberührt, aber alle drei erhellend. Auf dieselbe Weise identifiziert sich der Narr irrtümlich und

---

[131] ein beliebiger Name, um das Beispiel zu illustrieren

aufgrund seiner falschen Wahrnehmung mit dem Ego und seinem reflektierten Licht, das er durch das Medium des Verstands erfährt. Der Mensch, der weise ist und Unterscheidung übt, beseitigt den Körper, den Verstand sowie das reflektierte Licht des Bewusstseins und erforscht sein wahres Selbst, das alle drei erhellt, während es gleichbleibend im Äther des Herzens bleibt. Dadurch erkennt er den ewigen Zeugen, der absolute Erkenntnis ist, die alles erleuchtet. Das Selbst ist subtil und durchdringt alles, es ist weder Sein noch Nicht-Sein, weder innen noch außen, und es erstrahlt aus sich selbst heraus. Wenn er es erkennt, ist er frei von den Unreinheiten des Egos. Er hat keine weiteren Geburten und Tode. Er ist frei von Sorge und wird zur unveränderlichen Essenz des fundierten Glücks. Der *jnani*, der durch Erfahrung erkannt hat, dass sein Selbst Brahman ist, wie es ist, Wahrheit, Erkenntnis, endlose Seligkeit, einzige Essenz, ewig, ungebunden, rein, ohne Anhaftung und unteilbar, kehrt nicht nur nicht mehr zur Bindung zurück, sondern ist selbst Brahman, das Eine ohne ein Zweites (Advaita). Das bedeutet, dass die Erkenntnis der Identität von Brahman und dem Selbst die eigentliche Ursache für die Befreiung von der Bindung ist. Für den, der Befreiung anstrebt, gibt es keinen anderen Weg zur Befreiung von der Bindung als die Erkenntnis der Identität von Brahman und dem Selbst. Deshalb erkenne auch du durch eigene Erfahrung immer dein Selbst als ‚Ich bin Brahman', ‚Brahman bin ich', ‚Brahman allein bin ich'!

Da es nichts außer Brahman gibt, ist das das höchste Advaita. Der Topf, der aus Ton besteht, hat keine andere Form als der Ton. Keiner kann den Topf zeigen, außer durch den Ton. Der Topf ist nur eine Illusion und existiert nur dem Namen nach, da er keine andere Wirklichkeit als die des Tons besitzt. Ebenso ist das ganze Weltall eine Überlagerung (durch eine Form) von Brahman, obwohl es aussieht, als existiere es getrennt von ihm. Das Substrat von Brahman erscheint durch die Illusion der Überlagerung. Letztere existiert in Wirklichkeit nicht, wie die Schlange, die man in einem Seil sieht. Das Manifeste ist nur eine Illusion. Das Silber, das man im Perlmutt sieht, existiert nicht getrennt vom Perlmutt, sondern ist das Perlmutt selbst. Genauso wenig existiert die Manifestation getrennt von ihrem Substrat Brahman. Oh *sadhu*, was immer dem Getäuschten durch seine Unwissenheit und Unkenntnis als die manifeste Welt aus Namen und Formen erscheint, was immer objektiv als wirklich erscheint, all das ist die Wirkung Brahmans, wenn man sie als das erkennt, was sie ist. Sie überlagert das Substrat Brahmans. Nur durch Täuschung scheint sie wirklich zu sein. Sie ist Brahman, sein Substrat, das scheinbar von ihr überlagert wird. In Wirklichkeit sind all diese Namen und Formen nichts. Sie sind ein reiner und einfacher Mythos und existieren nicht getrennt von ihrem Substrat des Brahman. Sie sind nichts weiter als Sein-Bewusstsein-Seligkeit, das sich weder erhebt noch senkt. Wenn man behauptet, dass die manifestierte Welt getrennt von Brahman existiert, würde das die Unendlichkeit Brahmans schmälern. Es würde auch der Autorität des Atharva Veda widersprechen, das unmissverständlich erklärt: ‚Diese ganze Welt ist tatsächlich Brahman.' Zudem würde es den allwissenden Herrn einer Lüge bezichtigen, wenn Er sagt: ‚Alle diese Elemente sind nicht in Mir. Ich, der unteilbar Ganze, bin nicht sie.' Die Mahatmas, die wahre *sadhus* sind, würden diese Widersprüche nicht billigen. Zudem existiert die äußere Welt nicht im Tiefschlaf, und wenn man sie ergründet, erkennt man, dass sie wie die Traumwelt unwirklich ist. Deshalb ist jede solche Behauptung der Narren wie die, dass die manifestierte Welt getrennt vom Substrat Brahmans eigenständig existiert, so falsch wie die nutzlosen Worte eines Menschen, der im Schlaf spricht. Es ist Brahman selbst, der überall, gleichbleibend und vollkommen erstrahlt. Diese Wahrheit erkennen die Erleuchteten (*jnanis*) als das Eine ohne ein Zweites, gestaltlos, inaktiv, nicht manifest, unzerstörbar, ohne Anfang und Ende. Es ist die Wahrheit, die vollkommene Reinheit und die Essenz der reinen Seligkeit. Es enthält keinen der inneren Unterschiede, welche *maya* erschaffen hat. Es ist ewiges, beständiges, unbefleckt reines, makelloses, namenloses, undifferenziertes, aus sich selbst strahlendes, jenseits der Dreiheit von Wissendem, Wissen und Gewusstem bestehendes, absolutes, reines, ungebrochenes Bewusstsein, das immer erstrahlt.

Mein geliebter Schüler, dieses Selbst kann weder festgehalten noch aufgegeben werden. Es ist jenseits der Wahrnehmung und der Sprache. Es ist unermesslich, ohne Anfang und Ende. Diese Unendlichkeit Brahmans ist mein Selbst und das deine und das anderer Individuen. Große Texte wie ‚Das bist du' enthüllen die Identität von Brahman, das als ‚das' bezeichnet wird, mit dem Individuum, das als ‚du' bezeichnet wird. Die Identität wird nicht in der wörtlichen Bedeutung von ‚das' und ‚du' klar. Die wörtliche Bedeutung von ‚das' ist Ishwaras *maya*, welche die Ursache des Weltalls ist, und die wörtliche Bedeutung von ‚du' ist das Ego mit den fünf Hüllen. Beides sind nicht existierende Überlagerungen, die Ursache und Wirkung von nichtexistierenden Phantomen. Ihre Eigenschaften stehen einander gegenüber wie die der Sonne und die des Glühwürmchens, die des Königs und die des Sklaven, die des Meeres und die des Brunnens, die des Berges Meru und die des Atoms. In der wörtlichen Bedeutung von ‚das' und ‚du' kann es keine Identität zwischen Brahman und dem Individuum geben. So meinen es die Schriften nicht, wenn sie von Identität sprechen.

(Die Wissenschaft von der zweiten Wortbedeutung nennt man *lakshana*. Es gibt drei Arten. Die erste Art heißt *jahat-ajahat-lakshana*. Dabei wird die erste Wortbedeutung zurückgewiesen und die zweite Bedeutung beibehalten. Bei der zweiten Art wird die erste Wortbedeutung beibehalten und die zweite zurückgewiesen. Bei der dritten Art wird die erste Wortbedeutung teils zurückgewiesen und teils beibehalten.)[132] Von diesen dreien können wir die beiden ersten weglassen, da sie für unseren Zweck nutzlos sind, und die dritte nehmen. Entsprechend beseitigen wir in einem Satz wie ‚Er ist dieser Devadatta' die widersprüchlichen Aspekte von Devadatta, der sich an verschiedenen Orten und zu verschiedenen Zeiten manifestiert, und konzentrieren uns auf die Identität von Devadatta selbst, unabhängig von Ort und Zeit. Ähnlich beseitigen wir im fraglichen Satz die nichtexistierenden, objektiven, widersprüchlichen Attribute von ‚das' und ‚du' als ‚nicht dies, nicht dies (bin ich)'. Du kannst das aufgrund der Autorität der Veden tun, die die Zweiheit, von der Brahman überlagert wird, zurückweist, und auch aufgrund deiner eigenen Intelligenz.

---

[132] Einschub von Arthur Osborne

Wenn du die Attribute, wie etwa das Abzeichen einer königlichen Person oder das Abzeichen, das den Besitz eines Sklaven ausweist, beseitigst, gehören beide der Gattung Mensch an. Entsprechend erklärt auch der Satz (über ‚das' und ‚du'), dass die natürliche Identität zwischen Ishwara und dem Individuum der verbleibende Aspekt von Bewusstsein ist, unabhängig von den Gestalten Ishwaras und des Individuums. Es gibt keinen Widerspruch, da das Bewusstsein die ungebrochene, einzige Essenz beider ist. Erkenne durch die Berührung der Mahatmas diese gesegnete Identität zwischen Brahman und dem Selbst, indem du den nicht-existierenden Körper als ‚nicht Ich' zurückweist! Erkenne durch deinen klaren Verstand, dass Brahman dein Selbst ist, aus sich selbst existierend, subtil wie der Äther, immer strahlend, wahr, Gewahrsein, Seligkeit, untrennbar und ganz!

‚Du bist wahrhaftig Das', das Selbst, welches das nicht-duale Brahman ist, rein und überaus gleichmütig, die Wahrheit, von der getrennt nichts ist. Das ist so, weil selbst im Wachzustand die Welt und der Körper mit seinen Sinnen und das Ego, das aufgrund der Unwissenheit vom Selbst getrennt zu sein scheint, sowie der Lebensatem ein reiner Mythos sind. ‚Du bist Das', weil im Traum Zeit, Raum und Objekte sowie der sie Erkennende vom Schlaf erschaffen wurden und eine reine Illusion sind. ‚Du bist Das', weil die ganze Welt aus Brahman entspringt, das allein IST, und selbst Brahman ist, wie die Töpfe aus Ton bestehen und Ton sind und aus Ton gemacht sind. Dieses Brahman ist unberührt von der sechsfachen Veränderung von Geburt, Jugend, Wachstum, Alter, Niedergang und Tod. Es kennt weder Kaste noch Brauch, weder Stamm noch Familie, weder Name noch Form. Es ist ohne Eigenschaften. Es kennt weder Verdienst noch Fehler und weder geistige noch physische Bedrängnis. Es ist frei von den sechs Übeln Hunger, Durst, Sorge, Täuschung, Alter und Tod. Es kennt weder Zeit noch Ort noch Gegenständlichkeit. Es kann nicht in Worten beschrieben werden. Der grobe Geist kann es nicht erreichen. Der Yogi kann es nur in seinem reinen Sein durch das Auge der Weisheit erfassen und im Herzen erfahren und nicht durch irgendein Organ. Es ist das Substrat der illusorischen Welt, die es zu überlagern scheint. Es ist die Ursache der Entfaltung, des Erhalts und Vergehens (Wieder-aufgesogen-werdens) der Welt. Es ist die höchste Ursache, die selbst keine Ursache kennt. Es bewirkt alle Welten aus Namen und Formen, und dennoch unterscheidet es sich von Ursache und Wirkung. Es unterscheidet sich von Sein und Nichtsein. Obwohl es aufgrund der Täuschung vielfältig erscheint wie Gold in seinen verschiedenen Formen und Veränderungen, hat es weder Name noch Form, weder Eigenschaften noch Veränderungen. Es enthält kein Ungleichgewicht. Es ist still wie ein wellenloses Meer. Es ist ewig, gestaltlos, makellos, unvergleichlich, immer frei, unzerstörbar, rein und ohne Anfang. Jenseits von ihm gibt es nichts. Es ist vollständig und nicht aus den Elementen oder Teilen zusammengesetzt. Es ist Sein-Bewusstsein-Seligkeit, gleichbleibende und unteilbare Seligkeit. Es hat nur eine Essenz. Dieses Brahman, das das alles ist, ‚Das bist du'. Meditiere beständig über diese Wahrheit in deinem Herzen, ununterbrochen, still und mit scharfem Verstand! Dadurch wirst du die essenzielle, zweifelsfreie Erkenntnis erlangen, die so klar ist wie das Wasser in deiner hohlen Hand. Die Erkenntnis des Körpers und seiner Fähigkeiten ist wie ein König inmitten seiner großen Armee. Diese Erkenntnis ist das Selbst und ist Brahman. Erkenne das durch Unterscheidung! Betrachte alle anderen getrennten Dinge als das Selbst und verbleibe immer als dieses Selbst! Wenn du so bleibst, wirst du Seligkeit und den Frieden des Seins erlangen.

In der Höhle des Verstands wohnt die einzige Wahrheit von Brahman, unabhängig von Sein und Nichtsein. Wer beständig als diese Wahrheit verbleibt, wird nie wieder zu einer körperlichen Geburt zurückgezogen werden.

Obwohl ein Mensch das als Wahrheit erkennt, taucht das Gefühl ‚Ich bin der Handelnde', ‚Ich bin der Genießende' mit aller Macht in ihm auf wegen der Bindung (*samsara*), die von den starken, anfangslosen Neigungen (*vasanas*) verursacht, die ihn oft behindern. Zügle diese Neigungen durch eigene Anstrengung im Augenblick, wenn sie auftauchen, indem du fest im Selbst bleibst und das Selbst siehst! Weise wie Vasishta haben erklärt, dass das Vernichten der *vasanas* tatsächlich Befreiung ist. Die Verwirklichung des Selbst, wie es ist, erfolgt nicht durch Neigungen für weltliche oder sinnliche Aktivitäten oder durch ein langes Studium der Schriften. Für jene, die Befreiung aus dem Kerker oder Meer des *samsara* suchen, sind die drei Neigungen eiserne Fesseln, sagen die Verwirklichten. Deshalb muss man die Anhaftung an die Welt, die Schriften und den Körper aufgeben, und man muss völlig verstehen, dass der Körper durch die Kraft des *prarabdha* (vergangenen Karmas) aufrechterhalten wird. Du solltest deshalb mutig diese Anhaftungen zurückweisen und energisch danach streben, *tamas* durch die Kraft von *sattva* und *rajas* zu überwinden, dann *rajas* durch vermischtes *sattva*, dann vermischtes *sattva* durch reines *sattva*. Du solltest das mit einem festen und stillen Geist tun, mithilfe der großen Aussagen der Schriften wie ‚Das bist du', welche die Einheit von individuellem Selbst und Brahman verkünden. Versuche durch Schlussfolgerung und Erfahrung die *vasanas* loszuwerden, sodass du festen Glauben an Brahman hast und das ‚Ich'- und ‚Mein'-Empfinden völlig aus dem Körper und den Sinnen entwurzelst, die beständig als Ergebnis der Überlagerung entstehen! Das tut man, indem man fest im einen, unteilbaren Selbst im Herzen verweilt und über die permanente Erfahrung der Erkenntnis der Einheit von Brahman mit dem Selbst meditiert, indem man sagt: ‚Ich bin nicht das Ego. Ich bin die unaufhörliche Vollkommenheit Brahmans, die als Ich erfahren wird und der Zeuge der Gedanken ist.' Diese Meditation muss fortgeführt werden, bis das ‚Ich'-Empfinden völlig aus dem Körper entwurzelt worden ist, ohne noch eine Spur zu hinterlassen, und die Welt der Individuen wie ein Traum erscheint. Wer meditiert, hat nichts zu tun außer zu betteln und seinen natürlichen Bedürfnissen nachzugehen. Er darf das Selbst nie vergessen, indem er weltlichem Sprechen und den Sinnesobjekten Raum gibt. Sandelholz duftet, aber sein Duft wird von einem schlechten Geruch überdeckt, wenn es in Kontakt mit Wasser kommt. Er entfaltet sich, wenn es gerieben wird. Beständige Meditation entspricht diesem Reiben von Sandelholz. Die verborgenen Neigungen des Geistes werden nur soweit beseitigt, als der Geist im Selbst bleibt. Durch dieses beständige Verweilen im Selbst wird der Geist des Yogis vernichtet. Durch die Vernichtung des Geistes werden die äußeren Neigungen des Herzens völlig ausgerissen. Dann erstrahlt die Erfahrung des höchsten Selbst, das früher vom Zauber der *vasanas* verschleiert worden ist, von selbst wie der Duft des nicht verunreinigten Sandelholzes.

Auf welche Weise das Ego auch untersucht wird, es stellt sich mit all seinen Fähigkeiten als unwirklich heraus, als eine augenblickliche Begrenzung, träge, unbewusst und unfähig, das Eine zu erkennen. Das höchste Selbst unterscheidet sich von den grobstofflichen und subtilen Körpern. Es ist der Zeuge des Egos mit seinen Fähigkeiten und existiert immer, sogar im Tiefschlaf. Die Schrift sagt: ‚Es ist ohne Geburt und Tod.' Es ist unveränderlich und unterscheidet sich gleichzeitig von Sein und Nicht-Sein. Das Ego kann niemals das wahre Selbst und die wirkliche Bedeutung von ‚ich' sein. Distanziere dich von diesem unreinen Körper wie du dich von einem Ausgestoßenen distanzieren würdest! Gib das Empfinden von ‚Ich' im grobstofflichen Körper und alle Anhaftungen des Geistes auf, Anhaftungen an Name und Form, Sippe und Familie, Kaste und soziale Ordnung! Gib auch die Anhaftung an den subtilen Körper, sein Wesen und sein Empfinden, der Handelnde zu sein, auf! Spüre das ‚Ich'-Empfinden im Selbst auf, das Wahrheit, Erkenntnis und Ewigkeit ist! Wie die Luft in einem Topf ein Teil der Luft draußen ist, so nimm das Selbst als das selbststrahlende Brahman wahr, welches das Substrat von allem ist, in dem die Welt sich reflektiert wie eine Stadt in einem Spiegel oder wie geworfene Schatten wahrgenommen wird! Betrachte dich als ‚Das bin ich', ohne Teile, ohne Gestalt, ohne Handeln, ohne Zweiheit, unendlich, Sein-Bewusstsein-Seligkeit! Erkenne das Selbst wie es wirklich ist! Gib dieses falsche körperliche Selbst auf wie ein Schauspieler seine Rolle aufgibt und er selbst bleibt! Durch die Erkenntnis, die du durch die Selbstergründung erlangst, verwirf beides, den Mikrokosmos und den Makrokosmos, als unwirklich, bleibe in der ungebrochenen Stille und ruhe immer in der vollkommenen Seligkeit als Brahman ohne Eigenschaften! Erlange auf diese Weise höchsten Frieden, worin der Zweck des Lebens besteht!

Obwohl verschiedene Hindernisse zur Bindung der Seele beitragen, ist die ursprüngliche Ursache das Entstehen des falschen Ego-Empfindens. Durch die Überlagerung des Egos über das Selbst ist diese Bindung von Geburt, Tod und Sorge über dich gekommen. Du bist dem Wesen nach Sein-Bewusstsein-Seligkeit, von grenzenloser Herrlichkeit, ewig, eine einzige Essenz und unwandelbar. Von Natur aus hast du keine solche Bindung. Wie es keine Gesundheit geben kann, solange eine kleine Dosis Gift im Körper wirkt, so kann es keine Befreiung geben, solange die Identifikation mit dem Ego fortbesteht. Die Erkenntnis der Identität des Selbst mit Brahman wird klar enthüllt, sobald das Ego völlig vernichtet ist, ohne dass etwas von ihm übrig bleibt, zusammen mit der Illusion der Vielfalt, die von dem Schleier aus *tamas* verursacht wird. Deshalb entdecke durch die Ergründung des Wesens des ungebundenen Selbst die Wahrheit deines eigenes Selbst, das vollständig, vollkommen und immer selig ist und aus sich selbst erstrahlt! Wer vom Ego befreit ist, erstrahlt ewig als das Selbst, wie der Vollmond strahlt, wenn er vom Drachenkopf der Finsternis befreit wird. Im Bereich des Herzens windet sich die schreckliche Kobra des Egos um die Seligkeit des Selbst und verhindert mit ihrem dreifachen Kopf der *gunas* den Zugang zu ihm. Diese drei furchtbaren Köpfe der Schlange des Egos können nach den Schriften nur mit großem Mut mit dem mächtigen Schwert der tatsächlichen Erfahrung des Selbst abgetrennt werden. Wer auf diese Weise die dreiköpfige Schlange vernichtet hat, kann den gewaltigen Schatz der Seligkeit Brahmans erlangen und genießen. Deshalb gib auch du das ‚Ich'-Empfinden im Ego auf, das wie Sein erscheint und vorgibt, der Täter zu sein, obwohl es nur das reflektierte Licht des Selbst ist! Kehre alle Gedankenformen, die am Ego haften, nach innen! Es ist dein Feind, also töte es mit dem Schwert der Erkenntnis. Es hat dich verletzt wie ein Dorn, der beim Essen im Hals stecken geblieben ist. Gib alles Verlangen auf, deinen Zustand als das höchste Selbst zu verwirklichen! Genieße das Königreich des Selbst, sei vollkommen und still in der Stille des unveränderlichen Zustands von Brahman!

Das Ego kann auf diese Weise getötet werden, aber sobald man ihm nur einen Gedanken widmet, entsteht es von neuem und verstrickt sich in Handeln. Es treibt einen Menschen vor sich her wie der Wind die Winterwolken. Erinnere dich daran, dass derjenige, der das ‚Ich'-

Empfinden mit dem Körper und seinen Fähigkeiten verbindet, gebunden ist, während derjenige, der das nicht tut, befreit ist!

Die Gedanken an Sinnesobjekte erschaffen ein Empfinden der Unterscheidung und verursachen dadurch die Bindung von Geburt und Tod. Deshalb sollte man dem Ego kein Quartier einräumen, da es der Feind desjenigen ist, der solche Gedanken hat. Wie eine vertrocknete Linde neue Blätter bekommt, wenn man sie bewässert, so wird das Ego durch Gedanken an Sinnesobjekte wiederbelebt. Die zunehmende Auswirkung ist der Same der Gedanken und bringt sie zum Blühen, während das Nachlassen der Auswirkung auch ihre Ursache beseitigt. Deshalb sollst du zuerst die Auswirkung vernichten. Wenn Gedanken, welche die Auswirkung sind, gedeihen, gedeiht auch das Ego mit seinen Neigungen, das sie bewirkt. Aus den Gedanken entstehen äußere Aktivitäten, und aus beidem zusammen entwickeln sich die Neigungen und erschaffen Bindungen für die Seelen. Um dem zu entkommen, müssen Gedanken, Handlungen und Neigungen beseitigt werden. Der beste Weg, das zu tun, ist, davon überzeugt zu sein, dass alles, was als getrennte Namen und Formen erscheint, Brahman selbst ist. Diese Überzeugung muss man sich immer, überall und in allen Zuständen erhalten. Wenn man an ihr festhält, werden dadurch die Aktivitäten verringert. Das bewirkt, dass die Gedanken weniger werden, was wiederum die latenten Neigungen vernichtet. Die Vernichtung der latenten Neigungen ist tatsächlich Befreiung. Deshalb entwickle diese hilfreiche Neigung, alles als Brahman zu betrachten! Das Ergebnis ist, dass die schwachen Neigungen des Egos wie die Dunkelheit vor der Sonne verschwinden. Wie die Dunkelheit mit all ihren trostlosen Wirkungen vor der aufgehenden Sonne verschwindet, so verschwindet die Bindung mit all ihren Sorgen spurlos, wenn die Sonne der advaitischen Erfahrung aufgeht. Betrachte deshalb alle objektiven Manifestationen als Brahman und halte an diesem Zustand des Friedens (*samadhi*) und der inneren und äußeren Seligkeit fest (*nischala bhava*), solange die Bindung aufgrund deines vergangenen Schicksals (Karma) andauert! Währenddessen erinnere dich: ‚Diese unveränderliche Seligkeit Brahmans bin ich.'

Man darf nie in diesem Verweilen in Brahman nachlassen, denn sonst resultiert daraus eine falsche Vorstellung von der Wahrheit, die tatsächlich den Tod bedeutet, wie Bhagavan Sri Sanatsujata, Brahmas Sohn, es formuliert. Solch eine falsche Vorstellung der Wahrheit, die dadurch entsteht, dass man vom Zustand des Verweilens in der Wahrheit abweicht, bringt die Illusion hervor. Die Illusion bewirkt, dass das ‚Ich' dem Ego und seinen Objekten zugeschrieben wird. Daraus entsteht Bindung, und aus Bindung entsteht Sorge. Deshalb gibt es für den Erleuchteten kein größeres Unglück als ein falsches Verständnis und das Abweichen von der Wirklichkeit. Wie Wasserpflanzen, die aus einem Teich beseitigt worden sind, nicht weichen, sondern den Teich erneut bedecken, so ist es mit einem Menschen, der sich nach außen richtet, selbst wenn er erleuchtet ist. Wenn *maya* (die Illusion) erneut beginnt, ihn zu verhüllen, wird er auf unzählige Weise vom falschen Verstand beeinflusst. Das geschieht aufgrund seines Versäumnisses, wachsam zu sein, und weil er seinen wahren Zustand vergisst und den Sinnesobjekten nachjagt. Er ist wie ein Mann, der von einer anzüglichen Frau beeinflusst und beherrscht wird, in die er verliebt ist. Wenn ein Mensch aufgrund seines falschen Verständnisses der Wirklichkeit nur ein wenig vom Ziel seines eigenen Selbst abweicht, wendet er sich äußeren Dingen zu und springt von einem zum anderen wie ein Ball, der deiner Hand entgleitet und die Treppe hinunterrollt. Er wird damit anfangen, äußere Erfahrungen für gut zu halten, worauf sich der Wunsch einstellt, sie zu genießen. Das führt dazu, dass er an ihnen Anteil nimmt, was wiederum sein Verweilen im Selbst zerstört, mit dem Ergebnis, dass er in Tiefen sinkt, aus denen er sich nie mehr erheben kann, und er wird vernichtet werden. Deshalb gibt es keine größere Gefahr im Brahman-Bewusstsein als das falsche Verständnis, was bedeutet, dass man von seinem wahren Zustand abweicht. Nur derjenige, der den ewigen Zustand des Bewusstseins (*nishta*) besitzt, erlangt die Verwirklichung (*siddhi*) und entsagt somit der Manifestation (*sankalpa*), die vom falschen Verständnis (*pramada*) und der nachlassenden Übung verursacht wird. Dieses falsche Verständnis ist die Ursache von allem spirituellen Verfall (*anartha*). Sei deshalb der *swarupa nishta*, der immer im Selbst bleibt.

Wer im Zustand von Brahman Befreiung erlangt hat, während er lebt, wird auch in seinem körperlosen Zustand so sein. Im Yajur Veda heißt es: ‚Wer nur das geringste Empfinden von Unterschieden hat, der hat immer Angst.' Wer nur den geringsten Unterschied im absoluten Brahman sieht, so klein er auch sein mag, wird deshalb in einem Zustand der Angst bleiben. Wer das ‚Ich'-Empfinden im empfindungslosen Körper und seinen Objekten lokalisiert, wird Sorge um Sorge erfahren, wie der Sünder, der Untaten begeht, sagen die Schriften und ihre Kommentare. Wir können durch die Unterscheidung zwischen Dieben und ehrlichen Menschen erkennen, dass jener, der sich der Wahrheit widmen, dem Unglück entgeht und erfolgreich ist, während jener, der sich der Falschheit ergibt, untergeht.[133] Wir können auch erkennen, dass das Ausschließen von äußeren Objekten dem Geist eine klare Wahrnehmung des Selbst ermöglicht, was wiederum die Vernichtung der Bindung des *samsara* bewirkt. Deshalb ist der Verzicht auf jede objektive Wirklichkeit der Weg zur Befreiung. Wenn ein Mensch bei der Suche nach Befreiung zwischen Wahrheit und Unwahrheit unterscheidet und die Wahrheit des höchsten Herrn durch die Autorität der Schriften entdeckt, wird er dann wie ein Kind einem nichtexistierenden Hirngespinst nachrennen, von dem er weiß, dass es die Ursache seiner Vernichtung ist? Keiner würde das tun. Deshalb muss derjenige, der Unterscheidung übt, auch Verzicht üben und damit aufhören, nach äußeren Dingen zu suchen, welche die niederen Neigungen nähren, die Bindung bewirken. Er sollte alle Sorgen, die von der Unwissenheit kommen, durch die Erfahrung ‚Ich bin das höchste Brahman allein, das Sein-Bewusstsein-Seligkeit ist' auslöschen und immer in seinem wahren Zustand, der Seligkeit ist, verweilen. Wenn man wach ist, träumt man nicht, und wenn man träumt, wacht man nicht. Beides schließt sich gegenseitig aus. So ist auch jemand, der nicht dem Körper anhaftet, befreit, und jemand, der ihm anhaftet, ist es nicht.

---

[133] Das bezieht sich auf eine Prüfung, bei dem einem verdächtigten Dieb ein heißes Eisen in die Hand gedrückt wird. Verbrennt er sich, ist er schuldig, wenn nicht, ist er unschuldig.

Ein Befreiter ist einer, der sich als ein Einziger, als der Zeuge sowohl der inneren als auch der äußeren Welt der bewegten und unbewegten Dinge und als das Substrat von allem sieht. Durch sein universales Bewusstsein, das er durch den subtilen Geist erfährt, hat er alle Attribute (*upadhis*) beseitigt und verbleibt als das absolute Ganze. Nur solch einer ist befreit und haftet nicht am Körper. Es gibt kein anderes Mittel zur Befreiung als diese gesegnete Erkenntnis, dass alles das eine Selbst ist. Und diese Haltung ‚alles ist eines' wird durch das beständige Verweilen im Selbst und die Zurückweisung von Objekten, ohne an ihnen zu haften, erlangt. Wie kann ein Mensch die objektive Wirklichkeit zurückweisen, wenn er die ‚Ich bin der Körper'-Vorstellung hat, an äußeren Dingen haftet und immer nach ihrem Diktat handelt? Das ist unmöglich. Gib deshalb alles Handeln auf, das auf Karma und *dharma* basiert, und bleibe mit der Erkenntnis von *tattva* immer im Selbst! Bereite deinen Geist vor, in die ewige Seligkeit einzutauchen! Diese Anstrengung wird dich befähigen, die objektive Wirklichkeit zurückzuweisen. Um diese Haltung, dass alles das Selbst ist (*sarvatma bhava*), zu erlangen, schreibt die Schriftstelle: ‚Still und selbstkontrolliert' (*Shanto dantha*) *nirvikalpa samadhi* (die ekstatische Trance) für diese Sucher vor, die ein Gelübde des Fastens (*chandrayana*, Fasten während zwei mal zwei Wochen hintereinander) abgelegt und *sravana* (das Hören des Satzes ‚Das bist du') geübt haben. Ein noch so gelehrter Schüler, der nicht die unerschütterliche Erfahrung von *nirvikalpa samadhi* gemacht hat, ist nicht in der Lage, das Ego und seine objektive Wirklichkeit zusammen mit den angesammelten Neigungen aus seinen früheren Geburten zu vernichten.

Es ist die projizierende Kraft von *maya* zusammen mit ihrer verhüllenden Kraft, welche die Seele mit dem Ego vereint, die die Ursache der Illusion ist und durch ihre Eigenschaften einen Menschen baumeln lässt wie einen Geist. Wenn die verhüllende Kraft vernichtet wurde, wird das Selbst von allein erstrahlen, und es gibt keinen Raum mehr für Zweifel oder Behinderung. Dann wird auch die projizierende Kraft verschwinden, und sollte sie doch andauern, tut sie das nur scheinbar. Die projizierende Kraft kann jedoch nicht verschwinden, solange die verhüllende Kraft noch besteht. Nur wenn das Subjekt vollkommen von den Objekten unterschieden wird wie Milch vom Wasser, wird die verhüllende Kraft vernichtet.

Reine Unterscheidung, die aus der vollkommenen Erkenntnis kommt, unterscheidet das Subjekt vom Objekt und vernichtet die Illusion aufgrund der Unwissenheit. Der Mensch, der Unterscheidung übt, unterscheidet das Wirkliche vom Unwirklichen und begründet das folgendermaßen: ‚Wie Eisen sich mit Feuer verbindet, so verbindet sich der Verstand mit der Unwissenheit, um eine fiktive Einheit mit dem Selbst, das Sein ist, zu erlangen, und projiziert sich selbst als die Welt von Seher, Sehen und Gesehenem. Deshalb sind all diese Erscheinungen falsch wie eine Illusion, ein Traum oder eine Vorstellung. Alle Sinnesobjekte, angefangen mit dem Ego bis hin zum Körper, sind ebenfalls unwirklich, da sie Veränderungen von *prakriti* sind und der Veränderung von einem Augenblick auf den anderen unterworfen sind. Nur das Selbst verändert sich nie. Das Selbst, das sich vom Körper, von Sein und Nichtsein unterscheidet, der Zeuge des Verstandes und die wahre Bedeutung des ‚Ich'-Empfindens, einzig, ewig, unteilbar, ist tatsächlich das höchste Selbst der ewigen, inkarnierten Seligkeit.

Auf diese Weise unterscheidet er zwischen Wahrheit und Unwahrheit, und indem er das tut, entdeckt er das wahre Selbst. Mit dem Auge der Erleuchtung erlangt er tatsächliche die Verwirklichung des Selbst und erfährt dieses ‚Ich' als die unteilbare Erkenntnis des absoluten Brahman. Dadurch zerstört er die verhüllende Kraft, das falsche Wissen und andere Sorgen, die von der projizierenden Kraft erschaffen worden sind, so wie die Angst vor einer Schlange wegfällt, sobald man erkennt, dass es sich um ein Seil handelt, (das man für eine Schlange gehalten hat). Wenn er von diesen Krankheiten befreit ist, erlangt er das Verweilen in einem Zustand vollkommenen Friedens. Deshalb wird die Unwissenheit nur dann völlig vernichtet und der Herzensknoten gelöst, wenn man durch *nirvikalpa samadhi* die höchste Identität verwirklicht. Wie kann noch ein Same von *samsara* in der befreiten Seele bleiben, welche die höchste Identität verwirklicht und den Wald der Unwissenheit durch das Feuer der Erkenntnis der Einheit des Selbst mit Brahman völlig vernichtet hat? Sie hat kein *samsara* mehr, keine Wiedergeburt und keinen Tod. Deshalb muss die Seele, die Unterscheidung übt, das *atma tattva* (Selbst) kennen, um von der Bindung des *samsara* frei zu sein.

Alle Formen der Schöpfung und Vorstellungen, die als du, ich, dies usw. erscheinen, sind das Ergebnis der Unreinheit des Verstands. Sie scheinen im absoluten, eigenschaftslosen, höchsten Selbst zu existieren, hören aber im Zustand der Absorption (*samadhi*) und der Erfahrung von Brahman zu existieren auf. Auch das Selbst scheint durch die Unterschiede der Gefährte [Körper] teilbar zu sein, aber wenn sie beseitigt sind, erstrahlt es einzig und vollkommen. Es ist beständige Konzentration nötig, um diese Unterschiede im Absoluten aufzulösen. Die Wespenraupe, die alle Aktivitäten aufgibt und beständig über die Wespe meditiert, wird zur Wespe. Auf dieselbe Weise wird die Seele, die sich nach Brahman sehnt und konzentriert meditiert, durch die Kraft ihrer Meditation und ihr beständiges Verweilen in Brahman in völliger Stille zum höchsten Selbst. So verharre beständig in deiner Meditation über Brahman! Daraus resultiert, dass der Geist von den Flecken der drei *gunas* gereinigt wird, bis er völlig rein ist und seinen ursprünglichen Zustand wiedererlangt, wenn er reif ist für die Auflösung in Brahman wie das Salz im Wasser. Es ist wie wenn Gold von seinen Legierungen gereinigt wird und zur Reinheit seines wahren Wesens zurückkehrt, indem es in den Schmelzofen kommt. Nur in einem solch reinen Geist kann *nirvikalpa samadhi* erlangt werden und damit die wesentliche Seligkeit der Identität. Durch dieses *samadhi* werden alle Knoten der *vasanas* gelöst und alles vergangene Karma vernichtet, sodass das Licht des Selbst ohne Anstrengung innen und außen, immer und überall erfahren wird. So wird das subtile Brahman im einzigen, subtilen, geistigen Zustand von *samadhi* von jenen, die einen subtilen Verstand haben, erfahren, nicht aber auf eine andere Art und durch keine grobstoffliche Sichtweise. So erlangt auch der Weise, der die inneren und äußeren Sinne unter Kontrolle hat, einsam und gleichmütig ist, die Erfahrung des alldurchdringenden Selbst durch beständige Konzentration. Dadurch wird er alle geistigen Schöpfungen, die von der Dunkelheit der Unwissenheit erschaffen worden sind, los, wird handlungs- und eigenschaftslos und bleibt ewig in der Seligkeit Brahmans. Nur derjenige ist von der Bindung des *samsara* befreit, der *nirvikalpa samadhi* erlangt hat und den Geist, die Sinne und die Objekte, die Ohren, den Klang usw. als dem Selbst innewohnend wahrnimmt, und nicht derjenige, der nur mit theoretischem Wissen spricht. Brahman kann nur durch *nirvikalpa samadhi* klar und ohne ein Hindernis erfahren werden, denn ansonsten schwankt der mentale Zustand immer und führt von einem Gedanken zum nächsten. Kontrolliere deshalb die Sinne und den Geist und bleibe fest im Selbst gegründet! Zerstöre völlig die Dunkelheit der Unwissenheit und seine Ursache durch die Erfahrung des einen Selbst, und verbleibe immer als das Selbst! Wenn man über die Wahrheit, die man gehört hat, reflektiert, so ist das hundert Mal wirksamer als sie nur zu hören, und in ihr zu verbleiben ist hunderttausend Mal mächtiger als über sie zu reflektieren. Welche Grenze kann es dann für die Macht, die man durch *nirvikalpa samadhi* erlangt, geben?

Das Zurückhalten beim Sprechen, nichts von anderen zu akzeptieren, die Unterwerfung der Wünsche, der Verzicht auf Handeln, Enthaltsamkeit und Einsamkeit sind die Hilfen in den frühen Stadien dieses *samadhi*-Yoga. Einsamkeit hilft, die Sinne zu beruhigen und dadurch auch den Geist. Die Stille des Geistes vernichtet die Neigungen und gibt dadurch die dauerhafte Erfahrung der essenziellen Seligkeit Brahmans. Deshalb muss der Yogi sich immer anstrengen, um den Geist zurückzuhalten. Der Atem muss im Geist verebben, der Geist im Intellekt, der Intellekt im Zeugen, und indem man den Zeugen als die Fülle des eigenschaftslosen, höchsten Selbst erkennt, erlangt man vollkommenen Frieden.

Wer meditiert, wird zu dem Aspekt seines Seins, zu dem das Bewusstsein hingezogen wird. Wird es zum Körper hingezogen, wird er zum Körper, wird es zu den Sinnen hingezogen, wird er zu den Sinnen, wird er zum Lebensatem hingezogen, wird er das, wenn zum Geist oder Verstand, wird er zum Geist oder Verstand. Deshalb sollte man das alles zurückweisen, das Bewusstsein sollte abklingen, und man sollte Friede in Brahman, das ewige Seligkeit ist, erlangen.

Wer durch sein Verlangen nach Befreiung vollkommene Freiheit von Wünschen erlangt hat, ist in der Lage, im Selbst zu bleiben und alle Anhaftungen, innere und äußere, loszuwerden. Er allein erlangt inneren und äußeren Verzicht. Zudem erlangt nur derjenige *samadhi*, der wunschlos ist und an nichts hängt. Durch *samadhi* erlangt er die Gewissheit, dass er *tattva jnana* gewonnen hat, das Befreiung bringt. Wer Befreiung erlangt hat, hat ewige Seligkeit erlangt. Deshalb ist völlige Nichtanhaftung der einzige Weg für denjenigen, der nach der Seligkeit der Einheit mit der Braut der Befreiung strebt. Nichtanhaftung zusammen mit Selbsterkenntnis gewinnt das Königreich der Befreiung. Nichtanhaftung und Erkenntnis sind wie die beiden Flügel eines Vogels, die nötig sind, um auf den Berg der Befreiung zu fliegen. Wenn eines von beidem fehlt, kann man sie nicht erlangen. Gib deshalb den Wunsch nach Dingen auf, der wie Gift ist! Gib die Anhaftung an eine Kaste, eine Gruppe, eine soziale Position und an das Schicksal auf! Hör damit auf, das ‚Ich'-Empfinden im Körper zu lokalisieren! Sei stets auf das Selbst gerichtet, denn in Wahrheit bist du der Zeuge, das makellose Brahman!

Das Selbst in Gestalt von Brahman, der Zeuge aller endlichen Lebewesen, erstrahlt aus sich selbst und ewig als ‚Ich-Ich' in der Hülle von *vijnana* und unterscheidet sich von den fünf Hüllen. Wenn es als ‚Ich' erfahren wird, erstrahlt es als die wahre Gestalt des Selbst, die direkte Erfahrung, auf die die Schriften hinweisen. Festige dein Herz beständig in diesem Brahman, das das Ziel ist! Lass die Sinne in ihren Zentren bleiben! Halte den Körper beständig, indem du ihm gegenüber gleichmütig bist! Übe die Meditation ‚Ich bin Brahman, Brahman bin ich' und erlaube keinem anderen Gedanken den Zutritt! Beruhige den Geist allmählich, indem du das ununterbrochene Fließen der Seligkeit übst! Verwirkliche die Identität von Selbst und Brahman, und trinke den Nektar der Seligkeit Brahmans in ewiger Freude! Was nützen die niedrigen Gedanken an den Körper und die Welt, die das Nicht-Selbst sind? Gib diese Gedanken an das Nicht-Selbst auf, die die Ursache von jeder Sorge sind! Halte am Selbst, dem Sitz der Seligkeit, als ‚Ich' fest und weise nicht länger das ‚Ich'-Empfinden dem Ego und seinen Eigenschaften zu! Sei ihnen gegenüber völlig gleichmütig, und meditiere beständig über das Selbst, das die Ursache der Befreiung ist!

Ein Topf, ein großes irdenes Gefäß für Getreide und eine Nadel sind verschiedene Dinge. Aber wenn man sie wegwirft, bleibt nur die einzige Ausdehnung des Äthers übrig. Etwas, von dem man fälschlicherweise denkt, es existiere durch die Grundlage von etwas anderem, hat keine Wirklichkeit ohne das wirkliche Ding. Es ist wie die Schlange, die man in einem Stück Seil sieht. Wenn man Welle, Schaum, Blasen und Strudel untersucht, findet man, dass sie nur Wasser sind. Töpfe verschiedener Größe und Form sind nichts anderes als Ton, und sie sind tatsächlich Ton. Entsprechend solltest du die Begrenzungen des Körpers, der Sinne, des Lebensatems, des Geistes und des Egos, die rein illusorisch sind, zurückweisen. Nur Narren nehmen ‚ich', ‚du', ‚es' usw. wahr und sprechen durch ihren Irrglauben und ihre Torheit davon. Sie sind vom Wein der Illusion (*maya*) betrunken. Doch selbst ihre Wahrnehmung von Vielfalt ist in Sein-Bewusstsein-Seligkeit, in der vollkommenen Reinheit des Selbst enthalten, das als Brahman als ein untrennbares Ganzes erstrahlt wie der weite Äther. Alle Überlagerungen wie der Körper und das ‚Ich'-Empfinden, mit Brahman angefangen bis hinunter zu einem Felsbrocken, die als Welt wahrgenommen werden, sind in Wirklichkeit nichts anderes als das eine Selbst. Sie sind lediglich die Darstellung von *prakriti* und des Selbst als reines Sein. Das eine, höchste Selbst, das ungebrochen und einheitlich ist, existiert im Osten, Westen, Süden und Norden, innen und außen, oben, unten und überall. Es selbst ist Brahma, es selbst ist Vishnu, Shiva, Indra, Götter und Menschen und alles. Was kann man mehr darüber sagen? Alles, angefangen mit der dreifachen Erscheinung des persönlichen Gottes, des Individuums und der Welt bis hinunter zum kleinsten Atom ist lediglich eine Gestalt Brahmans. Um die Überlagerung des Falschen (*mithya*) zu beseitigen, erklären die Schriften: ‚Es gibt überhaupt keine Zweiheit'. (Brahman ist eines ohne ein Zweites). Deshalb bist du selbst das nicht-duale Brahman, makellos wie der Äther, ohne Innen und Außen, ohne Eigenschaften, wandellos, zeitlos und ohne Maß oder Teile. Was muss man sonst noch wissen? Die Schriften erklären: ‚Solange das Individuum den Leichnam seines Körpers als „ich" betrachtet, ist es unrein und verschiedenen Missständen wie Geburt, Tod und Krankheit unterworfen. Beseitige jede objektive Wirklichkeit, die das Selbst durch Täuschung überlagert, und erkenne dich selbst als reiner, unveränderlicher Shiva. Dann wirst du befreit und zu Brahman werden, das nicht handelt und unteilbare Vollkommenheit ist.' Der Erleuchtete, der höchste Erkenntnis erlangt hat, erstrahlt als Sein-Bewusstsein-Seligkeit, als einheitliches Brahman, wenn er der objektiven Wirklichkeit völlig entsagt hat. Deshalb solltest auch du deinen grobstofflichen, unreinen Körper sowie den subtilen Körper, der wie der Wind schwankt, und das ‚Ich'-Empfinden in ihnen zurückweisen und dich als Sein-Bewusstsein-Seligkeit betrachten, wie es im Vedanta erklärt wird, und so für immer als Brahman verbleiben.

Die Schriften erklären: ‚Zweiheit ist dem Wesen nach Illusion (*maya*), und nur Nicht-Zweiheit ist die höchste Wahrheit.' Es ist unsere Erfahrung, dass die Vielfalt, die vom Bewusstsein erschaffen wurde, im Tiefschlaf zu existieren aufhört, in dem das Bewusstsein in die Seligkeit aufgenommen wird. Die Weisen, die unterscheiden, wissen, dass weder die sprichwörtliche Schlange ohne die Grundlage des Seils noch das Wasser einer Fata Morgana ohne die der Wüste existiert. Es ist unsere Erfahrung, dass wenn der Geist das Wesen des Selbst annimmt und eins mit dem eigenschaftslosen, höchsten Selbst wird, die geistigen Manifestationen aufhören. Alle diese magischen Schöpfungen, welche die Illusion des Geistes als das Weltall darlegen, stellen sich als nicht wirklich existierend heraus und werden unwahr, wenn die Wahrheit hinter ihnen als Brahman erkannt wird. Im nicht-dualen Brahman existiert die dreifache Wirklichkeit von Seher, Sehen und Gesehenem nicht. Es ist die Grundlage, in die die Unwissenheit, die Ursache der Illusion von Vielfalt, aufgenommen wird wie die Dunkelheit vom Licht. Wie die Meere, die bis ans Ende der Zeit fortbestehen, bleibt die Wahrheit Brahmans einzig, vollkommen, absolute Reinheit, inaktiv, ohne Eigenschaften, wandel- und gestaltlos. Wie kann man dann in der Einheitlichkeit Brahmans über Zweiheit oder Verschiedenheit sprechen? Der erleuchtete *jnani* erfährt im Zustand von *samadhi* das einheitliche Vollkommene dieses

Brahman als ‚Ich-Ich' im Herzen, das ewig, unvergleichliche Seligkeit der Erkenntnis, ohne Anhaftung, gestaltlos, inaktiv, eigenschaftslos, unveränderlich, ohne Merkmale, namenlos und frei von Bindung ist. Es ist still wie der Äther, und trotzdem kann sich nichts mit ihm vergleichen. Es hat weder Ursache noch Wirkung. Es ist jenseits jeder Vorstellung. Es kann nur durch die Erkenntnis der Autorität des Vedanta erlangt werden. Seine Wahrheit wohnt im Herzen und wird beständig als ‚ich' erfahren. Es ist frei von Geburt, Alter und Tod. Es ist in sich ewig. Es ist ewig, still und unterscheidungslos. Es ist weit und still wie das ruhige, uferlose Meer. Um nicht ins *samsara* zurückzufallen, übe *nirvikalpa samadhi* durch die Konzentration auf Brahman, das im Herzen als dein eigenes, strahlendes Selbst, frei von allen Begrenzungen, und als Sein-Bewusstsein-Seligkeit erfahren wird. Das zerstört das individuelle Bewusstsein, das die Ursache aller Irrtümer ist, und so kannst du den Knoten des Herzens entwirren, der die Krankheit von Geburt und Tod verursacht. So wirst du die Herrlichkeit der ungebrochenen Seligkeit erlangen, selbstverwirklicht sein und dabei das Ziel des menschlichen Lebens erreichen, eine Gnade, die nur selten erlangt wird.

Der selbstverwirklichte Yogi, der große Mahatma, der sein wahres Wesen kennt, zeigt seine Weisheit, indem er seinen Körper zurückweist und ihn als einen Leichnam betrachtet, als einen reinen Schatten seines Seins, der nur aufgrund des vergangenen Schicksals existiert. Solch ein großer Mahatma weiß, dass er die ungebrochene Seligkeit des Selbst ist. Er hat den Körper und seine Eigenschaften völlig im Feuer von Brahman, das die ewige, unveränderliche Wahrheit ist, verbrannt. Nachdem er seinen Körper auf diese Weise verbrannt hat und in seinem Bewusstsein stets im Meer der Seligkeit, das Brahman ist, versunken bleibt, ist er selbst ewige Erkenntnis und Seligkeit. Wie sollte er sich noch darum sorgen, den Körper zu nähren und zu erhalten oder an ihm zu haften, wenn er sich innerlich und äußerlich am ewigen Nektar Brahmans nährt? Wie die Kuh sich nicht um die Girlande kümmert, die sie um den Hals trägt, so kümmert er sich nicht darum, ob der Körper, der durch die Fäden des vergangenen Karmas gebunden ist, lebt oder stirbt. So sollst auch du diesen trägen, unreinen Körper abweisen und das reine und ewige Selbst der Weisheit verwirklichen. Widme dem Körper keine Gedanken mehr! Wer will schon etwas zurücknehmen, das er erbrochen hat?

Wenn man eine Fata Morgana erkennt, hält man sich von ihr fern. Unkenntnis darüber, dass es sich um eine Fata Morgana handelt, verleitet einen dazu, sie zu suchen. Ähnlich führt Erkenntnis zum Weg der Befreiung und Unwissenheit zu weltlichem Streben. Der Gewinn von Selbsterkenntnis oder Selbstverwirklichung befreit einen Menschen von den Krankheiten, die aus dem Irrtum entstehen, und bringt ihm ewige Zufriedenheit und unvergleichliche Seligkeit, die er immer erfährt. Andererseits stößt ihn Unwissenheit in die objektive Erfahrung des Irrtums und des Leids. Wie also kann der Weise, der den Knoten des Herzens mit dem Schwert der Weisheit gelöst hat, weiterhin verschiedene nutzlose Handlungen vollbringen, die ihn in der Zeit seiner Illusion beschäftigt haben? Was könnte ihn zu solchem Handeln verleiten?

Erkenntnis führt zur Nichtanhaftung. Einsamkeit und der Verzicht auf ein Heim führt zur Erkenntnis. Die Seligkeit der Erfahrung des Selbst und die Stille resultieren daraus, dass das Handeln aufhört. Wenn diese Ergebnisse nicht Schritt für Schritt erlangt werden, verlieren die vorherigen Schritte an Gültigkeit. Die Vollkommenheit der Nichtanhaftung besteht darin, dass die früheren Neigungen, nach Vergnügen zu suchen, nicht länger auftauchen. Die Vollkommenheit der Erkenntnis besteht darin, dass das ‚Ich'-Empfinden nicht länger dem Körper angehört. Die Vollkommenheit der Einsamkeit besteht darin, dass Gedanken sich durch das beständige Streben legen und in Brahman auflösen und sich somit nicht länger nach außen richten.

Unterscheide nicht zwischen dem Selbst und Brahman oder zwischen der Welt und Brahman! Erkenne durch die Autorität der Veden: ‚Ich bin Brahman.!' Erlange die reine Schönheit der Einheit und gründe das reine Bewusstsein fest in Brahman, sodass du dich in Brahman auflöst! Da du immer Brahman bist, weise die objektive Wirklichkeit zurück und lass deine Freude, die andere an dir beobachten, wie der Zustand des schlafenden Kindes sein! Entsage dem Handeln und bleibe mit der Reinheit des ursprünglichen Seins in der ewigen Freude der reinen Seligkeit! Obwohl dein Geist sich aufgelöst hat und du wie einer bist, der die Welt vergessen hat, bleibe stets wach und doch so wie einer, der nicht wach ist! Bleibe dem Körper, den Sinnen und äußeren Dingen, die dir wie ein Schatten folgen, gegenüber gleichmütig! Sei jemand, der Unterscheidung übt, frei vom Schmutz des *samsara*, von den Neigungen und Sinnesobjekten! Behalte das Bewusstsein ohne Denken! Behalte die Gestalt, obwohl sie gestaltlos ist! Hege weder Vorlieben noch Abneigungen für das, was du im Augenblick erfährst, und denk nicht daran, was sich in der Zukunft ereignen wird! Gib alle Gedanken an das Innere und Äußere auf und konzentriere dich beständig auf die selige Erfahrung von Brahman! Sei durch die Kraft der Erkenntnis völlig gleichmütig angesichts der Gegensätze wie Laster und Tugend, Vorlieben und Abneigungen, Lob und Tadel durch *sadhus* oder Gottlose! Der hingebungsvolle Weise ist wie ein Strom, der sich ins Meer ergießt, ungerührt vom Angriff der Sinnesobjekte, vertieft ins Selbst. Nur solch ein Mensch erlangt Verwirklichung, während er noch im Körper ist. Nur er ist würdig und erntet den Lohn seiner guten Taten. All seine inneren Neigungen wurden durch seine Erkenntnis, dass er mit Brahman identisch ist, zerstört. Er hat kein erneutes *samsara* mehr. Wie selbst die lüsternste Person nie daran denkt, seine eigene Mutter zu verführen, so kehrt der Weise, der die Vollkommenheit Brahmans erfährt, nie zum *samsara* zurück. Tut er das, ist er kein Weiser, der Brahman erkannt hat, sondern nur ein nach außen gerichteter Narr.

Die Identität mit Brahman ist das Feuer der Erkenntnis, welches *sanchita* Karma (das Schicksal, das sich für künftige Leben anhäuft) und *agami* Karma (das Schicksal, das in diesem Leben geschaffen wird) verbrennt. *Sanchita* Karma wird zerstört, weil es nicht länger eine Geburt in höheren oder niederen Welten bewirken kann, wenn der Weise einmal aus der Illusion des Handelns erwacht ist, in der er in unzähligen Zeitaltern Verdienst und Strafe angesammelt hat. *Agama* Karma kann ihn nicht länger betreffen, weil er weiß, dass er als höchstes Brahman gegründet ist und ihn wie den Äther die Wirkungen des Karmas nicht mehr betreffen. Ein Topf mit Alkohol enthält

Äther. Wird der Äther vom Geruch des Alkohols beeinträchtigt? Überhaupt nicht. Nachdem wir über das *sanchita* und *agama* Karma des Weisen gesprochen haben, müssen wir nun erklären, dass sein *prarabdha* Karma (der Teil des vergangenen Karmas, den er in diesem Leben erfährt) auch ein Mythos ist. Obwohl er immer in seinen wahren Zustand vertieft ist, scheint er manchmal die Früchte seiner vergangenen Handlungen zu erfahren oder sich an äußeren Handlungen zu betätigen. Deshalb sagen die Leute, dass er nicht vom Karma befreit ist, da er die guten und schlechten Auswirkungen seiner vergangenen Handlungen ernten muss. Aber trifft nicht auch auf den Weisen die Regel zu, dass es die Frucht der vergangenen Taten gibt, wenn es ein Schicksal gibt, und keine Frucht, wenn es kein Schicksal gibt? Sie argumentieren folgendermaßen: Wenn man ein Tier mit einem Pfeil trifft, weil man glaubt, es sei ein Tiger, es sich später aber herausstellt, dass es eine Kuh ist, kann man dann den Pfeil zurückrufen? Einmal abgeschossen wird er bestimmt die Kuh töten. Sie sagen, dass es mit dem Weisen ebenso ist. Das Schicksal und sein Verlauf, das vor der Erleuchtung angefangen hat, muss seine Wirkungen hervorbringen, sodass der Weise immer noch dem *prarabdha* Karma unterworfen ist und seine Auswirkungen erfahren muss. Doch die Schriften erklären, dass dieses *prarabdha* Karma unwirklich sei, weil ein Mensch, der aus einem Traum erwacht ist, nicht in denselben Traum zurückkehrt oder sich wünscht, an der Traumerfahrung, dem Körper und der Umgebung im Traum als ‚ich' und ‚mein' festzuhalten. Er ist völlig frei von der Traumwelt und glücklich in seinem erwachten Zustand, während man von einem Menschen, der weiterhin am Traum haftet, nicht sagen kann, dass er den Schlafzustand verlassen hat. Ebenso sieht derjenige, der die Identität von Brahman und dem Selbst verwirklicht hat, nichts anderes. Er isst und erleichtert sich, als wäre er in einem Traum. Er ist jenseits aller Begrenzungen und Verbindungen. Er ist das absolute Brahman. Die drei Arten von Karma beeinträchtigen ihn nicht im Geringsten. Wie kann man also sagen, dass ihn nur das *prarabdha* Karma betrifft? Träumt denn einer noch, der erwacht ist? Selbst wenn man sagt, dass das *prarabdha* Karma den Körper des Weisen betrifft, der aufgrund des vergangenen Karmas entstanden ist, würde ihn das nur so lange betreffen als er die

Vorstellung: ‚Ich bin der Körper' hat. Aber wenn sie einmal verschwunden ist, kann das *prarabdha* ihm nicht länger zugerechnet werden, da er das Selbst ist, das nicht durch das Karma geboren wurde, das anfangslos und rein ist und von den Schriften als ‚ungeboren, ewig und unsterblich' beschrieben wird. Aber dem Körper, der unwirklich und ein Hirngespinst der Illusion ist, *prarabdha* zuzuschreiben, ist selbst eine Illusion. Wie kann eine Illusion als Wirklichkeit geboren werden, leben und sterben? Man könnte fragen, warum die Schriften dann auf ein nichtexistierendes *prarabdha* verweisen? Man könnte ebenso fragen, wie der Körper durch Erkenntnis nach dem Tod der Unwissenheit und ihrer Auswirkungen weiter existieren kann. Jenen, die irregeführt sind und unter dem Einfluss falscher Vorstellungen stehen, wird erklärt, dass die Schriften zugeben, dass der Weise ein illusorisches *prarabdha* hat. Sie machen damit nur ein Zugeständnis, sagen aber nicht, dass der Weise einen Körper mit Fähigkeiten hat. In ihm ist der ewige, in der Nicht-Zweiheit gegründete Zustand von Brahman sichtbar, der die verstandesmäßigen und wörtlichen Beschreibungen und Definitionen überschreitet. Er ist ohne Anfang und Ende, ganzheitliches Sein-Bewusstsein-Seligkeit, konstant, einheitlich, nie zurückgewiesen oder erlangt, subtil, innerlich und äußerlich vollständig, ohne Substrat, jenseits der *gunas*, ohne Farbe, Form oder Veränderung. Er ist reines Sein. Nichts von allem kann dort gesehen werden, was hier gilt. Nur durch die Erkenntnis der Einheit im Herzen durch Atma Yoga, indem sie den Freuden und dem Wunsch nach Freuden entsagen, erlangen die hingebungsvollen Weisen, die Friede und Selbstkontrolle besitzen, die höchste Befreiung.

Mein Sohn, deshalb wirst auch du durch das Auge der Weisheit, das du durch standhaftes *samadhi* erlangt hast, zweifelsfrei das höchste Selbst und die vollkommene Seligkeit entdecken, die dein ursprüngliches Wesen sind. Du wirst nicht länger den geringsten Zweifel darüber hegen, was du gehört hast. Wirf deshalb die Illusion, die der Geist erschaffen hat, von dir und werde ein Weiser, ein Verwirklichter, der den Zweck des Lebens erreicht hat! Der Lehrer und die Schriften geben Anweisungen für alle, aber jeder muss Bindung und Befreiung, Hunger und Sättigung, Krankheit und Gesundheit selbst erfahren. Andere können von ihm nur rückschließen. Ebenso muss derjenige, der Unterscheidung übt, das Meer von Geburt und Tod durch eigene Anstrengung und die Gnade des höchsten Herrn überqueren. Erlange so die Befreiung von Bindung, deren Ursache nur die Unwissenheit ist, und bleibe Sein-Bewusstsein-Seligkeit. Die Schriften, die Vernunft, die Worte des Gurus und die innere Erfahrung sind Mittel, von denen du zu diesem Zweck Gebrauch machen musst.

Die Essenz der vedantischen Schriften können folgendermaßen zusammengefasst werden:

Erstens: In mir, dem unbeweglichen Brahman, hat alles, was verschieden zu sein scheint, überhaupt keine Wirklichkeit. Es gibt nur mich. Dies wird der Standpunkt der Beseitigung (*bedha drishti*) genannt.

Zweitens: Der Traum und alles andere, was in mir aufgrund der Magie erscheint, ist eine Illusion. Ich allein bin die Wahrheit. Dies wird der Standpunkt der Illusion (*mithya drishti*) genannt.

Drittens: Alles, was als Gestalt unabhängig vom Meer erscheint, die Wasserblase und die Welle, ist das Meer. Alles wird von dem, der den Traum hat, im Traum gesehen. Dementsprechend bin ich selbst alles, was von mir getrennt erscheint, so wie beim Meer und beim Menschen, der träumt. Dies wird der Standpunkt der Auflösung (der Wirkung in der Ursache) (*pravilapa drishti*) genannt.

Weise die äußere Welt durch eine der drei Methoden zurück und erkenne denjenigen, der sie sieht, als das unendliche, reine, einheitliche Brahman, das das Selbst ist! Wer auf diese Weise Brahman verwirklicht, ist befreit. Obwohl alle drei Standpunkte Hilfsmittel für die Verwirklichung sind, ist der dritte, in dem man alles als das eigene Selbst wahrnimmt, der machtvollste. Deshalb muss man, indem man das untrennbare Selbst als das eigene Selbst durch eigene Erfahrung erkennt, im eigenen wahren Wesen bleiben, jenseits von jeder mentalen Gestalt. Was kann sonst noch darüber gesagt werden? Die ganze Welt und alle Individuen sind in Wirklichkeit Brahman, und das

Verweilen als dieses untrennbare Brahman ist Befreiung. Das ist die Essenz und Folgerung aller Veden. Die Schriften bestätigen das."

Der Schüler verwirklicht die Wahrheit des Selbst durch diese Worte des Gurus, durch die Autorität der Schriften und durch sein eigenes Verständnis. Er kontrolliert seine Sinne, ist auf eins gerichtet und verweilt kurz im unerschütterlichen *samadhi* in diesem höchsten Selbst. Dann kommt er wieder zu sich und sagt folgendes zu seinem Guru:

„Oh Meister der höchsten Erfahrung, du Verkörperung des höchsten Friedens Brahmans, der ewigen Essenz der Nicht-Zweiheit, du endloses Meer der Gnade, ich verneige mich vor dir!"

Nachdem er sich verneigt hat, erzählt er von seiner eigenen Erfahrung: „Durch die Gnade deines gesegneten Anblicks ist die Bedrängnis aufgrund des Übels der Geburt vorbei. Ich habe sofort den seligen Zustand der Identität erlangt. Durch die Verwirklichung der Identität von Brahman und dem Selbst wurde mein Empfinden von Zweiheit zerstört, und ich bin frei von äußerem Handeln. Ich kann nicht zwischen dem unterscheiden, was ist und was nicht ist.[134] Wie der Eisberg im Meer wurde ich Stück für Stück vom Meer der Seligkeit Brahmans aufgenommen, bis ich selbst zum Meer geworden bin, dessen Wesen und Ausmaß mein Verstand nicht ermessen kann. Wie kann einer, der die Weite dieses Meers der Seligkeit Brahmans, das voller göttlicher Essenz ist, wahrnimmt, das in Worten beschreiben? Die Welt, die ich noch vor einem Augenblick wahrgenommen habe, ist völlig verschwunden. Wohin ist sie verschwunden? Wer hat sie beseitigt? In was hat sie sich aufgelöst? Was für ein Wunder! Was gibt es im weiten Meer der Seligkeit Brahmans, das voller göttlicher Erfahrung ist, noch, was man zurückweisen oder akzeptieren, sehen, hören oder wissen könnte, außer das eigene Selbst? Ich allein bin das Selbst der Seligkeit. Ich bin unberührt. Ich habe weder einen grob-

---

[134] Das bedeutet nicht, dass der Schüler in einem Zustand der Unwissenheit ist, unfähig, zwischen der Wirklichkeit und der Illusion zu unterscheiden, sondern im Gegenteil. Er ist jetzt in der Nicht-Zweiheit jenseits aller Gegensätze gegründet, selbst jenseits des Gegensatzes von Sein und Nichtsein.

noch einen feinstofflichen Körper. Ich bin unzerstörbar. Ich bin vollkommene Stille. Ich bin weder der Handelnde noch der Genießende. Ich verändere mich nicht. Das Handeln ist nicht das meine. Ich bin weder der Sehende noch der Hörende, der Sprechende, der Handelnde oder der Genießende. Ich bin weder die erfahrbaren noch die nicht erfahrbaren Dinge, sondern derjenige, der beides erhellt. Ich bin die Leere, innen und außen. Ich bin ohnegleichen. Ich bin der alte Geist (spirit). Ich bin anfangslos. In mir gibt es keine Schöpfung von ‚ich‘, ‚du‘, ‚dies‘ oder ‚das‘. Ich bin sowohl innerhalb als auch außerhalb aller Elemente, ich bin als bewusster Äther in ihnen, und ich bin auch die Grundlage, auf der sie basieren. Ich bin Brahma, ich bin Vishnu, ich bin Rudra, ich bin Isa, Ich bin Sadasiva, ich bin jenseits von Ishwara.[135] Ich bin der allumfassende Zeuge, das unteilbare, einheitliche Brahman, unendlich, ewig, reines Sein, ungebrochene, ganze Vollkommenheit, Existenz, ewig, rein, erleuchtet, befreit und von höchster Seligkeit. Was ich früher als getrennte Dinge wahrgenommen habe, als Erfahrender, Erfahrung und Erfahrenes, das empfinde ich jetzt als mich selbst. Die Wellen der Welt tauchen aufgrund von *maya* auf wie der Wind, der aufkommt und wieder abflaut. Ebenso tauchen sie in mir auf, der ich das grenzenlose Meer der Seligkeit bin, und legen sich wieder.

Narren, die für ihre Fehler zu verurteilen sind, schreiben fälschlicherweise den Körper und andere Vorstellungen mir zu, der ich gestaltlos und unveränderlich bin. Es ist, als würde man die unbegrenzte, gestaltlose Zeit in ein Jahr, ein halbes Jahr und Jahreszeiten einteilen. Wie die Erde nicht von den Wellen einer Luftspiegelung nass wird, so kann mich die Vernichtung auf keine Weise berühren, da ich unberührbar bin wie der Äther und getrennt von allem, das ich erhelle wie die Sonne. Ich bin unbeweglich wie ein Berg und grenzenlos wie das Meer. Wie der Äther von den Wolken nicht berührt wird, so werde ich nicht vom Körper berührt. Wie kann es dann mein Wesen sein

---

[135] Sogar Ishwara, der persönliche Gott, ist ein Niederschlag oder eine Manifestation des absoluten Seins und deshalb bis zu einem gewissen Grad eine Begrenzung. Auch er wird im reinen Zustand ohne das Ich-Empfinden überschritten.

aufzuwachen, zu träumen und zu schlafen, wie der Körper es tut? Es ist nur die körperliche Begrenzung (des Seins), das kommt und geht, handelt und die Früchte des Handelns erntet, geboren wird, existiert und vergeht. Wie kann ich handeln, wählen, ob ich handle oder mich zurückziehe und die Früchte des Verdienstes oder des Fehlers ernten, der ich so fest wie ein Berg bin, wie es in den Puranas heißt, der ich immer bewegungslos, unteilbar, vollständig und vollkommen bin wie der Äther, der ein vollkommenes Ganzes ist ohne Sinne, Bewusstsein, Gestalt und Veränderung? Ob der Schatten eines Menschen kalt oder heiß ist oder gute oder schlechte Eigenschaften hat, berührt den Menschen überhaupt nicht. Ebenso bin ich jenseits der Tugenden und Laster. So erklären es auch die Schriften. Wie die Art eines Hauses das Licht in seinem Innern nicht betrifft, so können objektive Eigenschaften mich nicht berühren, deren Zeuge ich bin, von denen ich mich unterscheide, durch die ich mich nicht verändere und von denen ich unberührt bin. Wie die Sonne alle Handlungen bezeugt, so bin ich der Zeuge dieser ganzen objektiven Welt. Wie Feuer Eisen durchdringt, so durchdringe und erleuchte ich die Welt und bin zugleich die Grundlage für die Existenz der Welt wie die vorgestellte Schlange in einem Stück Seil. Da ich das selbststrahlende ‚Ich' bin, bin ich weder der Täter von irgendetwas noch derjenige, der die Ursache dafür ist, dass es getan wird. Ich bin weder der Esser noch derjenige, der bewirkt, dass etwas gegessen wird. Ich bin weder der Sehende noch derjenige, der bewirkt, dass etwas gesehen wird.

Es ist das darübergestülpte Attribut, das sich bewegt. Der Unwissende schreibt diese Bewegung des reflektierten Bewusstseins dem Bewusstsein selbst zu. So sagen sie auch, dass ich der Täter, der Genießer und leider auch sie bin. Da ich inaktiv bin wie die Sonne, (die das Wachstum auf der Erde verursacht,) da ich das Selbst der Gestalten und Elemente bin, bleibe ich vom reflektierten Licht des Bewusstseins unberührt. Es macht für mich keinen Unterschied, ob dieser Körper auf die Erde oder ins Wasser fällt. Die Eigenschaften des reflektierten Lichts des Bewusstseins betreffen mich nicht mehr als die Form eines Gefäßes den Äther in seinem Innern betrifft. Die Zustände und Funktionen des Verstandes wie handeln, genießen, verstehen, geistig träge oder betrunken zu sein, gebunden oder befreit, betreffen mich nicht, da ich das nicht-duale Selbst bin. Die Pflichten (*dharmas*), die tausend- und hunderttausendfach aus dem *prakriti* auftauchen, betreffen mich nicht mehr als die Schatten, die die Wolken werfen, den Äther betreffen. Ich bin das, in dem das ganze Weltall, angefangen mit *prakriti* bis hinunter zur grobstofflichen Materie, als reiner Schatten auftaucht. Ich bin die Grundlage, die alles erhellt, die das Selbst aller ist, in allen Gestalten, die alles durchdringt und sich dennoch von allem unterscheidet, das, was leer ist, was verschieden ist und ohne jegliche Eigenschaft von *maya*, das, was der grobe Verstand kaum verstehen kann, der Äther, der weder einen Anfang noch ein Ende hat, der subtil, bewegungslos, gestaltlos, inaktiv und unveränderlich ist, dieses reine Brahman in seinem natürlichen Zustand, ungebrochen, ewig, wahr, bewusst, endlos, aus sich selbst bestehende Seligkeit, das nicht-duale Brahman.

Meister, der Alptraum des Waldes von *samsara* hat mich verwirrt, Geburt, Alter und Tod, das von *maya* verursacht wird. Ich wurde von Qualen heimgesucht und bin vor dem Tiger des Egos erschrocken. Du hast mich durch deine Gnade aus diesem Alptraum geweckt und mich gerettet, indem du mir höchste Seligkeit gebracht hast. Großer Meister, durch die Herrlichkeit deiner Gnade habe sogar ich das Reich des wahren Seins erlangt. Ich wurde gesegnet und habe den Zweck dieses Lebens erreicht. Erlöst von der Bindung von Leben und Tod habe ich die Wirklichkeit meines Seins erkannt, welches das gesamte Meer der Seligkeit ist. Oh, das ist alles die Herrlichkeit deiner Gnade, höchster Meister! Ich verneige mich immer wieder vor deinen gesegneten Füßen, die als die Gestalt der reinen Seligkeit des Bewusstseins und die ganze Schöpfung gesehen werden. Ich verneige mich für immer und ewig."

Der Schüler spricht auf diese Weise mit jubelndem Herzen den höchsten Meister an und verneigt sich vor seinen Füßen, nachdem er die Wahrheit des einen Seins und die höchste Seligkeit verwirklicht hat. Er antwortet: „Wie derjenige, der Augen hat, nichts zu tun hat als sich an den Formen zu erfreuen, so hat derjenige, der Brahman kennt, keinen anderen befriedigenden Gebrauch für seinen Verstand, als die

Wirklichkeit von Brahman zu erfahren. Wer will schon einen gemalten Mond sehen, wenn der Vollmond in all seiner Herrlichkeit zu unserer Freude scheint? Keiner, der wahre Erkenntnis besitzt, kann die Essenz aufgeben, um sich am Unwirklichen zu erfreuen. In der Erfahrung der Unwirklichkeit gibt es weder Befriedigung noch werden die Sorgen vertrieben. Deshalb muss der Mensch jede ihm mögliche Anstrengung unternehmen, mit dem Auge der Verwirklichung und mit dem Geist, der in völligem Frieden ruht, sein eigenes Selbst als Brahman zu sehen, als die Wahrheit der Nicht-Zweiheit, die als das Selbst des ganzen Weltalls erstrahlt. Er muss darüber meditieren und sich ununterbrochen auf das Selbst konzentrieren. Dann wird er die ungebrochene Erfahrung der essenziellen Seligkeit machen, und nur sie wird ihn befriedigen. Es ist der Verstand, der Rastlosigkeit bewirkt, der wie eine Stadt in den Wolken im eigenschaftslosen Ganzen des bewussten Selbst erscheint. Deshalb muss der Verstand völlige Stille erlangen. Das wird ihm ewige Seligkeit und die Gelassenheit in Brahman geben. Wenn er Stille und Schweigen erlangt hat, sind auch Zufriedenheit und Friede da. Völlige Stille, die frei von den latenten Neigungen ist, ist für den Mahatma das einzige Mittel, ewige Seligkeit zu erfahren. Er kennt Brahman, hat das Selbst verwirklicht und erfährt ununterbrochene Seligkeit.

Der Weise, der so das höchste Brahman verwirklicht hat, wird sich immer mit einem unbehinderten Gedankenstrom am Selbst erfreuen. Er kommt und geht, steht, sitzt, legt sich hin und tut, was immer er will, ohne Ort, Zeit, Haltung, Richtung, die Regeln von *yama* oder andere Stufen des Yoga oder Stellungen als Hilfsmittel für die Konzentration beachten zu müssen. Wozu braucht er noch Regeln wie *yama*, um sein eigenes Selbst zu verwirklichen? Er braucht keine äußeren Disziplinen, um sein Selbst als ‚Ich bin Brahman' zu erkennen, wie auch Devadatta keine äußere Technik braucht, um sich selbst zu erkennen. Dieses ewig existierende Selbst scheint aus sich selbst heraus, wenn der Geist rein ist, und wird wie ein Topf gesehen, wenn das Augenlicht gut ist. Man muss nicht auf die Reinheit von Ort und Zeit achten, um im Selbst zu verweilen. Wie die Welt von der Sonne erhellt wird, so werden alle Universen, die Veden, *sastras*,

Puranas und die verschiedenen Elemente von Brahman erhellt, das in völligem Bewusstsein aus sich selbst erstrahlt. Wie kann dieses Brahman von irgendeinem niederen, nichtexistierenden Nicht-Selbst erhellt werden? Dieses höchste Selbst erstrahlt aus sich selbst mit vielfacher Kraft (*shakti*). Keiner kann es erkennen, und doch erfährt es jeder als ‚Ich-Ich' im Herzen. Indem man diesen Atman erkennt, wird der Kenner von Brahman von der Bindung befreit. Ist er befreit, dann kennt er die Zufriedenheit, welche die Erfahrung der Essenz der ewigen Seligkeit mit sich bringt. Diese Vollkommenheit seiner Schönheit kann man sich nicht vorstellen. Er fühlt weder Glück noch Sorge wegen der äußeren Umstände, seien sie annehmbar oder nicht, und er hat weder Vorlieben noch Abneigungen. Wie ein Kind akzeptiert er alle Umstände, die ihn umgeben, weil andere es so wollen. Wie ein unschuldiger Junge in sein Spiel versunken ist, ohne sich um Hunger, Durst oder physische Not zu kümmern, so ist der Weise ohne Ego-Bewusstsein in das Spiel seines eigenen Selbst versunken und erfreut sich beständig im Selbst. Er erhebt sich im Gefährt seines Körpers und genießt die Weite des reinen Bewusstseins. Er bettelt um Nahrung, ohne das Gefühl von Erniedrigung, trinkt Wasser aus den Flüssen, hüllt sich in Kleider, die nicht gewaschen oder getrocknet worden sind, oder in Baumrinden, oder er geht nackt umher. Kein Gesetzbuch und keine Verhaltensregel binden ihn, denn er ist immer frei. Obwohl er auf dem Boden schläft wie ein Kind oder ein Verrückter, bleibt er beständig im Vedanta gefestigt. Die Mutter Erde ist das Blütensofa, auf dem er liegt. Er schläft ohne Angst in Wäldern oder auf Friedhöfen, denn sein Zeitvertreib und sein Vergnügen ist Brahman. Er, der das universale Selbst ist, nimmt beliebig viele Gestalten an und macht unzählige Erfahrungen. Einmal verhält er sich wie ein Idiot, dann wieder wie ein Gelehrter und dann wieder wie ein Narr. Einmal geht er als Mann des Friedens umher, dann wieder als König oder als Bettler, der aus seinen Händen isst, weil er keine Schale hat. Einmal wird er verehrt, dann wieder in Verruf gebracht. So lebt er überall, und die Wahrheit, die hinter ihm steckt, kann von anderen nicht wahrgenommen werden. Obwohl er keine Reichtümer besitzt, ist er immer glücklich. Obwohl andere ihm nicht helfen, ist er stark. Obwohl er nicht isst, ist er immer zufrieden. Er betrachtet alles mit einem gleichmütigen Auge. Auch wenn er handelt, ist es nicht er, der handelt. Obwohl er isst, ist es nicht er, der isst. Obwohl er einen Körper hat, ist er körperlos. Obwohl er ein Individuum ist, ist er das eine, unsichtbare Ganze. Da er Brahman erkennt und befreit ist, während er noch im Körper lebt, wird er nicht von Vorlieben und Abneigungen, Freuden und Sorgen, guten und schlechten Dingen berührt wie der normale Mensch, der am Körper haftet. Obwohl die Sonne niemals wirklich vom Drachenkopf gefangen ist (wie bei einer Sonnenfinsternis), sieht es doch so aus, und jene werden getäuscht, welche die Wahrheit nicht kennen und sagen: „Schau nur, die Sonne ist gefangen!" Ebenso sagen sie, dass jener, der Brahman kennt, einen Körper hat. Aber das ist ihr Irrtum, denn obwohl er anscheinend einen Körper hat, wird er von ihm auf keine Weise beeinträchtigt. Der Körper des Befreiten, der frei von Bindung ist, existiert an einem Ort oder einem anderen wie die abgestreifte Haut einer Schlange. Der Körper des Befreiten kann wie ein Holzklotz, der vom Strom des Flusses hoch- und hinabgeschleudert wird, manchmal aufgrund seines *prarabdha* in Freude versunken sein, doch obwohl das wegen der latenten Neigungen im *prarabdha* gleich ist wie mit dem Körper einer weltlichen Person, bleibt er trotzdem in seinem Zustand der inneren Stille der Zeuge, das Drehkreuz des Rades, frei von Wunsch und Abneigung und völlig indifferent. Weder heftet er die Sinne an die Objekte, die Freude geben, noch löst er sie davon. Die Früchte seiner Handlungen berühren ihn nicht im Geringsten, da er völlig betrunken ist von der ununterbrochenen Erfahrung des Nektars der Seligkeit. Wer Brahman erkennt, ist das absolute Selbst, der höchste Herr, und braucht keine besonderen Formen der Meditation mehr. Darüber besteht überhaupt kein Zweifel.

Wer Brahman kennt, hat den Zweck des Lebens erfüllt und ist ewig als Brahman befreit, auch wenn er im Körper lebt und von seinen Fähigkeiten Gebrauch macht. Er verwirklicht den Zustand Brahmans, selbst wenn der Körper und seine Anhängsel vernichtet werden. Er ist wie der Schauspieler auf der Bühne, der dasselbe Individuum ist, ob er eine Maske trägt oder nicht. Für einen Baum macht es keinen Unterschied, ob es ein guter Ort ist, auf den seine toten Blätter fallen, oder nicht, ob es ein Fluss, ein Kanal, eine Straße oder ein Shiva-Tempel ist. Ebenso wenig beeinträchtigt es den Weisen, wo sein Körper, der bereits durch das Feuer der Erkenntnis verbrannt worden ist, weggeworfen wird. Das Sein-Bewusstsein-Seligkeit des Selbst vergeht ebenso wenig mit dem Körper, dem Atem, dem Verstand und mit den Sinnesorganen wie der Baum, wenn seine Blätter, Blüten und Früchte vergangen sind. Die Schriften erklären auch: ‚Nur das, was endlich und veränderbar ist, kann vergehen." Sie sagen zudem: ‚Das Selbst, das Bewusstsein ist, ist die Wahrheit und unvergänglich.' Der Weise ist in der vollkommenen Seligkeit der Nicht-Zweiheit Brahman. Er ist in der Wahrheit gegründet, die Brahman ist. Wie kann es dann eine Rolle spielen, wo und wann er den Körper abwirft, der nur ein Gefährt aus Haut, Fleisch und Unreinheiten ist? Wenn der Bettelmönch den Körper, den Stab und den Wasserkrug loswird, bedeutet das nicht seine Befreiung. Befreiung, wie die Weisen sie verstehen, bedeutet, den Knoten der Unwissenheit im Herzen zu lösen.

Wie ein Stein, Baum, Halm, Weizenkorn, eine Matte, Bilder, ein Topf usw. zur Erde werden, wenn man sie verbrennt (aus der sie ja auch kommen), so werden der Körper und seine Sinnesorgane, wenn sie vom Feuer der Erkenntnis verbrannt worden sind, zu Erkenntnis und von Brahman aufgenommen, wie die Dunkelheit vom Licht der Sonne. Wenn ein Topf zerbrochen ist, wird der Raum in ihm eins mit dem Raum außerhalb. So ist es auch, wenn die durch den Körper verursachte Begrenzung und ihre Anhängsel beseitigt werden. Dann erstrahlt der Weise, der in seinem Leben verwirklicht worden ist, als Brahman und wird von Brahman aufgesogen, das er immer schon war, wie Milch in Milch, Wasser in Wasser oder Öl in Öl, und erstrahlt als das eine, höchste Selbst. Deshalb wird der Weise, der Brahman, das reines Sein ist, zu seinem körperlosen, absoluten Zustand und wird nie mehr wiedergeboren. Wie könnte ein Weiser wiedergeboren werden, der Brahman ist, dessen Körper mit seinen Begrenzungen vom Feuer der Erkenntnis, der Identität des Individuums mit dem Höchsten, verbrannt worden ist? Die Existenz von allem, das in der einen Grundlage des Selbst, das unzerstörbar, ohne Anhaftung, nicht-zwei und absolut ist, bestätigt oder abgewiesen wird, hängt nur vom Geist ab, so wie dem Auftauchen oder Verschwinden der vorgestellten Schlange in einem Stück Seil jede wirkliche Grundlage fehlt. Bindung und Befreiung sind Schöpfungen von *maya*, Überlagerungen von Brahman, die der Geist sich vorstellt, ohne dass sie wirklich existieren. Nur ein Narr sucht die Schuld bei der Sonne, wenn er blind ist. Man kann nicht damit argumentieren, dass die Bindung (*samsara*) von der verhüllenden Kraft (*tamas*) von *maya* verursacht wird und Befreiung, indem man sie vernichtet, da es im Selbst keine Unterscheidung gibt. Solch ein Argument würde zur Leugnung der Wahrheit der Nicht-Zweiheit führen und wäre eine Bestätigung der Zweiheit. Das würde den Schriften widersprechen. Wie könnte es irgendeine Darstellung von *maya* im nicht-dualen Brahman geben, das völlig still ist, ein Ganzes wie der Äther, makellos, untätig, unbefleckt und gestaltlos? Die Schriften erklären sogar ausdrücklich: ‚In Wirklichkeit gibt es keine Schöpfung und keine Vernichtung, keinen, der gebunden ist, keinen, der Befreiung sucht, und keinen, der auf dem Weg zur Befreiung ist. Es gibt keine Befreiten. Das ist die völlige Wahrheit.' Mein lieber Schüler, meine Unterweisung an dich ist die Summe und der Inhalt aller Upanishaden und das Geheimnis der Geheimnisse. Du kannst sie an jemanden weitergeben, der nach Befreiung sucht, aber nur nachdem du ihn mehrmals sorgfältig geprüft hast, um sicher zu gehen, dass er die echte Losgelöstheit hat und frei von den Sünden und Unreinheiten dieses dunklen Zeitalters ist."

Nachdem der Schüler diese Worte vom Guru gehört hat, verneigt er sich mehrmals vor ihm, verabschiedet sich und geht in einem Zustand der Seligkeit nach Hause. Der Meister, der im Meer der Seligkeit versunken ist, wandert im Land umher, um es zu reinigen.

So wurde das wahre Wesen des Selbst in Gestalt eines Gesprächs zwischen dem Guru und seinem Schüler enthüllt. Jeder, der Befreiung sucht, kann es leicht verstehen. Mögen jene diesen Anweisungen folgen, die an die Autorität der Schriften glauben und nach Befreiung streben, die fortgeschrittenen Schüler, die ihre Pflichten erfüllen, ohne sich um die Resultate ihrer Handlungen zu kümmern und sich dadurch von geistigen Unreinheiten gereinigt haben, die nicht an den Bequemlichkeiten, die *samsara* bietet, hängen und die einen Zustand des Gleichmuts erlangt haben. Die Seelen, die im wilden und schrecklichen Wald des *samsara* umherirren, werden vom quälenden Durst geplagt, der von der furchtbaren Hitze der dreifachen Übel[136] herrührt, und werden dann von der Fata Morgana von Wasser getäuscht. Der große Meister Shankara Bhagavatpadacharya möchte ihnen sagen, dass es ganz in ihrer Nähe ein Meer von süßem Wasser gibt, die Seligkeit der Nicht-Zweiheit, sodass sie Erleichterung bekommen, und hat sie mit seinem Vivekachudamani, dem ‚Kronjuwel der Unterscheidung' gesegnet, das ihnen die ewige Seligkeit der Befreiung verleiht. Darüber besteht kein Zweifel.

Om, Friede, Friede, Friede

---

[136] Die drei Übel sind: *Adhyatmika* (die Selbstbezogenheit), *adhibhoutika* (die Bezogenheit auf die Materie) und *adhidaivika* (die Bezogenheit auf die Götter).

Drik Drishya Viveka
(Die Unterscheidung zwischen Subjekt und Objekt)

Bhagavan hat dieses Werk von Shankara ins Tamil übersetzt. Dazu hat er folgenden Einleitungsvers sowie die Einleitung geschrieben:

Oh du göttlicher Shankara,
Du bist das Subjekt,
das Erkenntnis des Subjekts und Objekts besitzt!
Lass das Subjekt in mir
als Subjekt und Objekt vernichtet werden,
damit in meinem Geist
das Licht des einen Shiva erstrahle!

Einleitung

Die *Srutis* erklären: „Brahman ist nur ein Einziges und nicht zwei." Da Brahman nach der Advaita-Lehre die einzige Wirklichkeit ist, wie kommt es dann, dass Brahman für uns nicht offensichtlich ist, während *prapancha* (die Welt, das, was nicht Brahman ist) für uns so lebendig ist? Diese Frage stellt der fortgeschrittene Schüler.

In unserem eigenen Selbst, das nichts anderes als Brahman ist, gibt es eine geheimnisvolle Kraft, die Unwissenheit (*avidya*) genannt wird. Sie hat keinen Anfang und ist nicht vom Selbst getrennt. Ihre Merkmale sind Verhüllung und die Darbietung von Vielfalt. Wie die Bilder im Kino, die weder im Sonnenlicht noch in der Dunkelheit sichtbar sind, in einem Lichtstrahl inmitten der Dunkelheit sichtbar werden, so taucht in der Dunkelheit der Unwissenheit das reflektierte Licht des Selbst auf. Es ist illusorisch und diffus und nimmt die Form von Gedanken an. Das ist der ursprüngliche Gedanke, den wir als Ego, *jiva* oder *karta* (Handelnder) kennen und dessen Medium der Wahrnehmung der Geist ist. Er hat einen Vorrat an latenten Neigungen, die er als Objekte eines Schattenspiels im Wach- und Traumzustand projiziert. Diese Vorführung wird vom *jiva* fälschlicherweise für die Wirklichkeit gehalten. Der verhüllende Aspekt des Geistes verbirgt zuerst das wahre Wesen des Selbst und präsentiert dann die Sicht der objektiven Welt. Wie das Meerwasser sich nicht von den Wellen unterscheidet, so scheint auch das Selbst, obwohl es das einzige Sein ist, nicht von den objektiven Phänomenen verschieden zu sein, solange sie andauern. Wende dich von der Illusion ab, die von den latenten Neigungen und falschen Begriffen von innen und außen verursacht werden! Durch die beständige Praxis von *sahaja samadhi* verschwindet die verhüllende Kraft, und das nicht-duale Selbst bleibt übrig, um als Brahman zu erstrahlen. Das ist das ganze Geheimnis der advaitischen Lehre, die der Meister dem fortgeschrittenen *sadhaka* (Schüler) übermittelt. Hierin besteht diese Lehre, die Sri Shankara knapp und ohne Einzelheiten im folgenden Text dargelegt hat.

Der Text

Unsere ganze Wahrnehmung gehört dem Nicht-Selbst an. Der unveränderliche Seher ist tatsächlich das Selbst. Jede der unzähligen Schriften verkündet nur die Unterscheidung zwischen dem Selbst und dem Nicht-Selbst.

Die Welt, die wir mit den Augen sehen, ist *drishya* (das Objekt). Das Auge, das sie sieht, ist *drik* (das Subjekt). Aber das Auge, das vom Geist wahrgenommen wird, ist *drishya* (das Objekt), und der Geist, der es sieht, ist *drik* (das Subjekt). Der Geist mit seinen Gedanken, die vom Selbst wahrgenommen werden, ist *drishya* (das Objekt), und das Selbst ist *drik* (das Subjekt). Das Selbst kann nicht *drishya* (das Objekt) sein, da es von nichts wahrgenommen werden kann. Die wahrgenommenen Formen sind vielfältig, blau und gelb, grobstofflich und subtil, groß und klein usw., aber das Auge, das sie sieht, bleibt dasselbe. Entsprechend werden die verschiedenen Eigenschaften des Auges wie Blindheit, Trübheit oder Schärfe und des Ohrs und der anderen Organe nur vom Geist wahrgenommen. So werden auch die verschiedenen Eigenschaften des Geistes wie Wunsch, Entschlossenheit, Zweifel, Glaube, fehlender Glaube, Mut, fehlender Mut,

Furcht, Scheu, Unterscheidung, Gut und Böse nur vom Selbst wahrgenommen. Dieses Selbst erhebt sich nicht und senkt sich nicht. Es nimmt weder zu noch ab. Es strahlt mit seiner eigenen Leuchtkraft. Es erleuchtet alles ohne die Hilfe einer anderen Quelle.

Buddhi, das mit dem reflektierten Bewusstsein in Verbindung steht, hat als Gesamtheit des inneren Organs zwei Aspekte. Der eine wird Egoismus genannt und der andere der Geist. Die Verbindung von *buddhi* mit dem reflektierten Bewusstsein ist wie die Einheit einer heißglühenden Eisenkugel mit dem Feuer. Deshalb wird der grobstoffliche Körper als bewusste Wesenheit betrachtet. Die verbindungschaffende Identität zwischen dem Ego und dem reflektierten Bewusstsein ist von dreierlei Art:

1. Die Identifikation des Egos mit dem reflektierten Bewusstsein ist natürlich und angeboren.

2. Das vergangene Karma ist die Ursache für die Identifikation des Egos mit dem Körper.

3. Unwissenheit ist die Ursache für die Identifikation des Egos mit dem Zeugen.

Das Wesen oder die angeborene Verbindung besteht so lange wie es *buddhi* gibt, aber bei der Verwirklichung des Selbst stellt es sich als falsch heraus. Die Verbindung, die an dritter Stelle erwähnt wurde, wird zerstört, wenn durch Erfahrung entdeckt wird, dass das Selbst, das Sein ist, mit nichts in Verbindung steht. Die Verbindung aufgrund des vergangenen Karmas, die an zweiter Stelle erwähnt wurde, hört bei der Vernichtung der inneren Neigungen (*vasanas*) auf. Im Tiefschlaf, wenn der Körper inaktiv ist, geht das Ego völlig (in die kausale Unwissenheit) ein. Im Traumzustand ist das Ego halb manifest, und im Wachzustand ist es völlig manifest. Es ist die Form oder Veränderung des Denkens (mit seinen latenten Neigungen), das die innere Welt der Träume im Traumzustand und die äußere Welt im Wachzustand erschafft. Der subtile Körper, der die materielle Ursache des Geistes und Egos ist, erfährt die drei Zustände sowie auch Geburt und Tod.

Die *maya* des kausalen Körpers besitzt die Kraft der Projektion (*rajas*) und der Verhüllung (*tamas*). Es ist die projizierende Kraft, die alles, vom subtilen Körper bis zum grobstofflichen Weltall aus Namen und Formen, erschafft. Es wird in *sat-chit-ananda* (Sein-Bewusstsein-Seligkeit) wie die Gischt im Meer erschaffen. Die verhüllende Kraft arbeitet auf solche Weise, dass innerlich der Unterschied zwischen Subjekt und Objekt und äußerlich der Unterschied zwischen Brahman und der phänomenalen Welt nicht wahrgenommen werden kann. Das ist die Ursache von *samsara*. Das Individuum mit seinem reflektierten Licht des Bewusstseins ist der subtile Körper, der in nächster Nähe zum Selbst existiert, welches das *vyavaharika* (das empirische Selbst) ist. Der individuelle Charakter des empirischen Selbst erscheint auch durch eine falsche Überlagerung im Zeugen (*sakshi*). Aber bei der Vernichtung der verhüllenden Kraft (*tamas*) wird der Unterschied zwischen dem Zeugen und dem empirischen Selbst klar, und auch die Überlagerung fällt ab. Ähnlich erstrahlt Brahman als die phänomenale Welt von Namen und Formen nur durch den Effekt der verhüllenden Kraft, die den Unterschied zwischen den beiden verdeckt. Wenn die Verhüllung aufhört, wird der Unterschied zwischen beidem wahrgenommen, denn keine der Aktivitäten der phänomenalen Welt existiert in Brahman.

Von den fünf Merkmalen Sein, Bewusstsein, Seligkeit, Name und Form gehören die drei ersten Brahman an und Name und Form der Welt. Die drei Aspekte von Sein, Bewusstsein und Seligkeit existieren gleichermaßen in den fünf Elementen von Äther, Luft, Feuer, Wasser und Erde und in den *devas* (Gottheiten), Tieren, Menschen usw., während Namen und Formen verschieden sind. Sei deshalb Namen und Formen gegenüber gleichmütig, konzentriere dich auf Sein-Bewusstsein-Seligkeit und übe beständig *samadhi* (die Identität mit Brahman) im Herzen oder außen.

Diese Übung von *samadhi* (die Identität mit Brahman) ist von zweierlei Art: *savikalpa* (wobei der Unterschied zwischen Erkennendem, Erkennen und Erkanntem nicht verloren ist) und *nirvikalpa* (in dem dieser Unterschied verloren geht). *Savikalpa samadhi ist wiederum von zweierlei Art: das savikalpa samadhi* (innerlich), das mit Worten (dem Klang) verbunden ist, sowie die Meditation über das eigene Bewusstsein als der Zeuge der Gedankenformen wie z.B. des Wunsches, das mit den (erkennbaren) Objekten verbunden ist. Wenn man sein Selbst als ‚Ich bin Sein-Bewusstsein-Seligkeit ohne Zweiheit, unberührt und selbstleuchtend' verwirklicht, ist das *savikalpa samadhi* (innerlich), das mit Worten (dem Klang) verbunden ist. Wenn man sowohl die Objekte als auch die Wort-Formen der zuvor erwähnten beiden Arten von *samadhi* aufgibt und völlig in der Seligkeit aufgegangen ist, die man bei der Verwirklichung des Selbst erfährt, ist das *nirvikalpa samadhi* (innerlich). In diesem Zustand wird beständiges Verweilen erlangt. Es gleicht der Lichtflamme, die nicht flackert, weil sie an einem windstillen Ort gehalten wird. So ist auch im Herzen *savikalpa samadhi* (äußerlich) mit Objekten verbunden, wenn man indifferent für äußere Objekte aus Namen und Form ist und nur das Sein der (oder als) Existenz (*sat*) wahrnimmt. Und wenn man sich beständig dieser wahren Existenz (*sat*) als die ungebrochene, einzige Essenz Brahmans gewahr ist, ist das *savikalpa samadhi* (äußerlich), das mit Worten (dem Klang) verbunden ist. Nach diesen beiden Erfahrungen ist das Sein, das ungestört wie das wellenlose Meer ist, *nirvikalpa samadhi* (äußerlich). Der Meditierende sollte seine Zeit beständig in diesen sechs Arten von *samadhi* verbringen. Dadurch wird die Anhaftung an den Körper vernichtet, und der Geist, wohin er auch wandern mag, verweilt beständig im höchsten Selbst (*Paramatman*) und ist überall spontan in *samadhi*. Durch diese beständige Übung von *samadhi* wird das höchste Selbst, das sowohl das Höchste als auch das Niederste ist, das das höchste *Paramatman* sowie *jivatman* umfasst, direkt erfahren. Dann wird der Knoten des Herzens gelöst, alle Zweifel werden vernichtet, und alle Karmas (Handlungen) hören auf.

Von diesen drei Arten des individuellen Seins, vom begrenzten Selbst (wie im Tiefschlaf), dem empirischen Selbst (wie im Wachschlaf) und dem träumenden Selbst ist nur das individuelle Selbst, das vom Tiefschlaf begrenzt wird, das wahre Selbst (*paramarthika*). Doch auch es ist nur eine Vorstellung. Das Absolute allein ist das wahre Selbst. In Wirklichkeit und seinem Wesen nach ist es Brahman selbst.

Nur Überlagerungen erschaffen die Begrenzungen der Individualität im Absoluten. Die Einheit von *tat-tvam-asi* (Das bist du) und andere großartige Aussagen der Upanishaden treffen nur auf den *paramarthika jiva* zu und nicht auf einen anderen. Das große *maya* (die anfangslose Überlagerung) mit ihrer verhüllenden und projizierenden Kraft (*tamas* und *rajas*) verhüllt das einzige, unsichtbare Brahman und erschafft in diesem Brahman die Welt und die Individuen. Das Individuum (*jiva*), das eine Vorstellung des empirischen Selbst in *buddhi* ist, ist tatsächlich der Handelnde und Genießende, und die ganze Welt der Erscheinungen ist sein Genussobjekt. Von anfangslosen Zeiten bis zur Erlangung der Befreiung haben das Individuum und die Welt eine empirische Existenz. Sie sind beide empirisch. Das empirische Individuum hat die Macht des Schlafs in Gestalt der verhüllenden und projizierenden Kräfte. Es ist mit dem Bewusstsein verbunden. Die Kraft bedeckt zuerst das individuelle, empirische Selbst und das erkannte Universum, dann werden sie im Traum vorgestellt. Diese Traumwahrnehmungen und das Individuum, das sie wahrnimmt, sind illusorisch, da sie nur während der Traumerfahrung existieren. Wir bestätigen ihr illusorisches Wesen, weil keiner, der aus dem Traum erwacht ist, den Traum und die Traumobjekte mehr sieht. Das träumende Selbst dagegen erfährt die Traumwelt als wahr, während das empirische Selbst die empirische Welt als wahr erfährt. Wenn aber der *paramarthika jiva* verwirklicht ist, weiß er, dass auch sie unwirklich ist. Der *paramarthika jiva*, der sich vom *jiva*, der die Wach- und Traumerfahrungen macht, unterscheidet, ist mit Brahman identisch. Er kennt kein „anderes". Wenn er etwas „anderes" sieht, weiß er, dass es eine Täuschung ist.

Die Eigenschaften des Wassers als süß, flüssig und kalt sind auch in den Wellen und in der Gischt enthalten. So sind auch die Eigenschaften von Sein-Bewusstsein-Seligkeit des Selbst (der *paramarthika*) im empirischen Selbst vorhanden und durch ihn auch im Traumselbst, da sie nur illusorische Schöpfungen im Selbst sind. Die Gischt mit ihren Merkmalen, wie etwa Kälte, verebbt in den Wellen und die Wellen mit ihren Eigenschaften, wie etwa Flüssigkeit, im Wasser. Nur das Meer existiert zuerst. Dementsprechend werden das Traumselbst und seine Objekte vom empirischen Selbst aufgenommen, die empirische Welt mit ihren Eigenschaften wird vom *paramarthika* aufgenommen, und wie anfänglich scheint allein Sein-Bewusstsein-Seligkeit, das Brahman ist.

13. Andere Übersetzungen

Vichara Mani Mala
(Die Girlande aus Edelsteinen der Ergründung)

‚Vichara Mani Mala' ist eine Zusammenstellung der wichtigsten Punkte, die Bhagavan Sri Ramana Maharshi aus dem großen tamilischen Werk ‚Vichara Sagara' (Meer der Ergründung) herausgesucht hat, das wiederum eine Übersetzung des Originals in Hindi von Mahatma Nischaldas ist. Auf Bitte des Devotees Arunachala Mudaliar hin, der klagte, dass das tamilische Werk zu schwer zu lesen und zu verstehen sei, machte Sri Bhagavan folgende Auszüge:

Anrufung

Ich bin dieses Brahman, das Seligkeit ist, das ewig, strahlend, alldurchdringend ist, die Grundlage von Namen und Formen, das vom unreinen Verstand nicht erkannt werden kann, wohl aber vom reinen Verstand, das makellos und grenzenlos ist. Das bedeutet: Wenn man den *jiva* (das Individuum) in Gestalt von *ahamkara* (dem Ego-Empfinden) ablegt, was die offenkundige Bedeutung des Wortes „ich" ist, bleibt nur der strahlende und bewusste Atman (das Selbst) übrig, was die indirekte Bedeutung des Wortes „ich" ist, nämlich Brahman. Das kann man auch aus folgenden Worten über Arunagiriars Erfahrung entnehmen: „Nachdem du mich in Gestalt des ‚Ichs' (Egos) verschlungen hattest, blieb das höchste Sein als reines Selbst übrig."

Der Text

Der Geist des edlen Suchers nach Befreiung wurde rein und auf eins gerichtet, weil seine schlechten Gedanken aufgehört haben. Das ist das Ergebnis der absichtslosen Taten und Meditationen, die er in früheren Leben ausgeführt hat. Er ist nur dem Mangel der verhüllenden Kraft (*avarana shakti*) unterworfen, die verhindert, dass er das Selbst erkennt. Er besitzt die vier Befähigungen der Unterscheidung und Leidenschaftslosigkeit, die sechs Tugenden wie Selbstkontrolle sowie das Streben nach Befreiung und kann die Leiden des *samsara* nicht mehr ertragen. So kommt er zum *Satguru*, der voller Mitleid ist, der die Bedeutung des Vedanta verwirklicht hat und in Brahman gefestigt ist. Nachdem er sich vor ihm in Ehrfurcht verneigt hat, fragt er ihn:

Schüler: „Swami, was sind die Mittel, die Leiden des *samsara* wie Geburt und Tod zu beenden und höchste Seligkeit zu erlangen?"

Guru: „Oh Schüler, was für eine Täuschung ist das! Du bist immer dem Wesen nach Seligkeit. Es gibt nicht die leiseste Spur von Leiden durch *samsara* in dir. Deshalb nimm nicht die Leiden der Geburt usw. auf dich. Du bist das bewusste Brahman, frei von Geburt und Tod."

Schüler: „Bedeutet Befreiung nicht, dass das Leid aufhört und man höchste Seligkeit erlangt? Wenn mein Wesen bereits Seligkeit ist, wie kann ich dann Seligkeit, die doch immer da ist, erlangen und das Leid loswerden, das nie existiert hat?"

Guru: „Das ist auf dieselbe Weise möglich wie wenn man ein Armband, das man die ganze Zeit am Arm getragen, aber vergessen hat, sucht und findet. Wenn man es findet, ist es, als hätte man es neu erworben. Es ist wie im Fall der Schlange, die zu keiner Zeit im Seil vorhanden ist, aber für eine Schlange gehalten wird. Sie scheint da zu sein und dann zu verschwinden, wenn man entdeckt, dass es sich nur um ein Stück Seil handelt."

Schüler: „Können das nichtexistierende Leid und die existierende Seligkeit im selben Zustand der Befreiung zusammen bestehen?"

Guru: „Ja. Wie die nichtexistierende und vorgestellte Schlange die Existenz des Seils ist, ist die Nichtexistenz des vorgestellten Leids die Existenz der Seligkeit."

Schüler: „Da Glück nur durch den Kontakt mit Objekten entsteht, wie kann ich dann von mir sagen, dass ich dem Wesen nach Glück bin?"

Guru: „Einer, der das Selbst nicht kennt, fühlt die Seligkeit des Selbst nicht im Verstand, der von Wünschen nach Objekten abgelenkt wird. Wenn das Wunschobjekt erlangt wird, wird der Verstand für einen Augenblick beständig und wendet sich nach innen. Dann wird die Seligkeit des Selbst in ihm reflektiert, und das lässt den Irrtum entstehen, dass das Glück vom Objekt kommt. Aber wenn man sich nach anderen Objekten sehnt, verschwindet dieses Glück wieder. Es ist wie mit dem Glück, das man erfährt, wenn der Sohn aus einem fernen Land zurückkehrt. Das Glück hält nicht so lang an wie das Objekt, das es bewirkt. Zudem erfährt man im *samadhi* und Tiefschlaf Glück, obwohl es darin keine Objekte gibt. Deshalb gibt es in den Objekten kein Glück. Nur das Selbst ist Glück. Nur weil alle das Glück des Selbst erfahren, sagen die Veden, dass alle die Gestalt des Glücks sind."

Schüler: „Aber wünscht sich der Weise (*jnani*), der das Selbst kennt, Objekte und erfährt Glück, oder tut er das nicht?"

Guru: „Auch wenn er sich Objekte wünscht und Glück erfährt wie der Unwissende, stellt er sich nicht vor, dass dieses Glück etwas anderes als das Glück des Selbst ist."

Schüler: „Wenn man das Leid von Geburt, Tod usw. tatsächlich erfährt, wie kann man dann sagen, es habe nie in mir existiert?"

Guru: „Wisse, dass die Welt von Geburt, Tod usw. eine illusorische Erscheinung ist wie die Schlange im Seil und das Blau am Himmel oder wie Träume, weil du dein Selbst, das Brahman ist, nicht erkennst."

Schüler: „Was ist die Stütze (*adhara*) dieser ausgedehnten Welt?"

Guru: „Wie das Seil die Stütze und Grundlage für die illusorische Schlange ist, die auftaucht, wenn man das Seil nicht als solches erkennt, so bist du die Stütze und Grundlage der Welt, die auftaucht, wenn du dein Selbst nicht erkennst."

Schüler: „Bitte erkläre mir die Vorstellung von Stütze (*adhara*) und Grundlage (*adhishtana*)."

Guru: „Auch in der unwirklichen Schlange gibt es eine Vorstellung von ‚dies', die mit der allgemeinen Vorstellung von ‚dies', die dem Seil zugrunde liegt, vermischt ist. Ähnlich existiert in der unwirklichen Welt die Vorstellung ‚sie existiert', die mit der allgemeinen Vorstellung von Existenz, die dem Selbst zugrunde liegt, vermischt ist. Diese Existenz ist die Stütze der Welt. Wie es wiederum eine bestimmte Vorstellung von ‚Seil' gibt (neben der allgemeinen Vorstellung von ‚dies'), so gibt es auch eine bestimmte Vorstellung vom Selbst, nämlich dass es unberührt, unveränderlich, immer frei, alldurchdringend usw. ist. Das wird nicht erkannt, solange die Illusion besteht. Wird es aber erkannt, dann wird die Illusion beseitigt. Diese bestimmte Vorstellung vom Selbst ist die Grundlage der Welt."

Schüler: „Was entspricht dem Seher, der getrennt vom Seil existiert und die Stütze und Grundlage für die Schlange ist? Wer ist der Seher getrennt von mir, der ich die Stütze und Grundlage der Welt bin?"

Guru: „Wenn die Grundlage empfindungslos ist, dann ist ein getrennter Seher nötig. Wenn die Grundlage empfindend ist, dann ist sie selbst der Seher. Wie das bezeugende Bewusstsein, das die Grundlage des Traums ist, selbst der Seher des Traums ist, so bist du selbst der Seher der Welt."

Schüler: „Wenn die Welt des Wachzustands entsteht und durch Nichtwissen fälschlicherweise wie ein Traum erscheint, warum sollten wir dann von einem Unterschied zwischen dem Wach- und Traumzustand sprechen und sagen, dass der Wachzustand relative (empirische, *vyavaharika*) Wirklichkeit besitzt, während der Traum nur persönliche Wirklichkeit (*pratibhasika*) besitzt?"

Guru: „Da der Traum ohne die Hilfe der geeigneten Zeit, dem geeigneten Raum und den Gegenständen durch Nichtwissen zusammen mit dem Mangel (*dosham*) des Schlafs entsteht, wird von ihm als einem persönlichen Zustand gesprochen. Da der Wachzustand im höchsten Selbst, das frei von Zeit, Raum und Gegenständen ist, nur aufgrund der Unwissenheit entsteht, spricht man von ihm als einem relativen Zustand. Entsprechend werden die drei Zustände der Wirklichkeit als persönlich, relativ und absolut bezeichnet. Wenn wir klar darüber nachdenken, gibt es zwischen ihnen keinen Unterschied. Es gibt auch keinen Unterschied zwischen dem Wach- und Traumzustand. Undifferenziertes Bewusstsein ist die einzig wahre Wirklichkeit. Was sich von ihm unterscheidet, ist persönlich, wird wesentlich von Unwissenheit verursacht und hat Bewusstsein als Grundlage."

Schüler: „Wenn das so ist, warum hört dann der Traumzustand sogar in der Abwesenheit der Erkenntnis von Brahman auf, während der Wachzustand nicht ohne Erkenntnis von Brahman aufhört?"

Guru: „Obwohl es keine völlige Beendigung des Traumzustands geben kann, bis die Erkenntnis Brahmans im Wachzustand da ist, verschwindet der Mangel des Schlafs, der die unmittelbare Ursache des Traums ist, beim Auftauchen des Wachzustands, der ihm entgegensteht."

Schüler: „Die Objekte des Wachzustands, der dem Traum vorausgeht, bestehen auch im Wachzustand fort, der auf den Traum folgt. Aber die Objekte des Traums werden im nächsten Traum nicht gesehen. Wie können dann die beiden Zustände als gleich betrachtet werden?"

Guru: „Alle Objekte sind die Veränderung des ihnen zugrundeliegenden Bewusstseins durch Unwissenheit. Wenn eine Vorstellung entsteht, entstehen auch sie. Wenn eine Vorstellung aufhört, hören auch sie auf. Deshalb kann man nicht sagen, dass die Objekte des vorigen Wachzustands im folgenden Wachzustand ebenfalls existieren. Wie im Traum kommen sie (die Objekte des nachfolgenden Wachzustands) für den Augenblick ins Sein. Deshalb sind beide Zustände einander ähnlich."

Schüler: „Da ein Mensch, der von einem Traum erwacht, glaubt, die Objekte, die er sieht, seien dieselben als die, die er vor seinem Traum gesehen hat, kann man nicht sagen, dass sie nur ins Dasein kommen, wenn sie erkannt werden. Objekte bestehen beständig, vor und nachdem sie erkannt worden sind."

Guru: „Wie die Dinge im Traum für die Dauer des Traums ins Dasein kommen und man sie wahrnimmt, als existierten sie seit langem unverändert, so ist es auch mit den Objekten, die aufgrund von starkem

Nichtwissen im Wachzustand ins Dasein kommen. Die Vorstellungen von Ursache und Wirkung hinsichtlich dieser Objekte sind sich also ähnlich."

Schüler: „Wenn die Bindung des *samsara* aufgrund der Unkenntnis des Selbst ins Dasein gekommen ist, wann ist dann diese Unkenntnis entstanden?"

Guru: „Die Unkenntnis, die aus dem Selbst, das Brahman ist, kommt, ist eine reine Vorstellung (*kalpita*) und hat keinen Anfang."

Schüler: „Da Dunkelheit nicht in der Sonne existieren kann, wie kann dann Unwissenheit in Brahman, das reines Bewusstsein ist, existieren? Selbst wenn es existiert, kann es nicht in dem existieren, das klar erkannt wird oder das überhaupt nicht erkannt wird. Etwas Wahres kann nur dann von einer falschen Wirklichkeit überlagert werden, wenn der allgemeine Aspekt von etwas bekannt ist und nicht sein einzelner Aspekt. Brahman hat keine Teile wie allgemein und einzeln. Es ist eigenschaftslos. Wie kann es dann die Überlagerung der Bindung geben?"

Guru: „Obwohl Brahman Bewusstsein ist, ist der allgemeine (unbestimmte) Aspekt von diesem alldurchdringenden Bewusstsein, das dem Wesen nach Glanz ist, dem Unwissen nicht abträglich, sondern hilft ihm. Im Tiefschlaf existiert Unwissenheit zusammen mit dem Bewusstsein des Selbst. Die allgemeine Möglichkeit von Feuer im Holz ist der Dunkelheit nicht abträglich, sondern hilft ihr. Aber wie das tatsächliche (manifeste) Feuer, das durch Reiben von Holz hervorgebracht wird, der Dunkelheit abträglich ist, so ist das deutliche Bewusstsein, das im Geist als Brahman hervorgebracht wird, dem Nichtwissen abträglich. Obwohl Brahman eigenschaftslos ist (und deshalb nicht erkannt werden kann), ist seine allgemeine Existenz selbst im Zustand der Unwissenheit in Gestalt von ‚ich bin' erkennbar, während seine einzelnen Aspekte wie Bewusstsein, Seligkeit usw. dann nicht erkannt werden, sondern nur im Zustand der Erkenntnis. Da Erscheinungen das Ergebnis von Unwissenheit sind, kann es die Bindung der Überlagerung im eigenschaftslosen Brahman geben, das als Sein erkannt und als Bewusstsein und Seligkeit nicht erkannt wird."

Schüler: „Obwohl die Welt unwirklich ist, ist sie die Ursache für Leid wie Geburt und Tod. Man hat keinen unwirklichen Alptraum, wenn man vor dem Schlafen *japa* übt. Was kann man dementsprechend tun, um das Erscheinen der Welt zu verhindern?"

Guru: „Etwas, das durch Unkenntnis von etwas entsteht, hört nur dann auf zu entstehen, wenn man dieses Etwas erkennt. Die Schlange und das Silber, die aufgrund der Unkenntnis des Seils beziehungsweise des Perlmutts entstehen, verschwinden nur, wenn man sie erkennt. Ebenso verschwindet die Welt, die aufgrund der Unkenntnis des Selbst erscheint, nur durch die Erkenntnis des Selbst. Brahman ist unendlich, einheitlich, unberührt von irgendetwas, ungeboren usw., unsichtbar und ohne Name und Form. Das Unwissen, das man sich darin vorstellt, und seine Wirkungen, nämlich das Individuum, der Herr und die Welt, sind in allen drei Zeiten unwirklich. Was immer man sieht ist das Spiel des Verstandes, der das Ergebnis dieser Unwissenheit ist. Brahman erleuchtet den Verstand, während es unbeweglich bleibt. Dieser Verstand projiziert seine falsche Vorstellung in den Zuständen des Wachens und Träumens und geht in der Unwissenheit im Tiefschlaf auf. ‚Wie das Wasser in einer Fata Morgana die Wüste nicht bewässert, wird dieses unwirkliche Ding (die Welt) mir, der ich ihre Grundlage bin, nichts zuleide tun.' Diese Überzeugung ist wahre Erkenntnis. Das ist das Mittel zur Befreiung. Ich habe es bereits gesagt. Die Dunkelheit verschwindet durch nichts anderes außer durch Licht. Sie verschwindet nicht durch Rituale, Meditationen (*upasana*) usw. Bei jenem, in dessen Herz das Licht der Erkenntnis erstrahlt, verschwindet die Dunkelheit der Unwissenheit zusammen mit ihren Auswirkungen. Er bleibt immer das unberührte, einheitliche Selbst in Gestalt von Brahman. Weder ist etwas in der Vergangenheit entstanden noch entsteht es jetzt noch wird es in Zukunft entstehen. Da die gekannten Objekte nicht wirklich existieren, sind die Bezeichnungen ‚Zeuge' und ‚Seher' nicht zutreffend. Da es keine Bindung gibt, gibt es auch keine Befreiung. Da es kein Nichtwissen gibt, gibt es auch kein Wissen. Derjenige, der das erkannt hat und das Pflichtgefühl verwirft, ist ein Weiser (*jnana*). Ob seine Sinne mit Objekten in Kontakt kommen oder nicht, er haftet ihnen nicht an und ist frei von Wünschen. Deshalb tut er nichts, auch wenn er scheinbar handelt."

Schüler: „Wie kann das Individuum, das die Gestalt des ‚Ichs' hat, das zahlreich und endlich ist und Anhaftung und andere Formen von Leid unterworfen ist, mit Brahman identisch sein, das eines ist, alles durchdringt und frei von Anhaftungen und anderen Formen des Leids ist? Wenn Individuum und Brahman dasselbe sind, wer handelt dann? Und wer gewährt die Früchte des Handelns?"

Guru: „Obwohl Brahman nicht mit dem Individuum (*jiva*), das auf das innere Organ (*antahkarana*) begrenzt ist und die scheinbare Bedeutung von ‚ich' ist, identisch sein kann, so kann es doch mit dem Zeugen (*sakshi*) identisch sein, der indirekt mit dem Wort ‚ich' gemeint ist. Es ist der reflektierte Teil (*abhasa bhaga*) des *jiva*, der handelt. Der reflektierte Teil in Ishwara (Gott), der die scheinbare Bedeutung des Wortes ‚*tat*' (Brahman) ist, gewährt die Früchte des Handelns. Es gibt keinen Unterschied im Bewusstsein, das die indirekte Bedeutung dieser Wörter (‚ich' und ‚Dies') ist, noch existieren diese beiden Aspekte (*jiva* und Ishwara) in Wirklichkeit."

Schüler: „Was ist der *jiva*? Was ist der *sakshi* (Zeige)? Ist nicht ein Zeuge, anders als der *jiva*, eine reine Unmöglichkeit wie der Sohn einer unfruchtbaren Frau?"

Guru: „Wie die Reflexion des Himmels in einem Topf mit Wasser zum Himmel im Wasser wird, so wird das im Verstand (*buddhi*) gegründete Bewusstsein zusammen mit dem im Verstand reflektierten Bewusstsein (*abhasa*) von Wünschen und Handlungen begleitet. Es wird zum *jiva*, der der Handelnde, der Genießer und der *samsari* ist. Das Bewusstsein, das die Grundlage des Verstands ist, und die Eigenschaft des *jiva* oder das begrenzte (*vyasti*) Nichtwissen ist der unveränderliche Zeuge (*kutashta*). Er ist anfangslos und unveränderlich. Eigenschaften (*dharmas*) wie Gut und Böse, Freude und Leid, das Betreten einer anderen Welt und das Zurückkommen in diese Welt gehören allein dem reflektierten Bewusstsein an. Selbst im reflektierten Bewusstsein existieren sie nur im inneren Organ, das sein Merkmal ist. Sie existieren nicht im Bewusstsein, das der wesentliche Teil (des *jiva*) ist. Der wesentliche Teil des *jiva* ist der Zeuge. In ein und demselben Bewusstsein ist das innere Organ das Anhängsel (*upadhi*) für die Vorstellung des Zeugen und das Merkmal für die Vorstellung des *jiva*. Das bedeutet, dass das einzige Bewusstsein zum *jiva* wird, zusammen mit dem inneren Organ und dem Zeugen, wenn es seiner beraubt ist. Das bedeutet, dass für einen, der nicht unterscheiden kann, dasselbe innere Organ das Anhängsel des Bewusstseins ist. Deshalb ist für einen Menschen, der Unterscheidung übt, das eine Bewusstsein der Zeuge, und für einen Menschen, der keine Unterscheidung übt, ist es der *jiva*."

Schüler: „Wie ist es möglich, dass selbst der Zeuge, der aufgrund der Vielzahl der *jivas* vielfältig und begrenzt ist, identisch mit Brahman ist, der nur eines ist?"

Guru: „Wie der Raum in einem Topf, der vielfältig und begrenzt ist, nicht von der Gesamtheit des Raums (*mahakasa*) verschieden und tatsächlich dasselbe wie er ist, so ist der Zeuge, der vielfältig und begrenzt ist, nicht von Brahman verschieden, sondern ist Brahman. Deshalb ist es ihm möglich, identisch mit Brahman zu sein. Deshalb wisse: ‚Ich bin Brahman'!"

Schüler: „Wer hat dieses Wissen, der *jiva* oder der Zeuge?"

Guru: „Wissen und Unwissenheit hat nur der *jiva* und nicht der Zeuge."

Schüler: „Ist nicht die Erkenntnis ‚Ich bin Brahman', die im *jiva* auftaucht, der von Brahman verschieden ist, falsch?"

Guru: „Da das unveränderliche Selbst (*kutastha*), wie es im Wort ‚ich' impliziert ist, immer eins mit Brahman ist, wie der Raum im Topf und der unendliche Raum, ist es völlig mit ihm identisch. Der *jiva*, der ebenfalls im Wort ‚ich' enthalten ist, kann mit Brahman identisch sein, indem er die Hindernisse beseitigt, indem er die Vorstellung, ein *jiva* zu sein, verneint (*badha samanadhikaranayam*). Es ist wie wenn man in der Dämmerung glaubt, ein Pfosten sei ein

Mensch. Er wird zum Pfosten, indem man verneint, dass er ein Mensch ist."

Schüler: „Existieren das reflektierte Bewusstsein (*abhasa*) und der unveränderliche Zeuge (*kutashta*), die beide mit dem Wort ‚ich' gemeint sind, gleichzeitig oder zu verschiedenen Zeiten?"

Guru: „Gleichzeitig. Das reflektierte Bewusstsein ist das Objekt des Zeugen, aber der Zeuge ist sich seiner selbst bewusst. Wenn man Töpfe und andere äußere Objekte erkennt, geschieht folgendes: Der für die Vorstellungen zuständige Teil des inneren Organs wendet sich zusammen mit dem reflektierten Bewusstsein zu den Töpfen und anderen Objekten nach außen, nimmt ihre Formen an und beseitigt das Hindernis (*avaranam*), das sie natürlicherweise aufgrund der Unwissenheit bedeckt. Wie ein unsichtbares Objekt, das von einem Topf bedeckt wird, in der Dunkelheit nicht gesehen werden kann, selbst wenn der Topf von einem Stock zerbrochen worden ist, so kann es mithilfe einer Lampe gesehen werden. So erhellt auch das reflektierte Bewusstsein die Objekte.

Wenn Brahman, das das Selbst ist, direkt verwirklicht wird, geschieht folgendes: Wenn das innere Organ mithilfe des Klangs, den die wichtige Aussage der Schriften (*mahavakya*)[137] ‚Das bis du' (*Tat tvam asi*) hervorbringt, mit dem Ohr in Verbindung tritt, nimmt es die Gestalt von Brahman (*Brahmakara*) an und verliert den Kontakt mit den Sinnen. Das ist wie die Erkenntnis des zehnten Mannes, die durch den Klang, den der Satz ‚Du bist der zehnte Mann' hervorbringt, auftaucht oder wie die Vorstellungen von Freude und Leid, die ohne entsprechende äußere Objekte auftauchen. Diese Vorstellung der Gestalt Brahmans beseitigt das Hindernis, das das Selbst verbirgt, und dann verschwindet die geringste Unwissenheit, die immer noch im inneren Organ besteht, wie der Schmutz (auf einem Stück Stoff), der

---

[137] Die vedantischen Aussagen sind von zweierlei Art: Hauptaussagen und zweitrangige Aussagen. Die Texte, die das Wesen des *jiva* und Brahmans darlegen, sind zweitrangige Texte. Sie führen zur indirekten, verstandesmäßigen Erkenntnis. Die Haupttexte legen die Identität von *jiva* und Brahman dar. Sie führen zur direkten Erkenntnis.

durch Seife beseitigt wird. Danach manifestiert sich Brahman durch seine eigene Strahlkraft wie das Licht der herrlichen Sonne, die strahlt, wenn das geringste Hindernis, wie etwa der Finger, den man sich vor die Augen hält, beseitigt wird. Wie die Lampe in einem Topf ohne die Hilfe anderer Lichter leuchtet, wenn der Topf zerbrochen ist, so benötigt Brahman nicht die Hilfe des reflektierten Bewusstseins."

Schüler: „Welches sind die hauptsächlichen Mittel (*antaranga*) und die zweitwichtigsten Mittel (*bahiranga*), um diese Erkenntnis zu erlangen?"

Guru: „Rituelle Opfer und ähnliches sowie Meditation (*upasana*), die ohne Absicht ausgeführt werden, sind die zweitwichtigsten Mittel. Es gibt acht hauptsächlichen Mittel. Sie bestehen aus den vier Eigenschaften wie Unterscheidung usw.[138], den drei Stufen[139] und der Ergründung der Bedeutung von ‚Das' und ‚Du'."

Schüler: „Wenn Erkenntnis allein durch das Sagen entsteht, wozu sind dann noch Hören usw. nötig?"

Guru: „Es gibt zweierlei Arten von Erkenntnis, nämlich die fehlerfreie und die fehlerhafte. Obwohl ein schlechter Sucher (*mandadhikari*), der Zweifel hat und falsche Sichtweisen, durch die Lehre des ‚Sagens' direkte Erkenntnis erhält, kann es nicht die richtige Wirkung haben. Es ist fehlerhaft. Durch die ständige Übung des Hörens usw. wird der Fehler beseitigt. Das ist das Ziel des Hörens usw. Im Fall eines guten Suchers (*uttama adhikari*), dessen inneres Organ äußerst rein und frei von Zweifeln und falschen Sichtweisen ist, sodass die

---

[138] Die vier Eigenschaften sind 1. die Unterscheidung zwischen dem, was ewig und was vergänglich ist (*nityanitya vastu viveka*), 2. die Abwesenheit des Wunsches, die Früchte seiner Handlungen zu genießen, sei es in dieser Welt oder in der nächsten (*ihamutrartha phala bhoga viragya*); 3. die sechs Tugenden: Geisteskontrolle (*sama*), Kontrolle der Sinnesorgane (*dama*), das Beenden des Handelns (*uparati*), Tapferkeit (*titiksha*), Glaube an die Schriften und den Guru (*sraddha*) sowie Konzentration des Geistes (*samadhana*) und 4. das Streben nach Befreiung.
[139] Die drei Stufen sind Hören (*sravana*), Reflektieren (*manana*) und ununterbrochene Kontemplation (*nididhyasana*).

beständige direkte Erkenntnis bereits durch reines Hören der Aussagen entsteht, muss nicht notwendigerweise Hören usw. üben, um die Fehler zu beseitigen. Nur derjenige ist zu Lebzeiten befreit (*jivan mukta*), dessen Weisheit unerschütterlich ist (*sthita prajna*)."

Schüler: „Worin unterscheidet sich der Weise von einer unwissenden Person?"

Guru: „Der Unwissende unterscheidet sich durch seine Anhaftung (*raga*), der Weise durch seine Leidenschaftslosigkeit. Selbst wenn der Unwissende gelegentlich leidenschaftslos ist, ändert sich das bald wieder, da er das Wirklichkeitsempfinden der Sinnesobjekte nicht losgeworden ist. Seine Leidenschaftslosigkeit ist nur oberflächlich. Dagegen ist die Leidenschaftslosigkeit des Weisen, die sich aus dem Empfinden der Unwirklichkeit der Sinnesobjekte heraus entwickelt hat, stets unveränderlich und deshalb intensiv."

Schüler: „Warum sagen einige Leute, dass rituelle Handlungen (Karma), die von Meditation (*upasana*) und Erkenntnis (*jnana*) begleitet werden, Standfestigkeit bewirken?"

Guru: „Die Vorstellung, dass das Selbst, das vom Körper unabhängig ist, der Handelnde und Genießende ist, und die Vorstellung, dass der Handelnde, die Tat und ihr Ergebnis voneinander verschieden sind, ist die Ursache für rituelles Handeln. Das Ergebnis ist unbeständiges *samsara*. Das Selbst ist seinem Wesen nach unberührtes Brahman. Der Handelnde, die Tat und ihr Ergebnis sind nicht vom Selbst verschieden. Das ist Erkenntnis, und ihre Frucht ist ewige Befreiung. Wie also können diese beiden miteinander bestehen?"

Schüler: „Solange das innere Organ existiert, wird sein Wesen der Unbeständigkeit nicht einmal den Weisen verlassen. Wenn es daher kein Hindernis für die Befreiung nach dem Tod (*videhamukti*) ist, wie kann es dann die Erfahrung der Seligkeit der Befreiung geben, während man noch lebt? Muss nicht auch der Weise meditieren (*upasana* üben), um die Unbeständigkeit des Geistes zu beseitigen?"

Guru: „Da *samadhi* und Ablenkung für einen Weisen von beständiger Weisheit dasselbe ist, braucht er nichts zu tun, um seinen Geist beständig zu machen. Für ihn gibt es weder Unwissenheit als Ursache für sein Handeln noch irgendeine Illusion des Unterschieds, die von der Unwissenheit verursacht worden ist, noch Anhaftung noch das gehasste Ergebnis der Illusion des Unterschieds. Nur das *prarabdha* (der Teil des Karmas, den er in diesem Leben abarbeiten muss) bleibt übrig. Dies ist die Ursache seines Handelns. Und da das von Person zu Person verschieden ist, gibt es in Bezug auf das Handeln, das aufgrund des *prarabdha* besteht, keine einheitliche Regel. Deshalb werden das Handeln und Nicht-Handeln eines Weisen von seinem *prarabdha* bestimmt. Deshalb kann es für ihn auch den Wunsch nach Sinnesfreuden geben und das Bemühen, sie zu erlangen, wie im Fall von Janaka und anderen, da das *prarabdha* für das Genießen verantwortlich ist. Ebenso kann es den Wunsch nach Befreiung zu Lebzeiten und die Abneigung gegenüber Sinnesfreuden geben wie bei Suka, Vamadeva und anderen aufgrund ihres *prarabdha*, das für das Nicht-Handeln verantwortlich ist. Die Seligkeit Brahmans wird sich nicht durch die reine Bewegungslosigkeit des inneren Organs zeigen. Sie zeigt sich nur durch die Vorstellung der Gestalt Brahmans (*Brahmakara vritti*). Da sie nur durch Reflektion (*chintana*) über die Bedeutung der vedantischen Schriften entsteht und da die Unbeständigkeit nur dadurch verschwindet, muss einer, der sich nach der Seligkeit der Befreiung zu Lebzeiten sehnt, über die Bedeutung der vedantischen Schriften reflektieren und braucht nicht zu meditieren (*upasana* üben)."

Schüler: „Kann der Weise zu beschäftigt sein?"

Guru: „Wenn das Handeln übertrieben ist, verringert sich das Glück. Wenn es weniger Handeln gibt, vergrößert sich das Glück. Aber die Erkenntnis bleibt dieselbe. Obwohl Handeln für diese Art von Glück, das sich von der Befreiung zu Lebzeiten unterscheidet, von Nachteil ist, ist es für die Befreiung zu Lebzeiten selbst nicht von Nachteil, da es keine Illusion der Bindung durch Handeln und Nicht-Handeln gibt, soweit es das Selbst betrifft."

Schüler: „Da der Weise keine Anhaftung haben kann, weil er alle Objekte als das Nicht-Selbst, als unwirklich und schlecht sieht, was kann dann sein Handeln motivieren?"

Guru: „Obwohl der Weise weiß, dass der Körper unwirklich ist, kann er aufgrund seines *prarabdha* aktiv sein. Er kann z.B. Betteln gehen usw., um seinen Körper aufgrund seines *prarabdha* zu erhalten. Es ist wie wenn Leute eine Zaubervorstellung beobachten, obwohl sie wissen, wie es funktioniert, oder wie wenn ein Kranker Dinge tut, die ihm nicht guttun, obwohl er weiß, dass es so ist."

Schüler: „Was bedeutet es, wenn es heißt, dass der Weise keine Wünsche hat?"

Guru: „Es ist nicht so, dass sein inneres Organ nicht die Gestalt von Wünschen annimmt. Da das innere Organ nicht das Produkt reinen *sattvas* ist, sondern auch des weniger hervorstechenden *rajas* und *tamas*, existieren diese drei Eigenschaften in Kombination mit dem hervorstechenden *sattva* mehr oder weniger in ihm. Deshalb gibt es, solange das innere Organ da ist, keine völlige Abwesenheit von Wünschen, die eine Modifikation von *rajas* sind. Aber der Weise hält diese Wünsche nicht fälschlicherweise für Eigenschaften des Selbst. Darin besteht der Unterschied. Er hängt ihnen nicht an. Obwohl er handelt, handelt er nicht. Deshalb sagen die Schriften (*Srutis*), dass die guten und schlechten Taten, die der Körper ausführt, und der Verdienst und die Minuspunkte, die er dadurch erlangt, ihn nicht betreffen, nachdem er die Erkenntnis erlangt hat."

Schüler: „Ist es nicht nötig, dass der Weise ins selige und nicht-duale *nirvikalpa samadhi* eingeht, in dem alle Vorstellungen vom Nichtwissen aufgenommen werden wie im Tiefschlaf und es keine Erfahrung des vom Nichtwissen verhüllten Glücks gibt und in dem die Vorstellung des inneren Organs in Gestalt von Brahman (*Brahmakara vritti*) vom strahlenden Brahman aufgenommen wird?"

Als der Guru das hörte, lachte er und dachte: „Warum redet er wie ein Narr?"

Schüler: „Wird nicht einer, der im Leben die Seligkeit der Befreiung aufgibt, um Sinnesfreuden zu genießen, die Befreiung nach dem Tod für den Wunsch nach himmlischen Welten aufgeben?"

Guru: „Die Zurückweisung der Seligkeit der Befreiung zu Lebzeiten und der Wunsch nach weltlichen Genüssen mag im Fall eines Weisen aufgrund seines *prarabdha* zutreffen, aber nicht nachdem seine Unwissenheit von seiner Erkenntnis verbrannt worden ist. Deshalb geht seine Lebenskraft (*prana*) nicht nach außen, und er kann aufgrund von *prarabdha* keinen Körper mehr bekommen, weder in dieser Welt noch in einer anderen. Deshalb kann der Weise die Befreiung nach dem Tod nicht zurückweisen und sich andere Welten wünschen oder sie erlangen."

Schüler: „Was bedeutet Befreiung während man lebt? Und was bedeutet Befreiung nach dem Tod?"

Guru: „Das Fehlen der Illusion einer Bindung, während man im Körper weilt, ist Befreiung zu Lebzeiten. Das Aufgehen des groben und subtilen Nichtwissens ins Bewusstsein nach der Erfahrung von *prarabdha* ist die Befreiung nach dem Tod.

Das ist das Wesentliche der Schriften."

Als der Schüler das hörte, erfuhr er die direkte Erkenntnis seines Selbst, und nachdem er die Befreiung zu Lebzeiten erfahren hatte, erlangte er die Befreiung nach dem Tod.

Aus dem Srimad Bhagavatam und der Rama Gita

Folgende Verse aus dem Srimad Bhagavatam und der Rama Gita wurden von Bhagavan ins Tamil übertragen:

Ob der unbeständige Körper ruht oder umhergeht, ob er aufgrund des *prarabdha* an ihm festhält oder von ihm abfällt, der selbstverwirklichte *siddha* ist sich dessen nicht bewusst, wie ein Betrunkener durch seinen Rausch nicht weiß, ob er Kleider am Leib hat oder nicht.

Srimad Bhagavatam

Der Zauberkünstler täuscht die Welt, während er selbst nicht getäuscht wird. Aber der *siddha* täuscht zuerst sich selbst und dann die anderen. Wie erstaunlich ist denn das!

Rama Gita

Wer ist Hara

Dieser Vers ist Bhagavans tamilische Übersetzung des ersten Sutras des Sivajnanabodham, eines Paarreims in Sanskrit.[140]

Wenn die Welt, die aus Männern, Frauen, Dingen usw. besteht, als Wirkung betrachtet wird, ist Gott, der Schöpfer, ihre Ursache. Da er diese Welt vernichtet und erschafft, betrachte diesen Gott als Hara (Shiva).

---

[140] ein Text des Saiva Siddhanta

Ramana Ashtottara Satanamastotra

Einleitung

Bhagavan hat folgende zwei Verse aus dem Sanskrit ins Tamil übersetzt. Es sind die Einleitungsverse, die Swami Viswanathan für sein Preislied der 108 Namen zum Lob Bhagavans gedichtet hat.

Lasst uns im Herzen über Ramana meditieren,
das grenzenlose Meer von Sein-Bewusstsein-Seligkeit,
von dem das Weltall nur eine Welle ist,
über den Standhaften, der fest in der Tiefe der Herzenshöhle
gegründet ist, frei von ablenkenden Gedanken!

Dich, der Du neu geboren wurdest,
indem Du Dich an die Füße Arunachala-Shivas erinnert hast,
der Du vom großen, anschwellenden Strom Seiner göttlichen Gnade
fortgeschwemmt wurdest, zu Ihm wurdest,
Dich, der im Herzen als der einzige Herrscher wohnt,
und der Du die Welt durch beständiges *tapas* reinigst,
Dich, Sri Ramana, das Licht, das die Welt durchdringt,
verehren wir.

Das Herz und der Verstand

Über diese neun Verse sagte Bhagavan:

„Als ich in der Virupaksha-Höhle lebte, brachte Nayana [Ganapati Muni] einmal einen Jungen namens Arunachala [N.S. Arunachalam Iyer] mit, der gerade mit der Schule fertig war. Während wir miteinander sprachen, saß der Junge in der Nähe und hörte uns zu. Er dichtete darüber neun Verse in Englisch. Sie waren gut, und ich übersetzte sie ins Tamil.

Ganapati Muni sagte, dass das sahasrara (Kronenchakra[141]) der Ursprung und die Mitte von allem sei und vom Herzen unterstützt und erhellt werde, wohingegen ich sagte, dass das Herz der Ursprung von allem sei und dass die Kraft, die aus dem Herzen komme, im sahasrara erstrahle. Deshalb sei das Herz die Sonne und das sahasrara der Mond.

Diese Doppelbedeutung wird in den Versen sehr gut ausgedrückt: ‚Bhagavan ist die Sonne. Von ihm gehen die Strahlen seiner Worte aus und verleihen dem Mond, i. e. Ganapati Muni, seinen Schein und seine Kraft. Dieser gibt seinerseits das Licht an uns weiter.'"[142]

Folgendes ist die Prosaübertragung von Bhagavans tamilischer Übersetzung der neun Verse.

1. Das Herz der Welt (Sri Bhagavan) und das Gehirn der Welt (Kavyakantha Ganapati Muni) begannen in der schönen, heiligen Höhle (Virupaksha) ein Gespräch zu führen. Alle, die ihren Worten zuhörten, wurden sprachlos wie Säulen.

2. Das Licht der Sonne, die als das Herz dieser Erde erstrahlt, erleuchtet den Mond am Himmel, und dieser Mond gibt der Erde sein Licht.

3. Ebenso kamen die Upanishaden von den Lippen des Weisen (Sri Bhagavan), dessen Wohnstatt im Herzen ist. Er sprach zum Herrn (Kavyakantha), dessen Wohnstatt das Gehirn ist, und dessen Worte auch wir hörten, so wie das Licht von der Erde empfangen wird.

4. Ich schreibe diese heiligen Worte der Wahrheit, die ich gehört habe, auf, wenn es auch grammatisch nicht ganz richtig ist. Wenn ihr mich fragt: „Warum sind diese Worte die Wahrheit?", antworte ich: „Weil sie die Wahrheit sind."

---

[141] [das höchste *Chakra* im Yoga]
[142] Nagamma: Briefe, Eintrag vom 13.2.1947

5. Ich brabble hier in meiner Unwissenheit nur, was Sri Ramana, der große Weise, liebevoll über das Herz und das Gehirn gesagt hat, Worte die geheimer sind als jede heilige Schrift.

6. „Wie ein Film von einem Kinoprojektor als bewegte Bilder auf eine Leinwand geworfen werden,

7. so verleiht das Gehirn den atomgleichen *vasanas* im Herzen Gestalt, und sie werden von ihm durch die fünf Sinne als wundervolle, vielfältige Szenen nach außen projiziert.

8. Ich verbrachte all diese Tage im Herzen versunken, und als ich aus dem Herzen in die Welt trat, fand ich einen Weg, durch das Gehirn zum Herzen zurückzukehren, wobei ich die Methode dazu für die anderen entdeckte."

9. Das sagte Sri Ramana. Seine reinen Worte brannten sich ins Gedächtnis des Herrn (Kavyakantha) ein, und auch wir verstanden sie.

Na Karmana

Das ‚Na Karmana' ist das letzte vedantische Lied, das sowohl morgens als auch abends beim Veda Parayana im Sri Ramanashram gesungen wird. Es ist üblich, dass die Devotees dabei aufstehen und sich am Ende des Lieds vor dem Guru verneigen. Dieser Brauch wird im Ashram am Schrein des Meisters weitergeführt.

1938 übersetzte Major A.W. Chadwick (Sadhu Arunachala) mithilfe einiger Devotees das ‚Na Karmana' ins Englische. Bhagavan korrigierte es und genehmigte seine englische Übersetzung in Gedichtform. Etwa zur selben Zeit übersetzte Bhagavan das ‚Na Karmana' ins Tamil.

Unsterblichkeit erlangt man weder durch Taten
noch durch Nachkommen oder den Besitz von vielem Gold.
Doch einige erlangen sie durch Verzicht.

Die Weisen, die ihre Sinne völlig unter Kontrolle haben,
erlangen dieses Sein (*sat*), das weitaus größer als der Himmel ist
und ganz allein im Herzen erstrahlt.

Die Meister, die durch Entsagung und Konzentration
reinen Herzens geworden sind und die Gewissheit
dieser einen Wahrheit, die das Vedanta bekundet, erkannt haben,
erlangen Selbstverwirklichung. Wenn die Unwissenheit
aus dem Körper entwichen ist und *maya*, seine Ursache,
erlangen sie volle Befreiung.

Nur über das, was frei aller Sorgen als feinster Äther (*akasa*)
im Lotus des Herzens ewig erstrahlt,
das reine Höchste, dieser winzige Sitz im Innersten des Leibes,
sollte man meditieren.

Er allein ist der höchste Herr, der sich weit über das Ur-Wort erhebt,
welches der Anfang und das Ende der Veden ist,
das sich mit dem Ursprung der Schöpfung vermengt,
so in eines verschmolzen sind sie.[143]

---

[143] [Das ‚Na Karmana' [wörtl.: nicht durch Handlung] stammt ursprünglich aus der Maha Narayana Upanishad, s.a. Talk 511 in: Venkataramiah: Gespräche mit Ramana Maharshi.]

Anhang

Sri Ramanas Nool Thirattu (Gesammelte Werke)

Zu den Gesammelten Werken (Nool Thirattu) Bhagavans in Tamil schrieb T.K. Sundaresa Iyer, ein bekannter, hervorragender Devotee, ein Vorwort. Eine Besonderheit an diesem Vorwort ist, dass Sri Bhagavan es an einer bedeutungsvollen Stelle korrigierte hat. Dadurch bestätigte er, dass die Suchenden, die das Werk studieren, gewiss die Seligkeit der Befreiung erlangen können.

Wir geben hier den Teil aus T.K. Iyers ‚Mein Leben mit Ramana Maharshi' S. 55f wieder, worin er beschreibt, wie das Vorwort zustande kam.

Die Entstehung der Einleitung zu den gesammelten Werken

Etwa 1927 wurde Sri Bhagavans ‚Nool Thirattu' (seine ‚Gesammelten Werke' in Tamil) zur Veröffentlichung vorbereitet. Die Gelehrten im Ashram meinten, dass das Buch ein Vorwort haben sollte, während die Devotees des Maharshi meinten, dass keiner in der Lage sei, ein Vorwort zu seinen Werken zu verfassen. Obwohl die Gelehrten ein Vorwort wollten, erklärte sich keiner von ihnen bereit, es zu schreiben. Jeder redete sich damit heraus, dass er dafür nicht qualifiziert sei. Das Hin und Her dauerte mehrere Stunden. Der eine schlug den anderen für diese Aufgabe vor, und jeder wies die Ehre von sich. Bhagavan beobachtete schweigend das Schauspiel.

Etwa um 22.30 Uhr kam ich an der Halle vorbei. Bhagavan sah mich und sagte: „Warum schreibst nicht du das Vorwort?" Ich war von seinem Vorschlag betroffen, sagte jedoch: „Ich werde es nur wagen, wenn Bhagavans Segen auf dieser Aufgabe liegt." Er antwortete: „Schreib es! Es wird gut werden."

Ich begann noch in derselben Nacht damit. Wie von einer höheren Macht getrieben war der Entwurf in einer dreiviertel Stunde fertig. Ich änderte nicht einmal ein Komma und legte ihn um 2 Uhr morgens Bhagavan zu Füßen. Der Aufbau und die einfache Ausdruckweise gefielen ihm. Er gab sein Einverständnis und entließ mich. Ich war mit meinen Blättern noch nicht weit gekommen, als er mich herbeiwinkte und sie nochmals sehen wollte. Ich hatte geschrieben: „Es bleibt zu hoffen, dass alle, die dieses Buch lesen und nach wahrer Befreiung streben, das höchstes Glück erlangen werden, indem alles Leid von ihnen genommen wird." Der Maharshi meinte: „Warum sagst du: ‚Es bleibt zu hoffen'? Warum nicht: ‚Es ist gewiss'?" Und er korrigierte eigenhändig mein *„nambukiren"* zu *„tinnam"*.

Damit besiegelte Sri Maharshi seine Zustimmung für das Buch, indem er seinen Devotees mit seiner Lehre (*upadesa*) den großen Freibrief aushändigte und nicht den geringsten Zweifel bestehen ließ.

T.K. Sundaresa Iyers Vorwort zu den Gesammelten Werken

Dies ist Tiruvannamalai, der heilige Ort, wo Arunachala, das aus sich selbst erschaffene *lingam* aus Feuer, erstrahlt. Arunachala, das Zentrum der Erde, zieht Sucher an, die viel *tapas* geübt haben, und überträgt die Befreiung auf jene, die einfach an ihn denken. Bhagavan Sri Ramana Maharshi, der die Gestalt Dakshinamurtis ist und immer im Selbst bleibt, segnet diesen Ort, um unzähligen Seelen zu ermöglichen, die Befreiung vom *samsara* und das Glück der endgültigen Seligkeit zu erlangen. Aus seinem Zustand der höchsten Stille überträgt er Gnade. Sein außerordentliches Mitgefühl strömt wie eine Flut. Diese ‚Gesammelten Werke von Ramana Maharshi' (Ramana Nool Thirattu) sind ein goldenes Werk. Es ist Nektar. Es ist sein *prasad* für uns.

Wir haben Glück, dass dieses Werk Prosa, Dichtung, Dialoge und Lieder enthält. Die Gelehrten und weniger Gelehrten gleichermaßen können es je nach ihrer Fähigkeit lesen und Gebrauch davon machen.

Der erste Teil des Buches, Sri Arunachala Stuti Panchakam (Die fünf Preislieder an Arunachala), hat Sri Bhagavan in seinen frühen Tagen geschrieben, als er gerade wieder zu sprechen begonnen hatte und sein Schweigen brach. Sie sind wie die Flut des Selbst. Die Devotees werden begeistert seinen Erklärungen von *bhakti* und *jnana* folgen. Er ist das höchste Sein, und es kommt aus seinem Herzen. Seine Enthüllung bestätigt einer seiner Vers in Akshara Mana Malai: „Oh Arunachala, Du enthüllst, dass jeder selber die Wirklichkeit ist!"

Was Upadesa Noon Malai, der zweite Teil dieser Zusammenstellung betrifft: Upadesa Undiyar (Die Essenz der Unterweisung) wurde auf Bitten von Sri Muruganar geschrieben. Muruganar hatte mit seinem Gedicht Tiruvundiyar begonnen, wollte aber, dass Bhagavan ihn anleitete. Sri Bhagavan schrieb die restlichen Verse selber und brachte damit dieses große Werk zum Abschluss.

Ulladu Narpadu (Vierzig Verse) und sein Anhang schrieb er auf die Bitten der damaligen Devotees hin. Ekatma Panchakam (Fünf Verse über das Selbst) dichtete Sri Bhagavan zuerst in Telugu, dann übersetzte er es ins Tamil. Appala Pattu (Das Lied vom Papadum) dichtete Sri Bhagavan, als seine Mutter Alagammal ihn bat, ihr bei der Zubereitung von Appalams zu helfen. Es ist ein wundervolles Gedicht. Als Muruganar das *pallavi* und *anupallavi* (den ersten und zweiten Teil) des Lieds Anma Viddai (Selbsterkenntnis) gedichtet hatte, wusste er nicht mehr weiter und bat Sri Bhagavan um Hilfe. Sri Bhagavan willigte ein und beendete den dritten Teil. Das Lied ist jetzt sehr bekannt. Dieses Upadesa Noon Malai (diese Originalwerke) werden beim Lesen immer süßer. Je öfter man sie liest, desto besser versteht man sie. Devotees werden diese Erfahrung machen.

Nach diesem Fest der Erkenntnis haben wir die göttlichen Worte von Shiva und Krishna, die Sri Bhagavan selbst übersetzt hat. So haben wir Devikalottaram, Jnana Achara Vichara Patalam (die Lehre Shivas für Parvati), Sarvajnanottara, Atma Sakshatkara Prakaranam (die Lehre Shivas für Kumara) und Bhagavad Gita Saram (die Essenz der Gita, der Lehre Krishnas). Wir haben die Übersetzungen der originalen Sanskritwerke von Shankaras Dakshinamurti Stotra (Hymne an

Dakshinamurti), Atma Bodha (Erkenntnis des Selbst) wie auch Guru Stuti und Hastamalaka Stotra (das von Shankaras Schülern gedichtet wurde). Sie bilden den dritten Teil.

Der vierte Teil besteht aus Prosaübersetzungen von Shankaras Vivekachudamani und Drik Drisya Vivekam.

Am Schluss folgen Arul Mozhi Thokuppu, bestehend aus den drei Werken Nan Yar (Wer bin ich?), Vichara Sangraham (Selbstergründung) und Upadesa Manjari (Spirituelle Unterweisung). Nan Yar besteht in Unterweisungen, die Sri Sivaprakasam Pillai von Sri Bhagavan erhalten und die er zusammengestellt hat. Obwohl dieses Werk kurz ist, fesselt es das Herz auf wundersame Weise. Die Unterweisungen von Vichara Sangraham waren Sri Bhagavans schriftliche Antworten auf die Fragen von Gambhiram Seshayya. Sri Bhagavan sprach zu jener Zeit nicht. Das Besondere an diesem Werk ist, dass Bhagavan Anweisungen für Wege wie Karma, *bhakti* usw. gegeben hat. Das ist ungewöhnlich, da er vor allem die Methode der Selbstergründung lehrt. Der mögliche Grund dafür, dass er Anweisungen für andere Wege gegeben hat, liegt wohl darin, dass der Frager ihnen folgte. Upadesa Manjari ist eine Zusammenfassung von Sri Bhagavans Lehre, die er Sadhu Natanananda gab.

Es ist gewiss, dass durch die Kraft der süßen Worte Bhagavan Sri Maharshis, die in diesem Werk enthalten sind, das Vertrauen auf den Herrn zunehmen wird und kämpfende Seelen fähig werden, sich von allen Arten von Leid zu befreien und das höchste Glück der endgültigen Seligkeit zu erlangen.

Om Tat Sat

Sri Ramanarpanamastu

Glossar

A
abhasa: Reflexion
Advaita: Nicht-Zweiheit, oft auch unkorrekt als Monismus bezeichnet
adhara-Chakren: *adhara* wörtl.: Stütze, die Chakren im Körper
Agamas: heilige Hindu-Schriften
agami karma: gute und schlechte Taten, die in zukünftigen Geburten Früchte tragen
aham: Ich, verkörpertes Selbst, Seele
aham sphurana: das Pochen der Seligkeit des Selbst im Herzen
aham svarupa: das eigene, wahre Wesen
ahamkara (oder *ahankara*): das Ego
ajnana: Unwissenheit, Wissen um Verschiedenheit
Amalaka-Frucht: indische Stachelbeere
ananda: Seligkeit
anartha: böse, wertlos
antahkarana: Instrumente der inneren Wahrnehmung
antarmukha drishti: innere Sichtweise
apana: eine der fünf Lebensatem
aprana: jenseits der Lebensmanifestation, leblos
asana: Position im Yoga
Ashtanga Yoga: Yoga, der aus acht Disziplinen besteht
Atman (oder *Atma*): Selbst, Lebensprinzip und Lebensempfinden
atma dhyana: Kontemplation über das Selbst
atma vichara: Selbstergründung
avidya: Unwissenheit, Ignoranz

B
Bhagavan: ein geläufiger Begriff für Gott, Titel für einen, der seine Identität mit dem Selbst verwirklicht hat
bahirmukha drishti: nach außen gewandtes Bewusstsein
bhakta: Verehrer
bhakti: Verehrung und Liebe
Bharata: Sri Krishna spricht in der Bhagavad Gita Arjuna als *Bharata* an; wörtl.: leuchtende Seele
bhavana: beständige Meditation, beständige Konzentration des Geistes
Brahma: Herr der Schöpfung, Gott als der Schöpfer
Brahman: das Absolute
brahmavid: einer, der Brahman verwirklicht hat
brahmavara: ein Überragender unter den Brahman-Kennern

brahmavariya: der Höchste unter den Brahman-Kennern
brahmavarishta: der Beste unter den Brahman-Kennern
Brahmarandhara: wörtl.: die Öffnung Brahmans; die Öffnung am Scheitelpunkt des Kopfes
buddhi: Verstand; einer der vier Aspekte des inneren Organs (des Geistes)

C

Chakra: Rad, ein Konzentrationspunkt im Yoga
chandrayana: Sühnefasten an Vollmond, beginnend mit dem Vollmond, wobei man beim abnehmenden Mond täglich eine Hand voll weniger isst und dann wieder mehr beim zunehmenden Mond
chit: absolute Intelligenz oder Bewusstsein
chitta: die Geistesverfassung, in der man sich den Objekten zuwendet und Eindrücke speichert

D

Dahara vidya: Kontemplation über die Gottheit in der Herzenshöhle
deva: ein Gott oder ein göttliches Wesen
devata: Gottheiten
Devi: die göttliche Mutter oder Göttin
dharma: tugendhaftes Handeln; harmonisches Leben; die natürliche Pflicht eines Menschen; angeborene Fähigkeiten
dhyana: Kontemplation, die siebte Stufe des achtfachen Yoga
drik: Subjekt
drishti: Sehen
drisya: Objekt

G

Ganapati: der älteste Sohn Shivas, der Beseitiger von Hindernissen; mit Ganesha identisch
Ganesha: Elefantengott, Sohn von Shiva und Parvati
Gudakesa: ein Beiname von Arjuna.
gunas: die drei grundlegenden Eigenschaften oder Neigungen, welche allen Manifestationen zugrunde liegen: *sattva*, *rajas* und *tamas*. Sie werden als weiß, rot bzw. schwarz gekennzeichnet.

H

homa: Feueropfer
hridayam: Nach der Erfahrung und Erklärung Sri Ramana Maharshis ist das Herz (hridi + ajam = Zentrum + dies) der Sitz des Bewusstseins auf der rechten Brustseite.

I

Indra: der Herrscher über die *devas*
Isa: der höchste Herr
Ishwara: Name des höchsten Herrn, des Herrschers über die Welten

J

jaganmaya: das Geheimnis der Welt
japa: Wiederholung eines heiligen Wortes, einer heiligen Silbe oder des Namens Gottes
jiva: die individuelle Seele, das Ego
jivan mukta: Befreiung zu Lebzeiten
jnana: Erkenntnis des Absoluten, das Form und Formlosigkeit überschreitet
jnana marga: der Weg der Erkenntnis
jnani: ein Selbstverwirklichter, ein Weiser; einer, der durch den Weg der Erkenntnis Verwirklichung erlangt hat.

K

Kailash: ein Berg im Himalaya, der als die Wohnstatt Shivas gilt
kaivalya: vollkommene Einheit; endgültige Befreiung; eine der 108 Upanishaden
kaliyuga: das letzte von vier Zeitaltern (Krita, Treta, Dwapara und Kali). Kali hat 3102 v. Chr. begonnen.
kama: Wunsch; physische Liebe
Karma: Handlung, Arbeit, Taten, auch die Früchte der Taten, die sich auf drei Arten anhäufen: als *sanchita*, *prarabdha* und *agami*; Schicksal
karma marga: der Weg der Rituale, religiösen Pflichterfüllung und des Handelns
kevala kumbhaka: das Zurückhalten des Atems, was zu einem stillen Geist führt
kshetra: ein heiliger Ort, den man bei einer Pilgerreise aufsucht; im Yoga: Stadt oder Bereich (Feld) des Körpers
kshetrajna: das Bewusstseinsprinzip (das Erkannte) im Bereich (Feld) des Körpers; der vollkommene Zeuge, der sich der drei Zustände des individuellen Selbst von Wachen, Traum und Tiefschlaf gewahr ist

L

lingam: ein vertikaler Stein mit abgerundetem Ende; das Symbol des unmanifesten Shiva

M

Maharshi (*maha rishi*): großer *rishi* oder Weiser

mahat: das intellektuelle Prinzip als die Quelle von *ahamkara* (Ego); Aus dem Absoluten geht das Unmanifeste hervor, aus ihm *mahat* und aus *mahat ahamkara*.
Mahatma: erhabene Seele; eine hochspirituelle Person; ein Meister, der mit dem Unendlichen im Einklang steht
mahat tattva: das große Prinzip, der kosmische Verstand
mahavakya: eine der vier großen Aussagen der Upanishaden, welche die Wahrheit über Brahman verkünden, je eine aus der Itareya Upanishad des Rig Veda, der Brihadaranyaka Upanishad des Yajur Veda, der Chandogya Upanishad des Sama Veda und der Mandukya Upanishad des Atharva Veda. Die vier *mahavakyas* lauten: 1. Das bist du. 2. Ich bin Brahman. 3. Das Selbst ist Brahman. 4. Die absolute Erkenntnis (*prajnana*) ist Brahman.
Maheswara: einer der fünf Aspekte Shivas, die Kraft, welche die Wahrheit für die Seelen verhüllt, bis ihr Karma völlig abgearbeitet ist
manana: Kontemplation; die zweite der drei Stufen der vedantischen Verwirklichung
manas: Geist, Verstand, Denkweise; wird auch als Überbegriff für *chitta*, *buddhi*, *manas* und *ahamkara* verwendet; inneres Organ
Mantra: kosmische Laute oder Sprüche aus den Veden, die für die Verehrung und das Gebet benutzt werden; Wörter über die Gestalt Gottes für die Meditation; rituelle Rezitation
marana: die Fertigkeit, mithilfe übernatürlicher Kräfte jemanden zu töten
math: Treffpunkt und Wohnort für *sadhus*
maya: Illusion, falsche Erscheinung, Manifestation oder persönliche Illusion
mithya: das Falsche
moksha: Befreiung, endgültige Freiheit, Erlösung von der Seelenwanderung
mouna: Schweigen, das Unaussprechliche, die Wahrheit Brahmans, die derjenige, der Brahman kennt, ausdrückt, indem er still bleibt
mudra: Handhaltung beim Gottesdienst und Tanz
mukta: ein Befreiter
mukti: Befreiung

N

nadi: die 72.000 Nerven des Körpers, welche die Lebenskraft übertragen, von denen *ida*, *pingala* und *sushumna* die drei Hauptnerven sind. Im Zustand von *samadhi* gehen alle im einzigen *para nadi* oder *amrita nadi* auf.
nasha: Vernichtung
nididhyasana: der letzte der drei Zustände der vedantischen Verwirklichung; ununterbrochene Kontemplation
nirasa: Wunschlosigkeit
nirvana: Befreiung

nirvikalpa samadhi: der höchste Zustand der Konzentration, in dem die Seele jeden Sinn von Verschiedenheit vom universalen Selbst verliert. *Nirvikalpa samadhi* ist allerdings ein zeitlich begrenzter Zustand, aus dem man wieder zum normalen Ich-Bewusstsein zurückkommt.
nishala bhava: Unbeweglichkeit, Beständigkeit, Ewigkeit
nishta: das Verweilen in beständiger Meditation
niyama: Disziplin; die religiösen Pflichten, die von der zweiten der acht Stufen des Yoga bestimmt werden

P

padma: Lotus; eine Yogahaltung, in welcher der rechte Fuß auf den linken Oberschenkel und der linke Fuß auf den rechten Oberschenkel gelegt werden
paramapada: der höchste Zustand
paramarthika: wörtl.: der seine Feinde vernichtet, ein Beiname von Arjuna
Paramatman: das wahre Selbst
prajnana ghana: Brahman, das Absolute, die unveränderliche Erkenntnis
prakriti: die ursprüngliche Substanz, aus der alles erschaffen worden ist; die ursprüngliche Natur
pramada: das Abweichen vom Verweilen im Absoluten
prana: der erste der fünf Lebensatem, der im Herzen zentriert ist
pranayama: Atemkontrolle
pranava japa: das wiederholte Aufsagen von OM
prarabdha Karma: der Teil des Schicksals des vergangenen Handelns (*Karma*), das Frucht im gegenwärtigen Leben trägt
Prashtana Traya: der dreifache Kanon des Vedanta; die drei autoritativen vedantischen Schriften: Upanishaden, Brahma Sutras und Bhagavad Gita
pratyahara: das Zurückziehen der Sinne vom Objektiven; die fünfte Stufe im Yoga
Puranas: achtzehn heilige Bücher, die Vyasa zugeschrieben werden. Sie handeln von der ersten und zweiten Schöpfung, der Genealogie der Könige usw.
purnam: Fülle, Unendlichkeit
Purusha: Seele, das lebendige Prinzip
Purushartha: menschliche Ziele; objektiver Wert des menschlichen Strebens, *dharma*, *artha*, *kama* und *moksha*

R

raja yoga: das bedeutendste Yoga-System, das Patanjali lehrte
rajas: die Eigenschaft der Aktivität, eine der drei Haupteigenschaften (s. *guna*); *rajas* wird als rot beschrieben
rishi: Weiser (s.a. Maharshi)
Rudra: Shiva in einem seiner fünf Aspekte; Gott als Zerstörer

S

Sada Siva: der höchste Herr als ewige Gutheit
sadhaka: der Übende, Sucher, Schüler
Satguru: der höchste Meister, der wahre und vollkommene Guru
sadhana: die spirituelle Suche oder der Weg, der zur Befreiung führt; die Technik der spirituellen Anstrengung
sadhu: Asket oder jemand, der auf der Suche nach Befreiung die Welt aufgegeben hat
sahaja samadhi: natürliches *samadhi*, das immer gegenwärtig ist und keine Trance oder Ekstase benötigt, sondern mit dem vollen Gebrauch der menschlichen Fähigkeiten vereinbar ist. Der Zustand des *jnani*.
sahasradala: tausendblättriger Lotus; das Zentrum der Erleuchtung, das beim Yoga oben am Kopf erfahren wird
sakshi: Zeuge
samana: einer der fünf Atem
samsara: die endlose Folge von Geburten und Tode, die nur durch die Selbstverwirklichung beendet werden kann; das menschliche Leben; die Sorgen und Bürden des Lebens
sanchita karma: aus früheren Geburten angesammeltes Karma, das künftig erfahren werden muss
sankalpa: Wille, mentale Aktivität, Gedanke, Neigungen, Anhaftung
sankhya: ein indisches philosophisches System
sannyasa: Verzicht
sannyasin: einer, der auf ein Leben in der Welt verzichtet
santodanta: einer, der still und selbstkontrolliert ist
sarvatma bhava: der Zustand, in dem man das Selbst als alles erfährt; das Verweilen in der Einheit des Seins
sastras: Schriften
sat: Existenz, reines Sein
satchidananda (sat-chit-ananda): Sein-Bewusstsein-Seligkeit
sattva: Neigung zur Reinheit; eine der drei *gunas*
savikalpa samadhi: ein Bewusstseinszustand, in dem der Unterschied zwischen Erkennendem, Erkennen und Erkanntem noch nicht verschwunden ist
Shakti (shakti): die sich manifestierende Energie des göttlichen Aspekts, die mythologisch als die Frau der jeweiligen Gottheit repräsentiert wird
siddha: einer, der über übernatürliche Kräfte verfügt und Wunder wirken kann; einer, der das Ziel erreicht hat
siddhi: Verwirklichung, Errungenschaft, auch übernatürliche Kräfte
Shiva: der höchste Herr; Shiva bildet zusammen mit Vishnu und Brahma die hinduistische Dreieinheit
Siddhanta: eine bestimmte philosophische Richtung
Sivoham: die Rezitation „Ich bin Shiva"

Skanda: der jüngere Sohn von Shiva, der Anführer der himmlischen Heerscharen; Subrahmanya
Smriti: (wörtl.: das Erinnerte); autoritative Hinduschriften, die nicht zu den Veden (*Sruti*) zählen.
Stotra: Preislied
sradda: Ernsthaftigkeit, Glaube, der gewissenhafte Erwerb theoretischen Wissens über die Wahrheit
sravana: das Hören der Wahrheit vom Meister
Sruti: (wörtl: das Gehörte); Veden, welche die Weisen im transzendenten Zustand gehört und ihren Schülern mündlich weitergegeben haben
Subrahmanya: Sohn von Shiva und Parvati
sushupti: Tiefschlaf
svarupa nishta: Verweilen im Selbst

T

tamas: Dunkelheit, Unwissenheit, eine der drei *gunas*
tanmaya nishta: das Verweilen im Selbst
tapas: Entbehrungen aus religiösen Gründen
tat: Das, Brahman
tattvas: die Kategorien (Prinzipien), aus denen die phänomenale und geistige Welt besteht. Sie werden in der indischen Philosophie vom subtilen Geist bis zur Materie klassifiziert. Es gibt davon bis zu 96 Klassifizierungen, die teils sehr kompliziert sind, je nach Schule.
tattva jnana: Erkenntnis Brahmans oder Atmans
tat-tvam-asi: „Das bist du.", ein *mahavakya*
turiya: der vierte Zustand; der Zeuge des Bewusstseins, der immer gegenwärtig und unveränderlich ist im Gegensatz zu den veränderlichen Zuständen von Wachen, Traum und Tiefschlaf
turiyatita: jenseits des vierten Zustands

U

udana: einer der fünf Atem, dessen Sitz im Nacken ist
upadesa: die spirituelle Führung oder Lehre des Gurus
upadi: Anhängsel, Attribut
upasana: die ununterbrochene Meditation über eine Gottheit, eine Gestalt oder ein Wort wie „OM", bis man zu dieser Gottheit, dieser Gestalt oder zu diesem Wort wird. Diese Technik wird heutzutage nicht mehr unbedingt geübt. Ihre moderne Entsprechung ist *bhakti* (Hingabe).
Upanishaden: philosophische Schriften, die einen Teil der Veden bilden

V

Vaikunta: der Himmel Vishnus
vairagya: Freiheit von weltlichen Wünschen, Leidenschaftslosigkeit

vasanas: Veranlagungen, Neigungen oder Tendenzen des Geistes im gegenwärtigen Leben aufgrund der Erfahrungen vergangener Leben
Vasudeva: hier Krishna, der Sohn Vasudevas, des Herrn, der die ganze Welt manifestiert; eine der 108 Upanishaden, die den Weg Vasudevas aufzeigt
Veden: die heiligen Bücher der Hindus, die von den *rishis* offenbart wurden, bestehend aus dem Rig-, Yajur-, Sama- und Atharva-Veda
Vedanta: die vollkommene Wahrheit, wie sie in den Upanishaden, den Brahma Sutras und der Bhagavad Gita in der Zusammenstellung und Klassifikation von Vyasa bekannt sind; das Ende oder die Vollendung der Veden
veena: Saiteninstrument
vichara: Ergründung der Wahrheit des Selbst
videhamukta: nach dem Tod Befreiter
videhamukti: Selbstverwirklichung nach dem Tod
vijnana: Erkenntnis, Unterscheidung des Wirklichen vom Unwirklichen
vijnana marga: der Weg der unterscheidenden Erkenntnis
Vishnu: Gott, der Erhalter; eine Gottheit der Hindu-Trinität
vishaya vasanas: Neigung zu Sinnesfreuden
viveka: Unterscheidung
viyoga: Trennung
vyana: einer der fünf Lebensatem, der den Blutkreislauf bewirkt und den ganzen Körper durchdringt
vyavaharika: das Empirische

Y

yama: Selbstkontrolle, die erste der acht Stufen des Yoga: nicht zu lügen, zu töten, zu stehlen und sich der Lüge und Habsucht zu enthalten

Literaturverzeichnis

The Collected Works of Ramana Maharshi. – 13th ed., Tiruvannamalai, 2015

Ebert, Gabriele: Ramana Maharshi: Sein Leben. – 2. Aufl., Norderstedt, 2011

Iyer, T.K. Sundaresa: Mein Leben mit Ramana Maharshi. – 2. Aufl., Norderstedt, 2015

Mahadevan, T.M.P: Arunachala Shiva. – 3rd ed., Tiruvannamalai, 2000

Mudaliar, Devaraja: Tagebuch der Gespräche mit Ramana Maharshi. – 2. Aufl., Norderstedt, 2011

Nagamma, Suri: Briefe aus dem Ramanashram. – 2. Aufl., Norderstedt, 2014

Narasimha Swami: Self Realization: Life & Teachings of Ramana Maharshi. – Tiruvannamalai, [2002]

Osborne, Arthur: Ramana Maharshi und der Weg der Selbsterkenntnis. – 2. Aufl., Norderstedt, 2016

Ramana Maharshi: Nan Yar? – Hamburg, 2003

Ramana Maharshi: Die Quintessenz der spirituellen Unterweisung (Upadesa Saram). – Norderstedt, 2007

Ramana Maharshi: „Wer bin ich?": Der Übungsweg der Selbstergründung. – 2. Aufl., Norderstedt, 2011

Ramana Maharshi: „Wer bin ich?" – Hörbuch (1 CD). – Roßdorf, 2013 (edition audioflow)

Ramana Maharshi: Worte spiritueller Weisheit. – München, 1988

Ramana Maharshi: Über die Wirklichkeit: 40 Verse mit Ergänzungsversen (Ulladu Narpadu mit Anubandham). – Norderstedt, 2009

Steinmann, Ralph M.: Das Daksinamurtistotra: Übersetzung und Interpretation einer Sri Sankara zugeschriebenen Preishymne, in: Asiatische Studien/ Études Asiatiques (Heft 2, 1988), S. 175-210

Venkataramiah, Munagala: Gespräche mit Ramana Maharshi. – Norderstedt, 2015